LE GUIDE DE VOTRE VELO

Haynes

Sommaire

Auteur-rédacteur :	Fred Milson
Traduction :	Anita Vettier
Photographie (studio) :	Steve Behr
	Tim Ridley
	Polly Wreford
Illustrations :	Ian Bott
Directrice artistique :	Norma Martin
Conception graphique :	Peter Charles
Directeur de production :	Kevin Perrett
Directrice de rédaction :	Miranda Spicer
Chef de projet :	Kevin Hudson

Fred Milson a fait valoir ses droits d'auteur du présent ouvrage.

Première édition 1996

Publié par :
Haynes Publishing
Sparkford, Nr Yeovil, Somerset BA 22 7JJ, G.B.

ISBN 1 85960 204 5

Imprimé en France par imprimerie pollina s.a., Luçon
n° 68796

Editions Haynes S.A.
147/149, rue Saint-Honoré, 75001 PARIS, FRANCE

4 Bienvenue au Guide de votre vélo

CHAPITRE 1

Vous et votre vélo

8 Trouvez son nom !
10 Vélos adultes
12 Vélos adultes : mise au point
14 Vélos enfants
16 Vélos enfants : mise au point
18 Votre sécurité

CHAPITRE 2

Les outils et techniques

22 Outils de base
24 Techniques de travail
26 Prévention de problèmes ultérieurs
28 Travailler sur les câbles
30 Problèmes et solutions

CHAPITRE 3

L'entretien rapide

34 Lubrification rapide
36 Grand nettoyage
38 Contrôle en 10 minutes
40 Roues et pneus : contrôle
42 Dix anomalies difficiles à repérer

CHAPITRE 4

Les vitesses

46 Types de vitesses
48 Dérailleur arrière : entretien et contrôle
50 Dérailleur arrière : réglage
52 Dérailleur arrière : révision et remplacement
54 Dérailleur avant : entretien et réglage

56 Commandes de vitesses
58 Pose de câbles neufs
60 Changements de vitesses Sturmey Archer
62 Changements de vitesses Torpedo et autres

CHAPITRE 5
La chaîne et le pedalier

66 Pédalier : éléments constituants
68 Pédalier : contrôle et entretien
70 Chaîne : nettoyage et lubrification
72 Chaîne : dépose et remplacement
74 Roue libre à visser
76 Moyeux roue libre et pignons
78 Pédales : dépose et repose
80 Pédales : démontage, graissage et remontage
82 Cale-pieds et courroies
84 Plateaux et manivelles
86 Dépose des manivelles
88 Boîtiers de pédalier à cartouche
90 Boîtiers de pédalier à axe et cuvettes
92 Boîtiers de pédalier à axe et cuvettes : outils spécialisés

CHAPITRE 6
Les freins

96 Types de freins
98 Freins : entretien et contrôle
100 Freins Cantilever : démontage et réglage
102 Freins Cantilever : câbles neufs
104 Freins à tirage latéral : démontage et réglage
106 Freins à tirage latéral : câbles neufs
108 Pose de patins neufs
110 Poignées de freins

CHAPITRE 7
Les roues et les pneus

114 Roues : contrôle et entretien
116 Roues : dépose
118 Pneus et chambres à air
120 Réparation de crevaisons
122 Moyeux : démontage
124 Moyeux : graissage et réglage
126 Centrage des roues et remplacement des rayons

CHAPITRE 8
La selle et le guidon

130 Eléments constituants : entretien
132 Guidons et potences
134 Poignées et ruban
136 Selles à attache
138 Selles micro-réglables

CHAPITRE 9
La géométrie du cadre

142 Matériaux et styles de cadres
144 Cadre : contrôle et réparation après accident
146 Jeu de direction classique
148 Jeux de direction Aheadset & Tioga

CHAPITRE 10
Les accessoires

152 Eclairage
154 Garde-boue et porte-bagages
156 Accessoires sur cadre
158 Sièges enfants et sécurité
160 Transport de vélos en voiture

162 MAIS QU'EST-CE QUE ÇA VEUT DIRE ? Glossaire des termes du cyclisme de A à Z

166 DIAGNOSTIC

168 INDEX

Bienvenue au

Voici un ouvrage conçu et écrit pour tous les fous du vélo. Couvrant divers types de vélos, depuis le V.T.T. jusqu'au vélo enfants en passant par les vélos de ville et de course, cet ouvrage vous explique comment effectuer les opérations envisageables sur un vélo sans avoir à casser la tirelire pour acheter des outils spéciaux.

Faire du vélo est certes un plaisir en soi, mais vous apprécierez encore plus votre petite reine si vous apprenez à la réparer vous-même. Après avoir assimilé les conseils de ce guide, vous saurez vite voler de vos propres ailes et n'aurez plus peur de rien !

Il vous faudra d'abord assimiler les noms des différentes pièces et des différents types de vélo. C'est bien sûr par là que notre guide commence, avant d'aborder la mise au point des vélos adultes et enfants. Au deuxième chapitre, notre guide vous expliquera comment vous constituer une petite trousse d'outils et l'utiliser à bon escient grâce à quelques tuyaux sur la résolution de problèmes courants. Le troisième chapitre décrit cinq démarches routinières pour l'entretien de votre vélo, aucune d'entre elles ne devant prendre plus de 10 minutes avec un peu d'habitude. En outre, ce chapitre renferme une mine d'informations sur le nettoyage et la lubrification du vélo ainsi que l'entretien de ses pneus, tout en vous expliquant comment repérer les anomalies avant qu'elles ne deviennent irréparables. Si vous lisez ce chapitre avec attention, votre vélo devrait être en pleine forme, silencieux et confortable.

Le reste du guide est consacré à l'entretien et la réparation. Chaque chapitre couvre une partie différente du vélo et débute en vous expliquant comment contrôler le degré d'usure, remplacer les pièces les plus susceptibles de vous laisser tomber et celles qui ne conviennent pas à votre style de conduite. Chaque étape est illustrée, le texte ayant pour but de vous donner des informations générales sur la démarche à suivre. Un glossaire complet éclairera votre lanterne sur le jargon des cyclistes et vous trouverez un tableau de diagnostic à la fin de l'ouvrage pour vous aider à dépister les anomalies. Et maintenant, suivez le Guide !

Guide de votre vélo

APOLLO
TREK
APOLLO
APOLLO

CHAPITRE 1

VOUS ET VOTRE VÉLO

Ce livre a été écrit avec un minimum d'expressions techniques et de jargon cycliste. Il sera toutefois d'une lecture plus facile si vous assimilez d'emblée la terminologie de base.

Trouvez son nom !

AUTRES TYPES DE SELLES

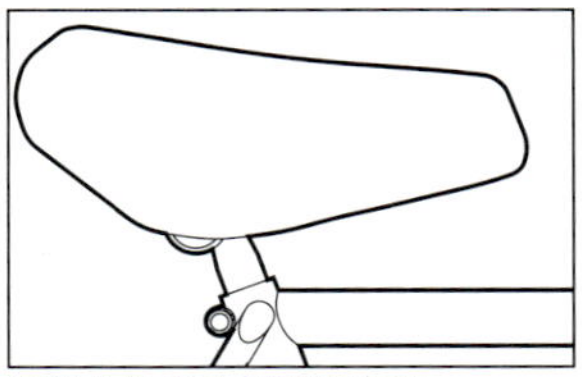

SELLE DE FEMMES
Spécialement conçue, peut se monter sur pratiquement n'importe quel vélo.

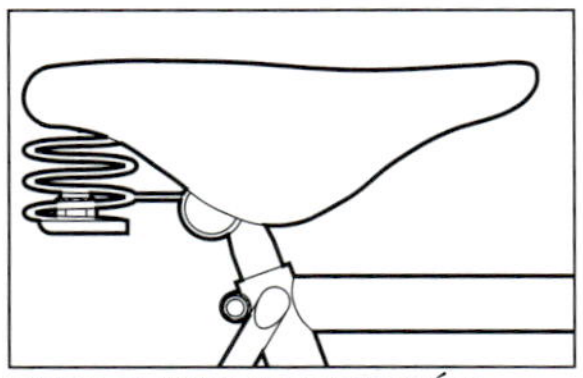

SELLE REMBOURRÉE
Pour vélos utilitaires seulement.

AUTRES TYPES DE VITESSES

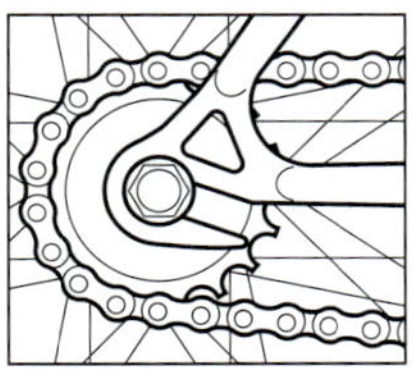

ROUE LIBRE MONOVITESSE
Principalement pour vélos enfants.

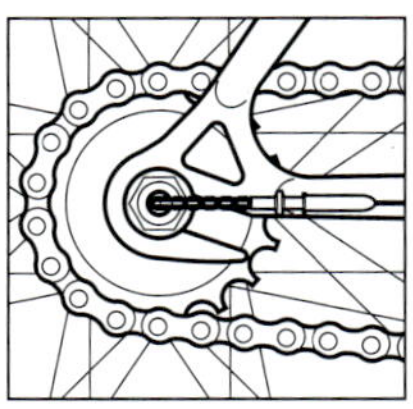

VITESSES DANS LE MOYEU
Sur la majorité des vélos utilitaires.

AUTRES TYPES DE GUIDONS

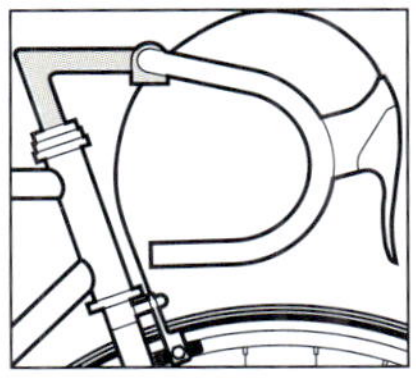

GUIDON SURBAISSÉ
Pour vélos de course et de cyclotourisme.

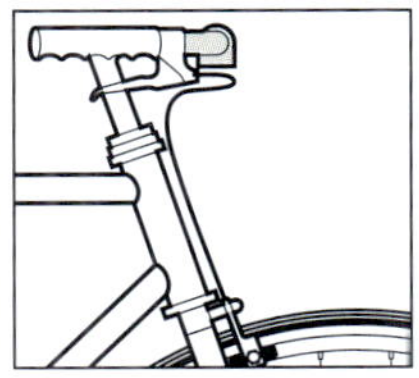

GUIDON PLAT
Pour vélos hybrides et utilitaires.

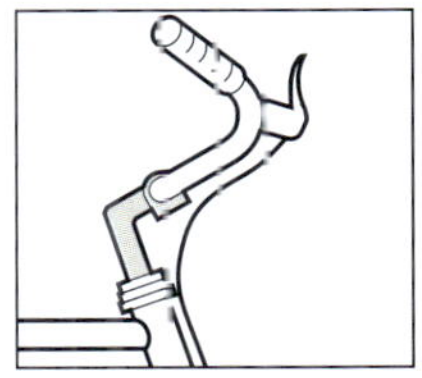

GUIDON SURÉLEVÉ
Pour vélos utilitaires seulement.

TYPES DE PNEUS

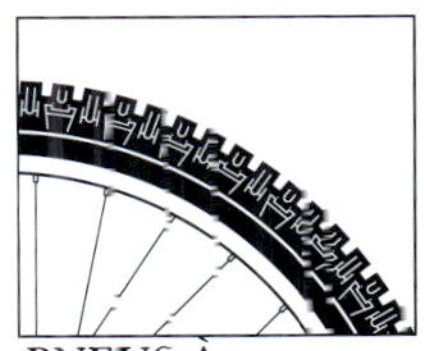

PNEUS À CRAMPONS
Pour V.T.T. seulement.

PNEUS V.T.T. LISSES
Pour usage sur route.

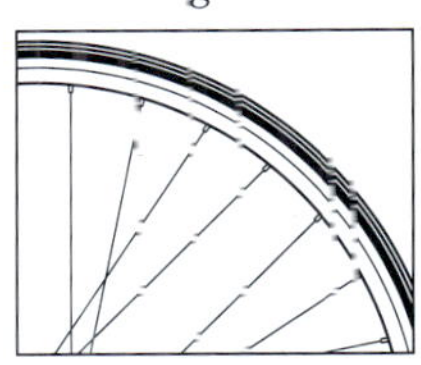

700c x 27 POUCES
Pour vélos de course et hybrides.

Vélos adultes

Au cours des dix dernières années, le V.T.T. s'est taillé la part du lion sur le marché des cycles. Demandez-vous tout de même si un autre type de vélo ne vous conviendrait pas mieux et si vous ne pouvez pas redonner un deuxième souffle à un vieux vélo laissé au grenier.

On recense plus de 20 millions de vélos en France. La majorité des vélos récents sont des tout-terrains, mais les vélos de course ont toujours la cote. Comme les V.T.T. haut de gamme, ils font maintenant appel à des technologies et des matériaux mis au point pour l'industrie aérospatiale. Le dernier-né dans la longue lignée des vélos est l'hybride, doté d'un petit cadre, de roues 27 pouces et de freins, vitesses et aménagements de cadre type tout-terrain. Ils conjuguent la vitesse d'un vélo de course à la polyvalence d'un V.T.T.

Mais si l'on devait tirer un enseignement de cet ouvrage, c'est bien qu'il est possible de faire revivre n'importe quel vélo, quel que soit son âge, avec un peu d'efforts et d'investissement.

VÉLOS TOUT-TERRAIN
Les V.T.T. doivent leur succès à leur polyvalence. Dotés de petits cadres et de roues de 26 pouces recouvertes de pneumatiques bien rembourrés, ces vélos ont vu le jour en Californie, grâce à l'engouement de cyclistes préférant la montagne à la route. L'heureux hasard a voulu que ces vélos s'adaptent tout aussi bien à la ville, où il faut souvent monter et descendre des trottoirs et négocier divers nids de poules. En outre, même si bien des vététistes refusent de l'admettre, le V.T.T n'exige pas le port de vêtements spéciaux.

VÉLOS DE COURSE

Il existe des vélos de course pour toutes les bourses, depuis les bas de gamme jusqu'aux « pur-sang » coûtant autour de 50 000 F. Sur la route, les vélos de course sont plus rapides que les V.T.T. mais pas aussi confortables car ils doivent leur rapidité à leurs roues ultra-fines de 27 pouces. Ils négocient assez bien les nids de poules en ville mais ne sautent pas les trottoirs aisément.

VÉLOS DAMES

Leur tube supérieur incliné permet de rouler en jupe. Outre les modèles sport avec guidon surbaissé, toujours largement utilisés, il existe des V.T.T. avec tube supérieur incliné.

VÉLOS UTILITAIRES

Ces vélos sont prisés en ville sur de courtes distances car leur position de conduite droite permet le port de vêtements habillés pour aller travailler. Pas assez rapides pour les randos ou les loisirs.

VÉLOS HYBRIDES

Ces vélos sont conçus à partir d'un cadre de V.T.T. modifié, souvent avec un tube supérieur légèrement incliné. Cela procure non seulement au cadre légèreté et agilité à basse vitesse, mais aussi beaucoup plus de débattement au-dessus du tube supérieur pour attendre aux feux ou sauter les trottoirs. A l'achat, optez pour des porte-bagages fixés par brasage et des roues et pneus à la fois robustes et légers. Ou bien pensez à « hybrider » un V.T.T. ou un vélo de course « retraité ».

Vélos adultes : mise au point

Une bonne posture de pilotage vous procurera non seulement plus de confort, mais vous permettra aussi de respirer plus profondément. En outre, vous souffrirez moins de courbatures diverses le jour suivant.

Mettez votre vélo au point à l'aide des consignes ci-contre et roulez ensuite quelques jours pour le tester. Même si le vélo semble étrange au début, votre mise au point est bonne tant que votre poids est plus ou moins bien réparti entre la selle et le guidon. En outre, vous devriez pouvoir atteindre les poignées sans étirer les bras. Essayez plusieurs positions jusqu'à ce que vous trouviez la bonne mais ne vous éloignez pas trop de la norme sans l'avis d'un professionnel.

Si vous n'êtes pas confortable sur la selle, vérifiez qu'elle est à l'horizontale et, si oui, déplacez-la d'un centimètre environ vers l'avant. Certains cyclistes se sentent mieux sur une selle pointée légèrement vers le haut, mais n'allez pas plus loin. Montez une autre selle si ça ne va toujours pas.

Le guidon devrait normalement faire la même largeur que vos épaules et votre dos devrait être incliné à environ quarante cinq degrés par rapport au sol, vos mains étant en position normale. Si vous vous sentez « ramassé(e) » en roulant, essayez de baisser le guidon ou de poser une potence rallongée.

La plupart des gens achètent des vélos dont le cadre est trop grand, souvent parce que les commerçants préfèrent les stocker en tailles plus grandes, sachant qu'ils peuvent baisser la selle pour les cyclistes plus petits s'il le faut. Selon certains experts, il devrait y avoir un débattement d'environ 5 cm au-dessus du tube horizontal sur un vélo de course et d'environ 2,5 cm pour un vélo de cyclotourisme. Veillez donc à bien acheter la bonne taille, sinon les proportions du cadre seront toutes faussées.

VÉLOS UTILITAIRES
Sur ces vélos, le cadre est normalement disposé plutôt vers l'arrière, de sorte que le poids du cycliste porte principalement sur la selle. Il n'est pas vraiment possible d'éviter cela complètement, mais vous pouvez essayer de baisser le guidon ou de monter un guidon droit si vous êtes vraiment inconfortable. Les cale-pieds étant rarement montés sur ces vélos, placez l'articulation du gros orteil sur l'axe de la pédale pour améliorer votre efficacité de pédalage.

Taille du cadre

VÉLOS TOUT-TERRAIN
Les cadres de V.T.T. existent en différents styles et la position de conduite est moins standardisée que sur d'autres vélos. Suivez le même principe de mise au point que pour les vélos de course, mais ne vous étonnez pas si vous préférez avoir la jambe légèrement plus fléchie. Votre dos devrait également être assez plat pour que votre poids soit porté sur le guidon. Cela vous évitera de perdre le contrôle lors de la montée de côtes raides. Vous devrez peut-être monter une potence différente à cet effet.

1 Pour obtenir la taille de votre cadre, mesurez depuis le centre de l'axe du boîtier de pédalier jusqu'au point d'intersection ente le tube horizontal et le tube de selle. Tous les fabricants utilisent cette méthode de mesure, en pouces ou en centimètres.

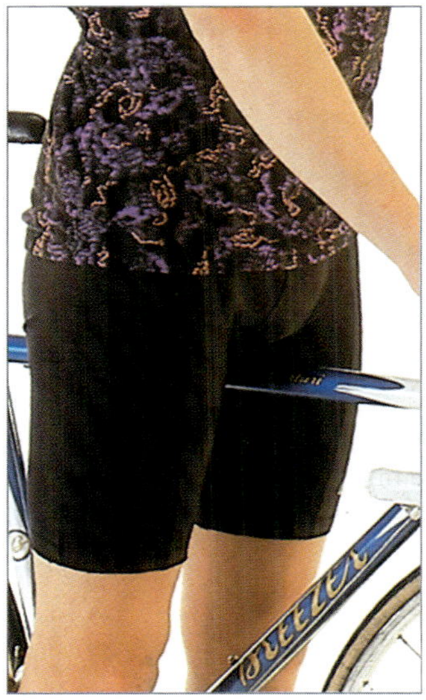

2 Les cadres de vélos de course, de cyclotourisme ou d'utilitaires pour hommes font tous plus ou moins la même hauteur du sol au tube horizontal. Il devrait y avoir environ 3,5 cm entre votre entrejambe et le tube horizontal, vos pieds étant à plat au sol.

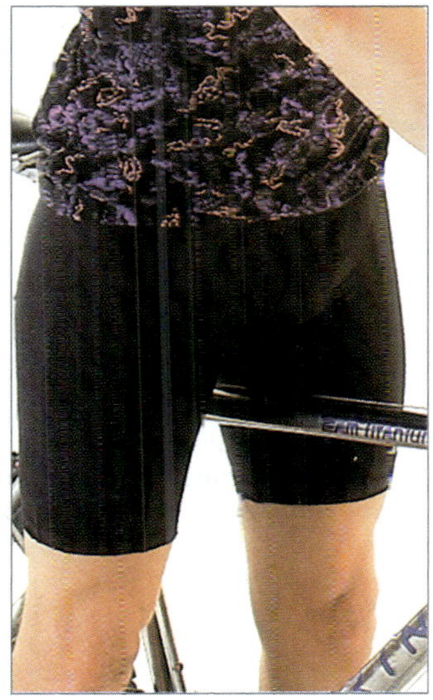

3 Les cadres de V.T.T. ont une forme différente, partiellement pour laisser au moins 7,5 cm au-dessus du tube horizontal. De nombreux V.T.T. récents étant toutefois désormais dotés d'un tube supérieur incliné, ce débattement doit être compris entre 12,7 et 15 cm.

Position de la selle

1 Réglez toujours la hauteur de la selle pour vous donner un point de départ dans la mise au point du vélo. Portez les chaussures que vous porterez en roulant et positionnez la selle de sorte que votre jambe soit légèrement fléchie lorsque la pédale est au point le plus bas.

2 Confectionnez un fil de plomb avec un bout de ficelle et un petit poids et tournez les manivelles à l'horizontale. Réglez la position de la selle jusqu'à ce que le fil s'aligne entre votre rotule et l'articulation de votre gros orteil.

VÉLOS DAMES
Etant donné que les femmes sont en moyenne plus petites que les hommes, les conseils sur les tailles de cadre donnés ici ne s'appliquent pas. A l'achat, portez des chaussures de sport et enfourchez le vélo en mettant les pieds à plat : il doit y avoir un débattement de 5 à 7,5 cm au-dessus du tube horizon-tal. Cela vous donnera un tube horizontal légèrement plus court, ce qui vous obligera sans doute à monter une tige de selle plus longue pour ajuster la hauteur de selle. Si vous avez déjà un vélo et que vous devez tendre les bras pour atteindre le guidon, montez une potence plus courte. Pensez à monter une selle spécialement conçue pour les femmes.

Vélos enfants

Le vélo apporte beaucoup aux enfants : assurance, rudiments de la mécanique, sensibilisation à la sécurité routière . . . et bien sûr une liberté toute nouvelle. S'ils sont bien formés dès le départ, tout cela est très positif.

Les parents ont tendance à vouloir acheter des vélos bien trop grands pour leurs enfants. Ne commettez pas cette erreur, sinon votre enfant aura du mal à s'y adapter. Le style BMX est robuste et facile à piloter, il est par conséquent idéal pour les enfants plus jeunes à partir de 6 ans. Vérifiez toutefois que les freins ne disparaissent pas car la dernière mode des rues est maintenant aux vélos sans freins !

A partir de onze ans, un V.T.T. à roues de 26 pouces est envisageable. Mais si les vitesses passent mal, réglez les vis de réglage pour que le dérailleur arrière ne change pas de la vitesse intermédiaire jusqu'à ce que vos enfants soient assez grands pour les utiliser correctement.

VÉLOS TOUT-TERRAIN
A partir de onze ans, vous pouvez acheter un V.T.T. du style adulte. Les vélos dotés d'un cadre de 14 (35,5 cm) à 15 pouces (38 cm) et d'un tube supérieur incliné tiennent compte de la croissance de l'enfant de par leur grand débattement au-dessus du tube. En outre, vous pouvez monter une tige de selle plus longue dans les années à venir. Par contre, les cale-pieds ne sont autorisés qu'à partir de 12 ans. Si vous pensez garder le vélo assez longtemps, cela peut valoir la peine de payer un peu plus car des composants de qualité supérieure exigeront moins d'entretien et seront plus faciles à régler.

VÉLOS BMX
Sans doute le vélo le plus adapté aux enfants aventureux, les BMX sont réellement très faciles d'entretien. Leur cadre est robuste, ils n'ont pas de vitesses et sont très prisés par les enfants, sans doute plus que les V.T.T. mêmes. En outre, malgré les cascades effrayantes possibles sur un BMX, les enfants n'ont pas loin à tomber car le cadre est très petit.

VÉLOS À ROULETTES
A réserver aux tout-petits pour apprendre à rouler. Evitez toutefois de les laisser trop longtemps pour qu'ils ne prennent pas de mauvaises habitudes.

VÉLOS TOUT-TERRAIN AVEC ROUES DE 20 POUCES
Vélos à taille réduite avec roues plus petites pour les enfants de sept à huit ans. Ces vélos étant toutefois dotés de plusieurs vitesses comme sur les V.T.T. adultes, ils exigent souvent beaucoup d'entretien.

VÉLOS FILLETTES
Maintenant que les tubes supérieurs sont souvent inclinés sur les vélos enfants, cela ne sert à rien d'acheter un vélo fillette dont le tube est seulement quelques centimètres plus bas.

Vélos enfants : mise au point

Ne laissez pas la mise au point du vélo de votre enfant au hasard ou aux autres enfants. Fixez-la soigneusement pour plus de sécurité et de facilité de contrôle.

Tant que votre enfant n'a pas maîtrisé parfaitement le contrôle de son vélo ni la sécurité routière, faites vous-même la mise au point de son vélo et vérifiez-la de temps en temps au fur et à mesure qu'il grandit. Le principal est de régler la selle suffisamment basse pour qu'il/elle puisse mettre les pieds à terre, les jambes droites. Cela devrait laisser un grand débattement au-dessus du tube supérieur mais vérifiez quand même qu'il y a au moins 5 cm sur un vélo classique et 7,5 cm sur un vélo à tube supérieur incliné. N'oubliez pas de vérifier la distance corps-guidon également. Si l'enfant doit se pencher en avant pour atteindre le guidon, pensez à monter une potence plus courte. Quel que soit le style de vélo, les enfants devraient se tenir plus droits sur leur selle que les adultes pour les encourager à regarder devant eux sur la route. Vous pourrez relever la selle quand il ou elle grandira, mais soyez toujours plus prudent que moins.

D'après nombre de parents, la manière la plus facile d'apprendre aux enfants à rouler est de fixer la hauteur de selle avec les pieds de l'enfant au sol, le vélo droit et les jambes légèrement fléchies, d'enlever les pédales (voir page 78) et de lâcher votre enfant. Il commencera instinctivement à déplacer le vélo avec ses pieds et apprendra ainsi à le diriger et à utiliser les freins. Une fois qu'il aura acquis un peu d'assurance, vous pourrez relever la selle petit à petit jusqu'à ce qu'il commence à soulever les deux pieds du sol. A ce stade, faites-lui faire des exercices de ligne droite et de slalom et une fois qu'il dirige le vélo correctement, remettez les pédales et c'est parti !

PIEDS À PLAT AU SOL
Tant qu'un enfant n'a pas maîtrisé parfaitement la conduite d'un vélo, gardez la selle basse pour qu'il puisse poser les pieds rapidement s'il le faut. Cela réduira la fréquence des égratignures aux genoux et des dégâts sur le vélo. En outre, il y aura un débattement nettement suffisant au-dessus du tube supérieur. Le vélo illustré ici est équipé de roues de 24 pouces et de réflecteurs entre les rayons pour attirer l'attention des automobilistes de jour et de nuit.

GARDEZ VOTRE PLACE
Lorsque vous sortez avec les enfants, faites les rouler devant vous pour voir tout ce qu'ils font. Mais ne roulez pas trop près l'un de l'autre pour éviter d'avoir à freiner sans arrêt et les risques de carambolages.

MAUVAISE POSITION
Ce jeune cycliste est non seulement perché sur sa selle et obligé d'étirer complètement ses jambes pour atteindre les pédales, mais il tend aussi les bras pour atteindre le guidon. Cela l'oblige à prendre une position « accroupie », à la fois inconfortable et dangereuse car le cycliste regarde moins devant lui.

TUBE SUPÉRIEUR INCLINÉ
Ce type de tube convient tout aussi bien aux enfants plus jeunes car il procure un grand débattement pour les jambes.

COMPOSANTS SPÉCIAUX
La majorité des vélos enfants sont des versions miniatures des vélos adultes, mais certains sont dotés de jeux de direction et pédaliers spéciaux fonctionnant de manière très différente. Les jeux de direction sont similaires au modèle Aheadset illustré à la page 148. Le pédalier et le boîtier sont traités à la page 92.

DES PETITS VÉLOS POUR LES TOUT-PETITS
Il est conseillé de laisser les tout-petits apprendre à rouler dans un espace ou un jardin clos, où ils pourront acquérir de l'assurance en toute sécurité. Préparez des slaloms et des tests de direction en 8 pour qu'ils exercent leur contrôle du vélo en s'amusant.

Votre sécurité

Bien qu'il ne soit pas obligatoire, peu de cyclistes s'aventurent maintenant sur les routes sans casque.

Ne vous précipitez pas sur le premier magasin qui se présente, mais trouvez-en un avec une bonne sélection de modèles et de marques différentes et du personnel qualifié, capable de vous renseigner sur le modèle le mieux adapté à votre style.

Essayez plusieurs types de casques et n'abandonnez pas tant que vous n'en n'avez pas trouvé un qui convient, même si vous avez l'impression qu'il est simplement « posé » sur le haut de votre tête. Si vous pouvez le déplacer d'avant en arrière alors que la lanière du menton est serrée, il est trop grand. Il sera non seulement inconfortable, mais il vous protégera aussi moins ou glissera même en cas d'accident.

A part la taille, l'autre facteur à surveiller concerne la ventilation. Vérifiez qu'il y a suffisamment de canaux de refroidissement allant du devant vers l'arrière parce que même si vous n'avez pas chaud dans le magasin, vous aurez certainement chaud après 10 km de pédalage sous un casque.

Avant tout, choisissez un casque homologué. Les casques importés ou fabriqués depuis le 1er juillet 1995 doivent porter un autocollant indiquant qu'ils sont conformes aux normes européennes. Toutefois, la norme américaine « Snell Foundation » est encore plus vigoureuse. Un casque portant cette norme est de haute qualité.

CASQUE ACCIDENTÉ
Le matériau amortisseur de chocs disposé dans un casque se comprime sous les chocs et ne se régénère pas. Il vous faudra donc en acheter un neuf après chaque choc important, même si vous n'étiez pas en selle et portiez le casque sous le bras. Pourquoi ne pas choisir une marque plus chère mais offrant un remplacement gratuit ?

1 Achetez la bonne taille. Le casque doit être placé suffisamment haut au-dessus des sourcils pour vous permettre de voir vers le haut et sur les côtés. Il doit également suivre le mouvement de votre cuir chevelu lorsque vous bougez les oreilles.

2 De côté, vérifiez que le casque est de niveau et que les lanières sont correctes. Si elles « baillent » ou si le casque bouge de haut en bas, essayez une autre marque. Réservez les coussinets rembourrés complémentaires aux réglages définitifs.

Ci-dessus : casque d'enfant décor « système solaire », avec canaux de refroidissement et coussinets rembourrés complémentaires pour permettre la croissance.
Ci-dessous : casque d'adulte plus classique, avec finitions aérodynamiques.

MAUVAISE TÊTE !
Sur la plupart des casques, il est difficile de différencier le devant du derrière. Pas vraiment étonnant puisque leur forme tient plus du style que du fonctionnel, à moins que vous ne choisissiez un style aérodynamique plus reconnaissable. Les lanières trahiront toutefois l'erreur car elles doivent passer confortablement entre les deux oreilles et ancrer le casque confortablement et fermement à la fois. Faites également attention de ne pas les tordre.

3 Mêmes principes pour les casques d'enfants, mais prenez-en un modulable avec coussinets rembourrés complémentaires pour permettre la croissance. Lorsque la lanière est confortable, le casque doit être ferme sur la tête et ne pas bouger tout seul.

CHAPITRE 2

LES OUTILS & TECHNIQUES

Jetez un coup d'oeil sur les outils que vous avez déjà chez vous : il vous faudra sans doute acheter juste quelques outils en plus pour attaquer la réparation de votre vélo. Il suffira ensuite d'en faire bon usage !

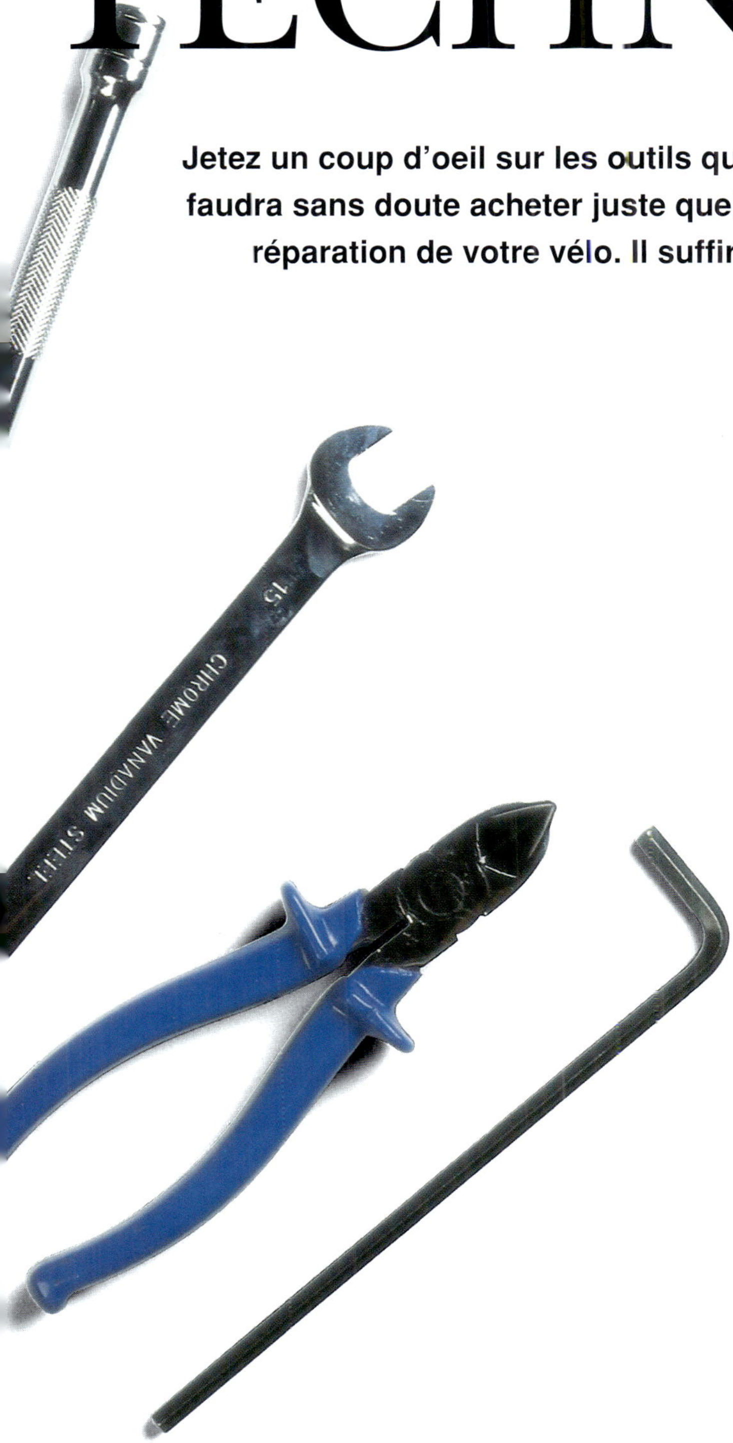

Outils de base

Si vous avez bien pris soin de votre vélo, vous passerez sans doute la moitié du temps imparti à l'entretien à nettoyer et huiler la chaîne et les dérailleurs.

Si vous disposez déjà de la plupart des outils illustrés ici, vous n'aurez plus qu'à vous procurer des lubrifiants adaptés aux cycles. Les lubrifiants à vaporiser en aérosol sont les plus utilisés et les meilleurs d'entre eux laissent souvent un lubrifiant solide lorsqu'ils s'évaporent. En revanche, pour les chaînes, de nombreux cyclistes recommandent de compléter le lubrifiant solide d'une huile plus lourde. Celle-ci repoussera l'eau dans la plupart des cas, même après avoir été éliminée dans une averse. Ces lubrifiants fonctionnent également bien sur les câbles. Vous n'aurez pas besoin de graisse avant d'entreprendre le démontage des roulements. Utilisez une graisse étanche spécialement formulée pour les vélos, les graisses ordinaires ayant tendance à épaissir avec l'âge et à se décomposer lorsque l'eau pénètre dans les roulements.

CLÉS
Vous aurez principalement besoin de clés plates et polygonales à 6 pans de 8, 9, 10 et 11 mm.

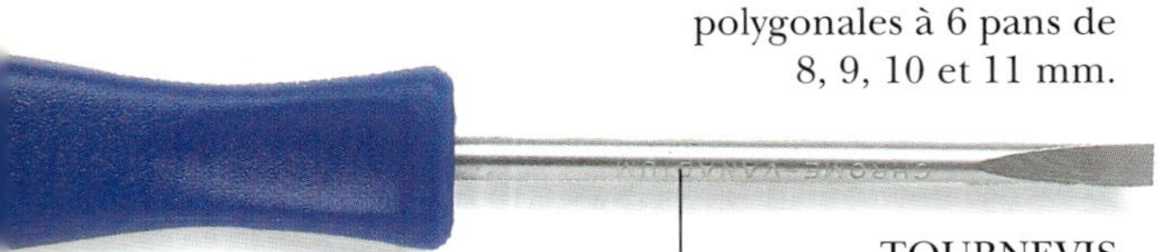

TOURNEVIS
Les tournevis classiques servent à régler les vitesses. Les tournevis à lame cruciforme de taille 1 et 2 sont également utiles.

GROSSE PINCE
Pour tirer sur les câbles, mais jamais pour les couper. Des pinces plus petites sont parfois utiles aussi.

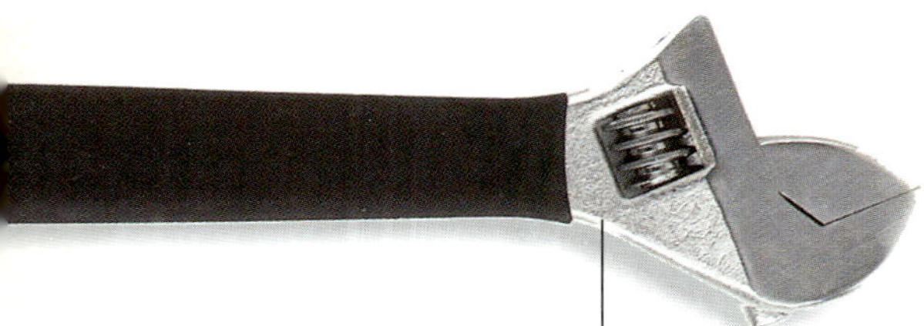

GROSSE CLÉ À MOLETTE
Pour utiliser sur les jeux et boîtiers de direction. Mais une vraie clé est toujours préférable.

HUILE LOURDE

GRAISSE AU SOLVANT

GRAISSE ÉTANCHE

NETTOYAGE ET DÉGRIPPAGE

NETTOYANT POUR MAINS

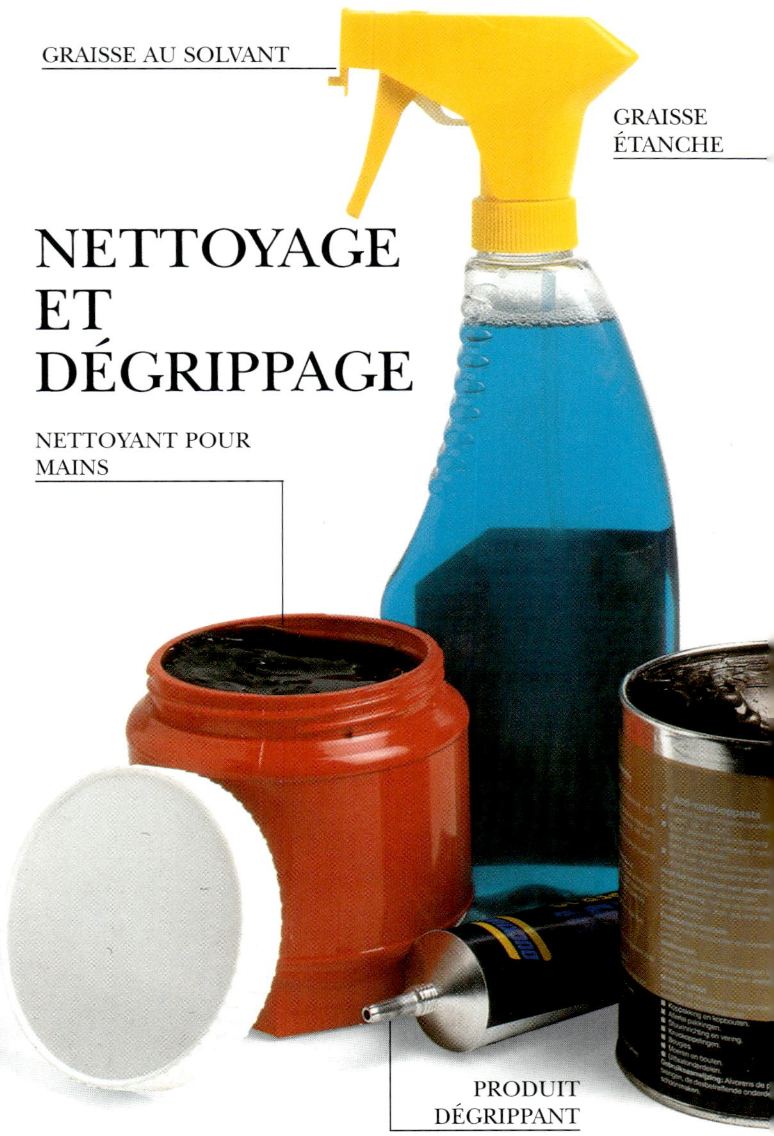

PRODUIT DÉGRIPPANT

UILES ET RAISSES

BRIFIANT EN AÉROSOL

ENSEMBLE D'INJECTION DE GRAISSE

BROSSE À DENTS
L'outil le plus utile et le plus rapide pour dégraisser les composants divers.

CUTTER
Pour couper le ruban de guidon, le chatterton et les attaches de câbles.

CLÉS ALLEN
Le type classique est illustré ici. Les clés plus longues sont toutefois plus adaptées aux vélos. Il vous faudra peut-être des tailles jusqu'à 8 ou 10 mm.

GRAISSE GRAPHITIQUE
Similaire au produit dégrippant et interchangeable.

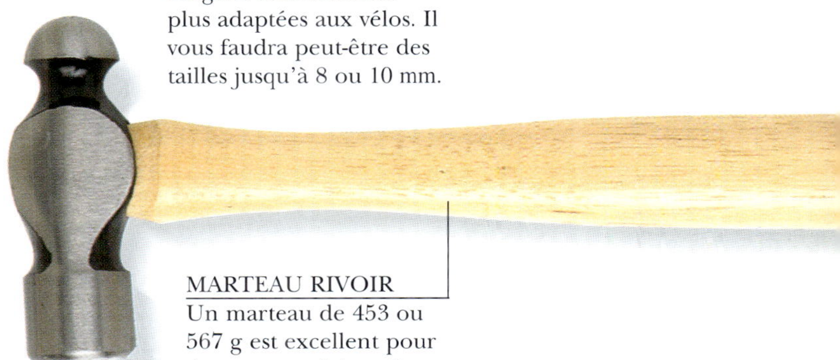

MARTEAU RIVOIR
Un marteau de 453 ou 567 g est excellent pour des coups précis et forts. Ce type de marteau glissera moins facilement que les autres.

Techniques de travail

Se procurer les outils est une chose, mais il faut maintenant apprendre à les utiliser sans abîmer les pièces sur lesquelles vous travaillez.

Les vis et écrous ont une forme hexagonale qu'il faut absolument éviter d'endommager avec une clé mal adaptée, sinon le composant maltraité vous posera problème tant qu'il ne sera pas remplacé. Pour éviter cela, utilisez une clé polygonale à six pans de la bonne taille dans la mesure du possible. Si vous devez utiliser une clé plate qui ne semble pas assez serrée sur l'hexagone, essayez-en une plus adaptée. Sinon, calez une petite pièce ou une rondelle dans les mâchoires de la clé pour diminuer le jeu.

La longueur de chaque clé dépend de la force nécessaire pour serrer les écrous de tailles différentes, par conséquent n'utilisez pas trop de force. Vous devriez pouvoir serrer la pièce suffisamment avec la force de trois doigts. S'il faut soudainement nettement plus de force pour serrer un écrou ou une vis, arrêtez tout de suite car c'est signe que quelque chose est sur le point de craquer. Vous pouvez forcer un peu plus si une pièce n'arrête pas de se desserrer, mais il vaut mieux poser un écrou indesserrable ou appliquer du produit-frein.

Les fixations de clés Allen paraissent très nettes sur les vélos. En revanche, contrairement aux écrous et aux vis que l'on peut presque toujours retirer d'une manière ou d'une autre, si elles sont abîmées, les fixations Allen sont pratiquement impossibles à enlever. Vérifiez par conséquent que la douille est propre et que la clé Allen est d'une taille parfaitement adaptée. N'utilisez pas de clés Allen couleur argentée car elles sont en métal doux et passent généralement très mal. Si vous avez plusieurs clés Allen mixtes, vérifiez leur taille, gravée sur le côté des clés Allen de qualité, et n'utilisez que les clés métriques sur votre vélo. Si vous voulez ce qui se fait de mieux dans le domaine des clés Allen d'atelier, choisissez-en avec des poignées en T.

Les vis cruciformes sont également très nettes mais sont encore plus faciles à endommager. Le meilleur moyen d'éviter cela est d'utiliser un tournevis à lame cruciforme avec pointes endurcies. Comme même ce type de tournevis s'use, vérifiez que ses quatre côtés sont en bon état et bien épointés.

1 Utilisez si possible une clé à six pans ou à douille pour pouvoir agripper la pièce par ses six côtés. Si vous l'utilisez raisonnablement, ce type de clé risquera peu de déraper et d'endommager l'hexagone.

2 Par contre, une clé plate risque plus de glisser parce qu'elle n'agrippe que deux côtés sur six. Si vous n'avez pas le choix, essayez de l'empêcher de glisser en appuyant votre main sur une pièce voisine.

5 Les fixations de clé Allen ont tendance à se salir. Eliminez les impuretés éventuelles et vérifiez que la clé Allen va jusqu'au fond de la douille avant de forcer. Sinon la clé Allen risque de glisser dans la douille et de l'endommager.

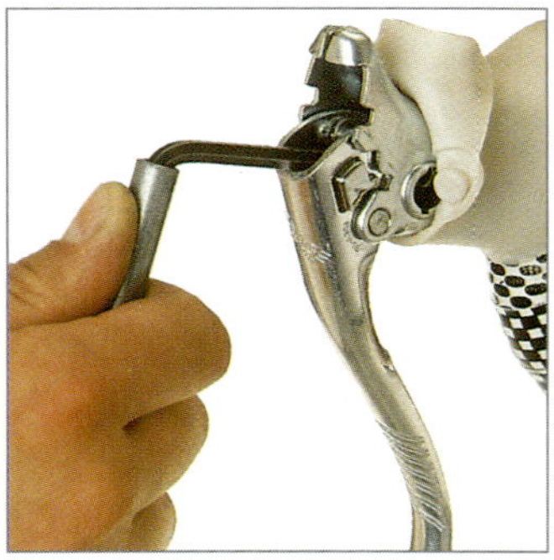

6 Lorsqu'une fixation de clé Allen est profondément enfouie dans une pièce, vous ne pourrez l'utiliser qu'avec le bout long de la clé Allen. Pour avoir plus prise, si nécessaire, glissez un bout de tube par-dessus le bout plus court.

3 Les jeux de clés plates servent aussi à maintenir la vis pendant le desserrage de l'écrou. Cette astuce est nécessaire lorsque la vis tourne avant que l'écrou ne s'enlève et sur la majorité des pince-câbles.

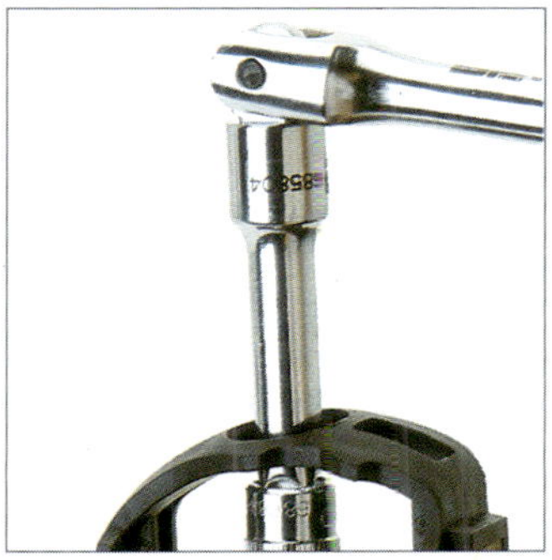

4 Bien que non prévues pour les vélos, les douilles sont très utiles avec des écrous enfouis. Sur certaines pédales, le contre-écrou du cône ne peut être atteint qu'avec une douille et une rallonge. Elles sont aussi utiles sur les vis de manivelles.

7 On trouve des vis cruciformes sur les dérailleurs et les pédales. Vérifiez que le tournevis n'est pas usé et placez-le en ligne droite avec la vis avant d'employer de la force, sinon il risque de glisser et de rendre la dépose de la pièce difficile.

8 Lorsque le métal est déformé, il est souvent possible de le redresser dans un étau ou avec deux clés à molette. Cela réarrange toutefois les molécules dans le métal qui a tendance à durcir. Cet effet durcissant ne se produisant pas immédiatement, redressez la pièce en une fois plutôt qu'en une série de petits réglages.

Prévention de problèmes ultérieurs

Lors du serrage d'une pièce, n'oubliez pas qu'un jour vous voudrez la redévisser ! Si vous vous y prenez bien, cela ne devrait pas poser problème.

Si vous avez déjà travaillé sur un vélo d'occasion, vous aurez sans doute connu des problèmes dus à du travail bâclé ou au non-respect de principes acceptés. Si vous voulez garder votre vélo assez longtemps, vous devez connaître et appliquer les principes de base de la réparation vélo, sinon gare aux conséquences !

A l'assemblage, vissez les pièces fermement sans pour autant endommager les filetages. Faites particulièrement attention avec les pièces en alliage car elles sont généralement dotées d'un filetage grossier et profond facile à foirer. Tenez les pièces avec les doigts avant de commencer à les visser et arrêtez tout de suite si le vissage devient soudainement difficile.

Utilisez des écrous indesserrables pour empêcher les composants de vibrer et de se dévisser. Il faut théoriquement en utiliser un neuf à chaque fois, mais sur les vélos la force à appliquer n'étant pas considérable, l'écrou peut être gardé indéfiniment. Si vous ne pouvez pas monter un écrou indesserrable sur une pièce qui doit pourtant rester bien serrée, utilisez du produit-frein. Il s'agit d'un produit chimique que l'on applique sur un filetage propre et qui ne s'active que lors du serrage d'une pièce. Une fois fixé, l'écrou ou la vis ne devrait pas se dévisser à moins d'utiliser une clé.

L'utilisation d'outils de qualité facilite le travail et conserve au vélo toute son allure en protégeant les têtes hexagonales des écrous et des vis. Des outils usés ou abîmés rendent au contraire le travail difficile et compliquent parfois même l'accomplissement d'une opération, même avec de bons outils. Cet avertissement s'applique également à l'utilisation de clés et pinces diverses à la place des clés qui conviennent.

Faites particulièrement attention lorsque vous mettez deux métaux différents en contact. Si vous travaillez près d'une surface mouillée, cela créera un circuit électrique et le composant non en acier peut rouiller assez rapidement, ce qui rendra la séparation des deux métaux très difficile. Si vous n'avez pas de produit dégrippant, de l'huile ou de la graisse sera mieux que rien. Vous aurez sans doute plus de chance de trouver du dégrippant auprès des accessoiristes automobiles que des magasins de vélos.

1 Les écrous indesserrables agrippent le filetage de la vis à l'aide d'un insert en nylon anti-vibrations. Utilisez ce type d'écrou pour monter des cale-pieds, lampes, garde-boue ou porte-bagages. Ces écrous sont réutilisables.

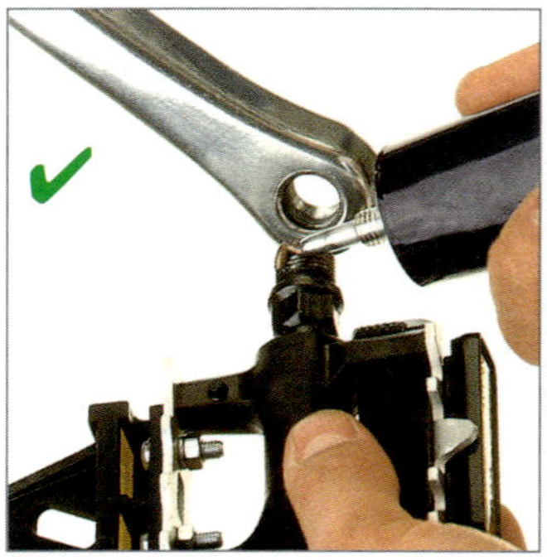

2 Utilisez du produit dégrippant lors de la pose de deux métaux différents en contact étroit. C'est le cas si vous vissez un axe de pédale en acier sur une manivelle en alliage ou une tige de selle en alliage sur un cadre en acier.

3 Evitez les clés usées car elles abîmeront les vis et écrous concernés. Le chrome à l'intérieur des mâchoires est souvent touché en premier, mais des clés fines peuvent s'ouvrir soudainement si elles sont mal utilisées. Cela arrive souvent sur les clés à cônes.

4 Les outils spéciaux comme les extracteurs de roue libre s'usent ou s'abîment souvent sous la force employée en les utilisant. Avant de commencer, vérifiez donc que vous avez exactement l'outil qu'il faut. L'utilisation du mauvais outil peut provoquer de gros dégâts.

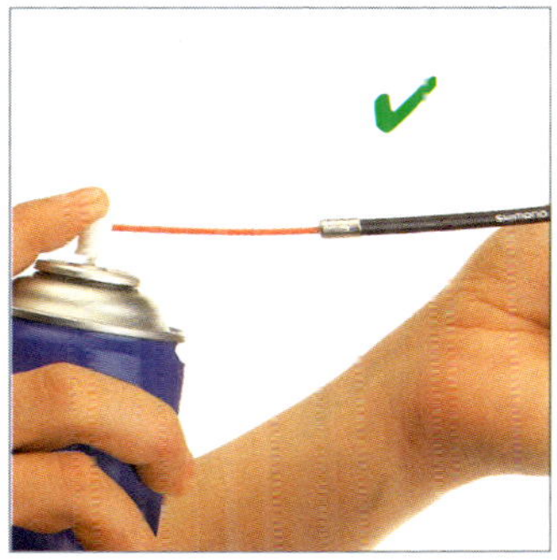

5 La corrosion s'installe souvent dans les câbles de freins et de dérailleurs et entraîne des problèmes de passage des vitesses et de maniabilité de la manette. Pour éviter cela, injectez du lubrifiant ou infiltrez de l'huile fine minérale dans chaque gaine de câble avant leur pose.

6 Les clés autobloquantes, les clés à contact au sol, les pinces multiprises et les pinces à articulation à glissière n'ont pas leur place dans un atelier de réparation vélo. Ces outils abîmeraient non seulement l'écrou ou la vis à enlever, mais aussi toute surface en alliage doux ou toute peinture avoisinante.

7 Lors du démontage de pièces comme les plateaux ou les dérailleurs, rangez les plus petites, particulièrement les rondelles et les entretoises, dans l'ordre où vous les avez démontées et conservez-les ainsi en vue de la repose.

8 La seule opération exigeant l'utilisation d'un marteau concerne le réglage de la hauteur du guidon. Un coup fort devrait suffire, mais s'il faut frapper sur un autre élément, amortissez le coup avec une cale de bois.

RANGEMENT À LONG TERME

Lorsqu'un vélo n'est plus utilisé, les pneus se dégonflent et s'abîment vite par la suite. Si vous laissez votre vélo au garage pendant un mois, réparez les crevaisons éventuelles y compris les crevaisons partielles, et gonflez les pneus plus fort que d'habitude. Si vous ne comptez pas l'utiliser pendant des mois entiers, huilez la chaîne, les vitesses, les pédales et les moyeux avec de l'huile lourde. Accrochez-le ensuite loin des rayons du soleil car ceux-ci accélèrent l'usure de toute pièce en caoutchouc ou en plastique.

Si vous reprenez votre vélo après plusieurs années, toute la graisse se sera mélangée à l'oxygène et aura perdu ses qualités lubrifiantes. Démontez, nettoyez et regraissez tous les roulements avant de renfourcher votre vélo.

Travailler sur les câbles

La majorité des vélos comptent quatre câbles. S'ils sont mal installés, ils vous en feront voir de toutes les couleurs. En revanche, votre vélo aura la grande forme si ses câbles sont bien montés.

Comme indiqué plus loin au chapitre 4, le principal à la pose des câbles de dérailleurs est de s'assurer que les dérailleurs indexés sont bien équipés de gaines et de câbles adaptés aux vitesses indexées. Pour ce qui est des câbles mêmes, ils sont habituellement pré-étirés pour minimiser la fréquence des réglages et spécialement traités pour réduire le frottement. Les gaines sont constituées de fils séparés longeant le câble, et non de fils plats en spirales comme les gaines classiques. Cette formulation spéciale réduit l'élasticité de la gaine, tout comme la pose de douilles métalliques. Les dérailleurs sont généralement équipés de gaines scellées préfabriquées. Choisissez toujours ce type si possible.

Les gaines Shimano se reconnaissent facilement par leur nom. Elles sont sans doute plus faciles à trouver que d'autres marques et fonctionnent bien sur d'autres systèmes indexés. A la coupe, utilisez le coupe-câble Shimano adapté à la construction spéciale du câble. Cet outil est également doté d'une paire de mâchoires pour redonner forme aux bouts coupés de la gaine et coupe les câbles classiques sans problème.

Peu importe le câble que vous utilisez pour les freins. Toutefois, veillez à monter le bon raccord dans le levier de frein. Les leviers Dia Compe nécessitent notamment l'utilisation d'un raccord plus grand.

Câbles - contrôle

1 Le câble s'effiloche le plus souvent sous le pince-câble. Cela n'affecte généralement pas la résistance du câble mais rend son serrage malaisé. Posez un câble neuf dès que possible car l'effilochage finira par s'accroître et entamer la résistance du câble.

2 L'effilochage commence généralement en bout de câble ou près du pince-câble. Il est parfois possible de couper uniquement le fil qui s'est déroulé, mais un bout coupé finira par se retrousser à l'intérieur et empêchera le bon fonctionnement du câble. Posez-en un neuf au plus tôt.

Gaines classiques - coupe

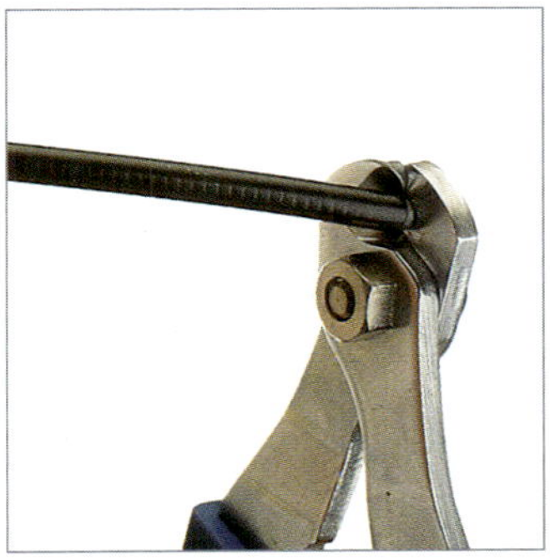

1 Pour couper une gaine classique, serrez le coupe-câble légèrement pour que les mâchoires se positionnent entre les spirales du fil. Serrez ensuite plus fort pour couper.

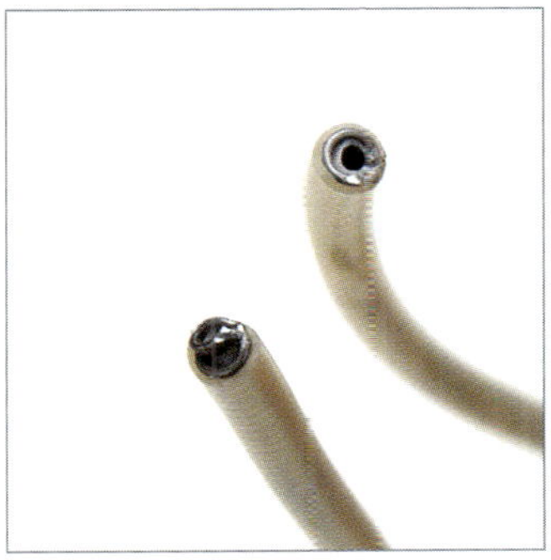

2 Si vous obtenez un bout de câble ébarbé comme celui de gauche, utilisez une pince coupante ou une lime pour qu'il soit comme celui de droite avant de le poser.

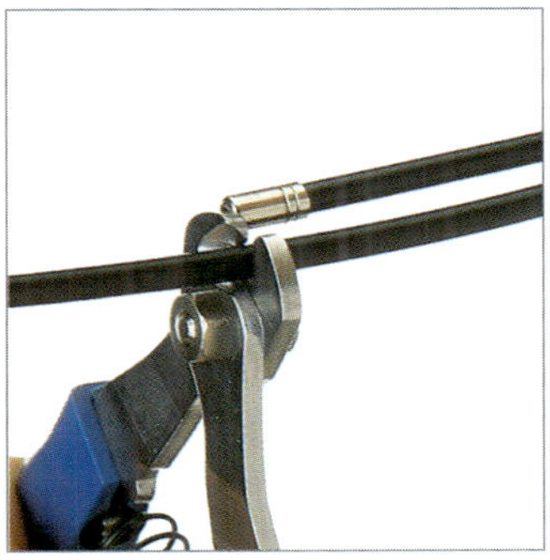

3 Au remplacement d'une gaine, servez-vous de l'ancienne comme modèle pour mesurer sa longueur. Ou bien coupez-la un peu trop longue et remesurez-la sur le vélo.

4 Les câbles doivent de préférence être recouverts d'une douille métallique à chaque bout. Celles-ci protègent la gaine plastique et permettent de s'assurer que la gaine est bien insérée dans les butées de câble.

5 N'essayez pas de poser un câble neuf dans une gaine endommagée car il s'effilochera sans doute. Si cela se produit, retirez le câble et recoupez le bout abîmé.

FENTES ET BUTÉES

Les vélos récents comportent des butées de câbles fendues pour pouvoir extraire la gaine sans déranger le câble. Vous pouvez alors pointer le bout de la gaine vers le haut pour y injecter du lubrifiant tout le long.

Finitions

1 Après avoir vérifié que les dérailleurs ou les freins fonctionnent bien, coupez tout bout supplémentaire avec votre coupe-câble et posez un capuchon sur l'embout à l'aide d'une pince.

2 La méthode habituelle pour tendre un câble est de tirer dessus avec une pince, mais cela n'est pas toujours aisé. Il est plus facile d'utiliser un outil pour tirer les câbles afin d'éviter les complications.

OUTILS POUR CÂBLES

PINCES COUPANTES

◆ **Il vous faudra une bonne paire de pinces coupantes pour remplacer les câbles. Les pinces ordinaires sont souvent dotées de mâchoires coupantes aussi, mais elles ont tendance à écraser le câble au lieu de le couper. N'achetez pas de pinces coupantes bon marché car elles font souvent la même chose.**

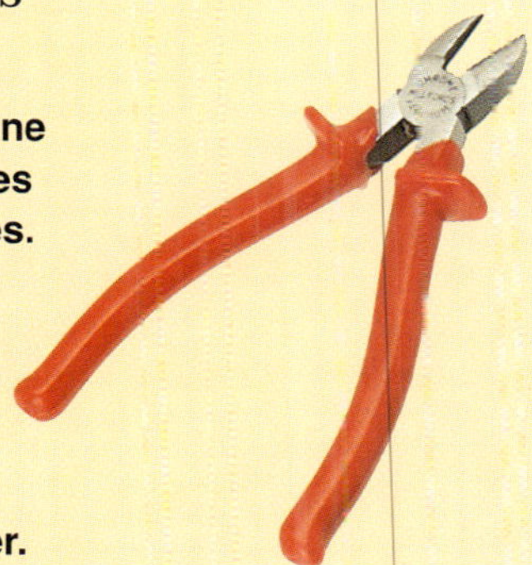

COUPE-CÂBLE DE SHIMANO

◆ **Les coupe-câbles de Shimano constituent le seul outil adapté pour la coupe de gaines de câbles Shimano.**

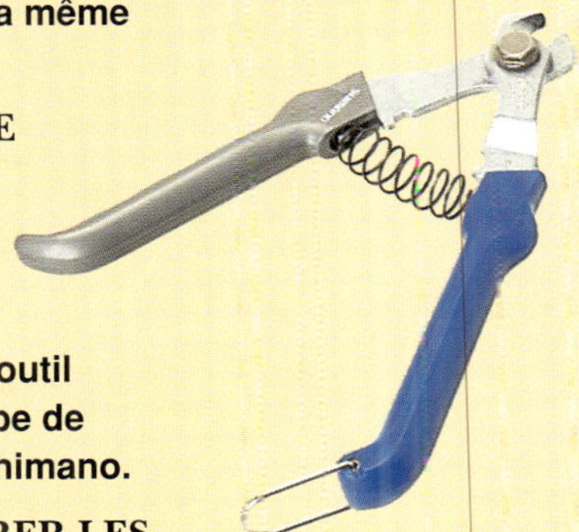

OUTIL POUR TIRER LES CÂBLES

◆ **Mieux qu'un outil « troisième main » car il s'utilise à la fois sur les vitesses et les freins.**

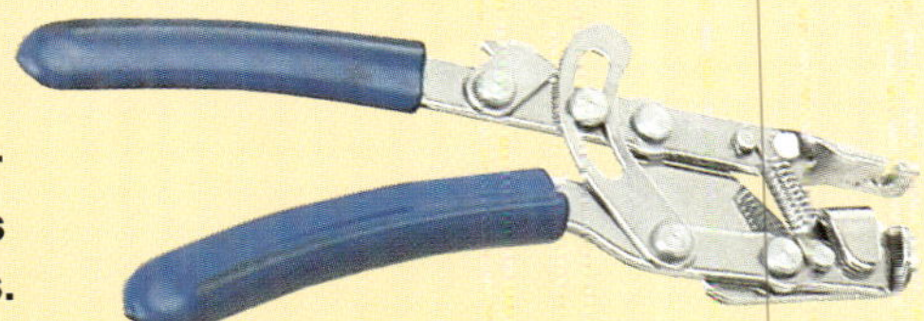

Problèmes et solutions

Qu'ils aient été provoqués par l'ancien propriétaire de votre vélo ou par vous-même, sur un vélo la plupart des problèmes peuvent heureusement se résoudre en rusant un peu.

Si vous vous en tenez aux consignes et conseils donnés dans cet ouvrage, vous ne devriez pas avoir de problèmes. Que cela ne vous empêche toutefois pas de vous préparer à l'éventualité d'un accident.

Si votre potence est déformée, vous pourrez sans doute la redresser en coinçant la roue avant entre vos jambes et en tordant le guidon de droite à gauche pour rentrer chez vous. Si un côté du guidon est déformé, posez le vélo au sol, placez un pied sur la potence et tirez fort. Comme toujours lors du redressement de métaux, il vaut mieux exercer une force progressive et ne pas tordre d'un coup. Si cela ne marche pas, essayez de redresser le guidon avec un bout de bois. Lorsque le métal commence à bouger, n'arrêtez pas de tirer jusqu'à ce qu'il soit droit. Ne roulez pas trop dans cet état avant de poser de nouvelles pièces.

Lors d'une collision frontale, bien que les tubes horizontal et diagonal se retrouvent souvent déformés, ce sont généralement les dégâts de la fourche qui empêchent le vélo de rouler. Si vous pouvez la redresser avec un bout de tube ou une grosse clé serre-tube type Stillson, vous pourrez rentrer chez vous sans problèmes.

Certains problèmes sont à confier à un professionnel. Un bon atelier de réparation pourra retirer des manivelles grippées, les redresser si elles sont déformées et extraire une tige de selle rouillée. Ces réparateurs peuvent aussi vérifier et corriger l'alignement du cadre, organiser la repulvérisation de peinture sur un vélo qui a perdu de son allure, et nettoyer des filetages endommagés. Si vous posez un boîtier de pédalier à cassette, il est souvent recommandé de faire recouper les filetages du boîtier d'office. En revanche, il vaut peut-être mieux s'adresser à un spécialiste de la réfection des moteurs pour les problèmes de vis et d'écrous grippés.

Pièces grippées

1 Les tiges de selle en alliage peuvent rouiller et se coincer dans le tube. Si vous soupçonnez cela, retirez la vis de selle et enduisez le bas de la tige d'huile pénétrante toutes les 2 ou 3 heures pendant deux jours. Essayez ensuite d'extraire la tige.

2 Le meilleur moyen d'avoir prise sur une tige de selle est d'y visser l'ancienne. Frappez-la avec un maillet pour tenter de la bouger. Si ça ne marche pas, essayez de la tourner avec une grande clé serre-tube Stillson empruntée à un bricoleur enthousiaste ou un plombier.

5 Si la clé longue nécessaire pour faire bouger les pédales ne suffit pas, rallongez-la avec un tube. En outre, n'oubliez pas que la pédale gauche comporte un filetage à gauche (à dévisser dans le sens des aiguilles d'une montre).

3 Lorsqu'une manivelle ou une pièce similaire se trouve coincée, protégez-la avec un chiffon et frappez le bout du boîtier de pédalier plusieurs fois avec un marteau. Si ça ne la déloge pas, roulez sur plusieurs kilomètres sans vis de manivelle.

4 Si quelqu'un a essayé de dévisser les écrous de roues avec une clé à vis ou a utilisé la mauvaise clé sur le dérailleur arrière, le meilleur moyen de retirer la vis ou l'écrou endommagé sera d'utiliser une douille d'entraînement par contact. Celle-ci agrippe les côtés de l'hexagone et non les angles vulnérables.

6 Ne faites pas trop levier car vous risquez d'endommager le filetage. Essayez plutôt d'asperger la partie filetée de lubrifiant. N'oubliez pas le bout d'axe là où il est visible sur la face intérieure de la manivelle.

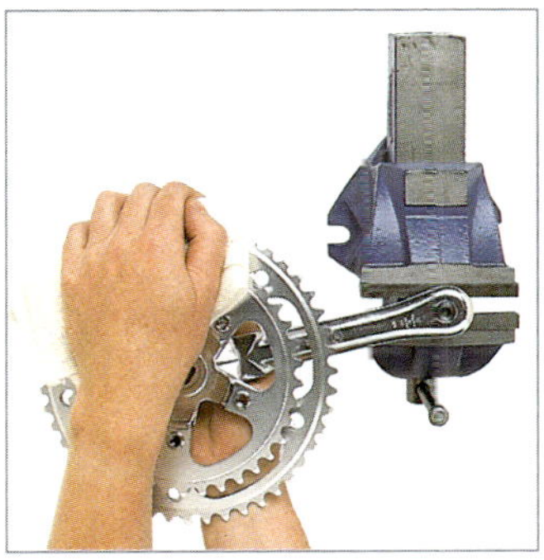

7 Les méplats de clé se trouvent parfois abîmés sur l'axe de pédale. Si cela se produit, démontez la pédale et serrez l'axe dans un étau. Tirez ensuite sur le plateau pour dévisser l'axe mais vérifiez que vous tournez dans le bon sens.

RECOURS À LA SCIE

Si vous avez tout essayé, vous pourrez peut-être bouger les pièces rebelles avec une scie à métaux, de préférence de petite taille. Montez une lame neuve avant de commencer pour vous faciliter la tâche.

Lorsqu'une pièce est fixée par un écrou ou une vis, glissez la lame de scie derrière l'écrou et coupez à travers la vis. Si l'accès est malaisé, vous couperez sans doute l'arrière de l'écrou en même temps mais ce n'est pas grave. S'il s'agit d'un pince-câble dont la douille Allen est abîmée, coupez une fente profonde dans la tête de la douille et essayez de la dévisser avec un tournevis. Si vous avez accès à un écrou, essayez d'effectuer deux coupures diagonales sur les méplats opposés. Ouvrez ensuite les fentes avec un ciseau à froid et un marteau ; l'écrou s'écroulera sans doute. En cas d'échec, adressez-vous à un spécialiste de la réfection des moteurs.

CHAPITRE 3

L'ENTRETIEN RAPIDE

Les vélos se portent mieux lorsque l'on prend soin d'eux : les vitesses passent mieux, les chaînes durent plus longtemps, très peu de pièces vous laissent tomber. Ce chapitre contient toutes les infos dont vous aurez besoin pour que votre vélo roule comme il faut.

Lubrification rapide

Vous ne risquez pas de trop lubrifier votre vélo. Même s'il « baigne dans l'huile », le seul inconvénient sera qu'il se salira un peu plus vite que d'habitude.

Au fur et à mesure que la chaîne tourne, elle rejette l'huile dont elle a été enduite. En outre, elle se couvre de poussière et la pluie finit le travail en éliminant le reste de l'huile. Si vous n'intervenez pas, la chaîne, les plateaux et les pignons vont tous s'user plus vite et les dérailleurs fonctionneront très mal. Pour empêcher cela, le seul moyen est de lubrifier la chaîne fréquemment et de la nettoyer dès que la poussière et la saleté commencent à s'accumuler sur les maillons. Voir page 70 pour les consignes complètes sur le nettoyage de la chaîne.

Pour les utilisateurs réguliers, fréquemment signifie une fois par semaine en hiver et environ une fois toutes les deux semaines en été. Rajoutez du lubrifiant sur la chaîne s'il a plu. Les adeptes du vélo-loisir devraient également lubrifier leur vélo tout de suite après une sortie tout-terrain ou peu de temps après une sortie sur route de plus de 60 km.

Quand faut-il lubrifier le reste du vélo ? Si vous suivez le programme énoncé ici et l'effectuez en entier à chaque fois que votre chaîne a besoin de se « requinquer », votre vélo ne sera certainement pas sous-lubrifié.

Essayez d'intégrer ce programme de lubrification pendant le contrôle et le nettoyage du vélo.

1 Les articulations des freins sont graissées d'avance mais exigent une petite giclée de lubrifiant contre l'eau et la rouille, en évitant les patins et les jantes car il sera difficile à éliminer.

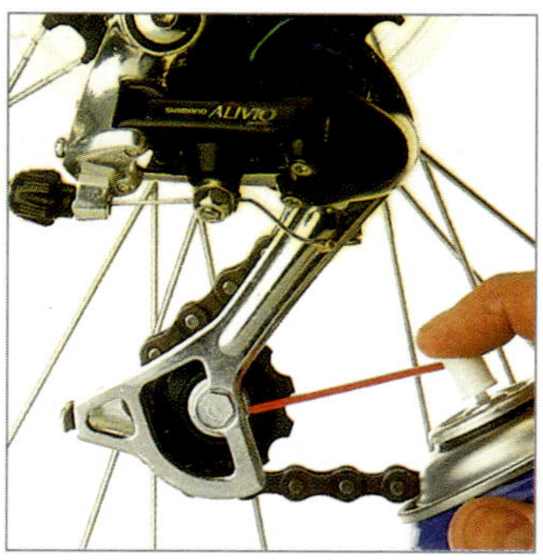

2 Les galets de tension ne récupèrent pas d'huile de la chaîne et doivent donc être injectés de lubrifiant dans leur centre pour bien tourner. Cela les nettoie en même temps.

3 Les dérailleurs AR sont à lubrifier un peu sur chaque articulation principale, la supérieure et celle de la fourchette. Autrement dit, pulvérisez tout ce qui bouge ! Essuyez ensuite légèrement.

4 Le dérailleur avant est à pulvériser sur ses huit articulations, puis à essuyer autour de la fourchette. Lubrifiez les commandes de dérailleurs et les endroits où le câble se courbe.

A VOS BROSSES !

Si vous avez roulé par temps sec, la poussière s'incrustera dans tous les recoins. Si vous n'avez pas eu le temps de laver le vélo avant d'entamer le programme de lubrification, brossez toute la poussière avec un pinceau en veillant à ne pas l'envoyer sur la chaîne. Il y aura ainsi moins de risques que la poussière se retrouve dans les roulements avec l'huile.

5 Faites d'abord tremper la chaîne dans du lubrifiant et laissez-le pénétrer, surtout s'il contient un composant solide. Enduisez-la ensuite d'huile lourde pour compléter.

6 Les leviers de freins sont à injecter de lubrifiant au niveau des articulations et au niveau du câble, en tirant sur le levier. Ne laissez pas le raccord sec, sinon le câble risque de s'effilocher.

7 Les articulations du frein avant sont aussi à injecter de lubrifiant. Profitez-en pour vérifier que les patins de freins ne sont pas usés et qu'ils sont bien alignés sur la jante.

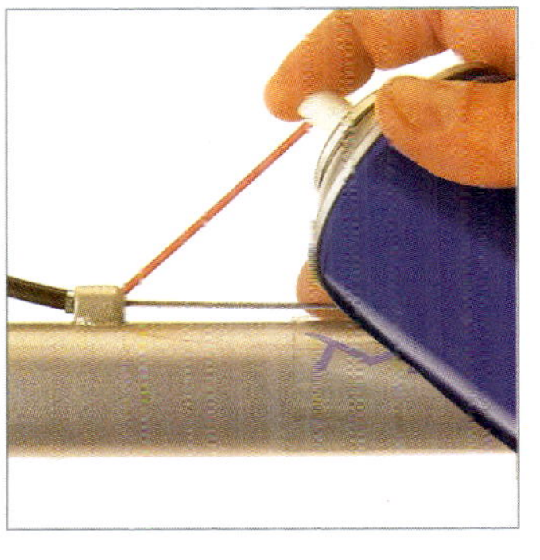

8 Tous les câbles sont à lubrifier. Vous pouvez juste injecter du lubrifiant là où les câbles sortent de leur gaine, mais il vaut mieux enlever le câble de sa butée et l'injecter tout le long de la gaine.

Grand nettoyage

Les V.T.T. ont toujours besoin d'un bon brossage après une sortie dans la boue, même si n'importe quel vélo aura l'air plus fringant après un lavage et un astiquage complets.

S'il est très huileux, vous pouvez laver votre vélo au liquide vaisselle parce que celui-ci éliminera le plus gros de l'huile, ainsi que tout produit lustrant du cadre. Mais les phosphates contenus dans le liquide vaisselle laisseront sans doute des traînées sur le cadre au séchage. Il faudra alors lustrer le cadre à la cire pour voitures pour lui rendre tout son brillant. S'il reste des endroits où le liquide vaisselle n'a pas éliminé la saleté, appliquez un peu de dégraissant, agitez avec une brosse puis lavez une autre fois.

Si votre vélo n'est pas trop sale, il vaut peut-être mieux le laver au shampooing pour voitures, souvent moins agressif. Celui-ci laisse en outre un film de cire qui donnera à votre vélo une meilleure allure qu'un liquide vaisselle.

Evitez de laver votre vélo au soleil car votre cadre séchera trop vite et cela laissera des traînées. N'utilisez jamais de jet sous pression parce que les roulements ne sont pas conçus pour repousser l'eau sous pression. Vous pouvez utiliser un jet, mais en modérant la pression et en évitant de le diriger directement vers les moyeux, le boîtier de pédalier, les vitesses et le jeu de direction.

Kit de nettoyage

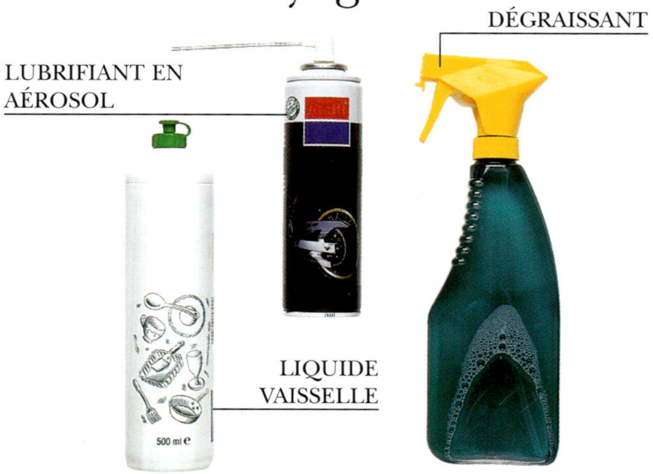

1 Mélangez plein de liquide vaisselle ou du shampooing pour voitures dans un demi-seau d'eau chaude. Aspergez le vélo entier de ce mélange à l'aide d'une éponge ou d'une brosse et laissez-le pénétrer.

2 Lavez le vélo entier une deuxième fois. Cela éliminera le plus gros, mais il restera sans doute des morceaux de boue rebelles. Servez-vous d'un goupillon de bouteilles pour atteindre tous les recoins.

QUAND FAUT-IL FAIRE CE TRAVAIL ?
- Après une sortie tout-terrain.
- Tous les deux ou trois mois.

DURÉE
- Une demi-heure pour bien laver. 10 minutes si vous êtes vraiment pressé(e).

DIFFICULTÉ /
- Rien de plus facile. Vous n'avez aucune excuse si votre vélo ne brille pas de tous ses feux.

OUTILS SPÉCIAUX
- Goupillon pour bouteilles, brosse à vaisselle, brosse à dents, éponge robuste, peau de chamois.

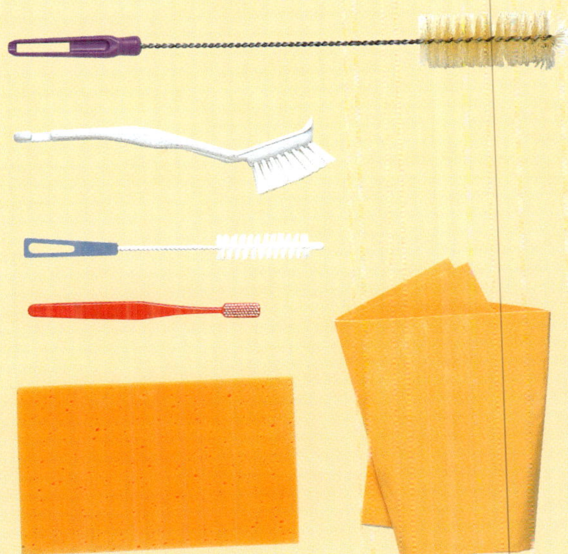

3 Là où la mousse semble former des gouttes glissantes, vaporisez un peu de dégraissant pour briser la pellicule d'huile. A l'aide d'une vieille brosse à dents, mélangez bien le dégraissant à la saleté.

4 Si vous avez tout votre temps, rincez le tout avec un seau d'eau chaude. Epongez le cadre entièrement ainsi que les garde-boue sans trop malmener l'éponge pour ne pas la désagréger.

5 Séchez le cadre, les garde-boue, la selle et le guidon avec un chiffon propre ou une peau de chamois. Injectez ensuite du lubrifiant autour des dérailleurs et des moyeux où l'eau a pu pénétrer.

LAVEZ, LUBRIFIEZ ET PARTEZ !
Même si vous avez séché votre vélo soigneusement après lavage, il se peut que de l'eau ait pénétré dans les roulements. Par ailleurs, si vous huilez votre vélo sans l'avoir préalablement lavé, des impuretés risquent de pénétrer dans les roulements. Comptez donc une heure pour l'opération complète, comprenant le nettoyage et la lubrification du vélo.

Contrôle en 10 minutes

Grâce à ce contrôle routinier, vous pourrez déterminer si votre vélo est en forme pour les déplacements quotidiens ou les sorties à la campagne.

Les trois premières étapes du contrôle portent sur les freins. Si vous trouvez une anomalie quelconque dans ce domaine, n'enfourchez pas votre vélo avant d'avoir resserré le câble, posé un câble neuf, remplacé les patins de freins ou effectué toute autre réparation qui s'impose. Etant donné que les autres anomalies ne sont pas potentiellement dangereuses, vous pouvez choisir de les ignorer et risquer d'endommager le vélo ou d'avoir à rentrer à pied.

Il vaut mieux effectuer ce contrôle avant la lubrification rapide et après le grand nettoyage. Cela vous évitera de vous salir et de vous couvrir d'huile. N'oubliez toutefois pas de le lubrifier après le contrôle.

Contrôlez ensuite la direction. Il sera assez facile de repérer un élément mal aligné, mais pas aussi aisé de déterminer si le jeu de direction est desserré ou usé. S'il y a un problème, vous entendrez et sentirez une secousse en lançant le vélo vers l'avant et en serrant le frein avant. Mais s'il s'agit juste d'un peu de mou, vous pourrez peut-être le détecter en passant un doigt entre le cadre et la fourche. Réglez ou remplacez la pièce dès que possible car un jeu de direction desserré s'use vite.

Contrôlez ensuite le pédalier. Si vous détectez du mouvement sur une manivelle seulement ou si les manivelles semblent grippées ou graveleuses lorsque vous les tournez, il vaut mieux ne pas rouler tant que vous n'aurez pas réglé le problème. Vous pouvez rouler avec un boîtier de pédalier desserré, mais cela vous ralentira – tout comme un plateau déformé, des manivelles déformées ou des pédales grippées.

Les câbles de dérailleurs ont tendance à s'effilocher aux mêmes endroits que les câbles de freins, mais ils s'effilochent aussi sous le boîtier de pédalier sur les vélos de route. Le mauvais réglage du dérailleur arrière constitue toutefois la source principale de problèmes sur pratiquement tous les vélos. Vérifiez donc que toutes les vitesses passent correctement et rapidement. Si la chaîne saute à un point quelconque, vous devrez reprendre le réglage entier du dérailleur arrière. Contrôlez également l'indexation – les passages doivent être bien tranchés et instantanés.

Enfin, vérifiez que les vis du collier de selle, de celui de la tige de selle et de la potence sont bien serrées. Inutile de les serrer très fort, juste assez pour empêcher la potence et la selle de glisser.

1 Si les freins sont bien réglés, ils doivent s'appliquer dès que vous serrez le levier à la moitié de sa course. Si vous pouvez le déplacer plus loin, c'est un signal de danger.

6 Prenez les pédales par leur bout et essayez de les bouger latéralement. Si elles bougent dans les mêmes proportions à gauche et à droite, cela indique que le boîtier de pédalier est desserré.

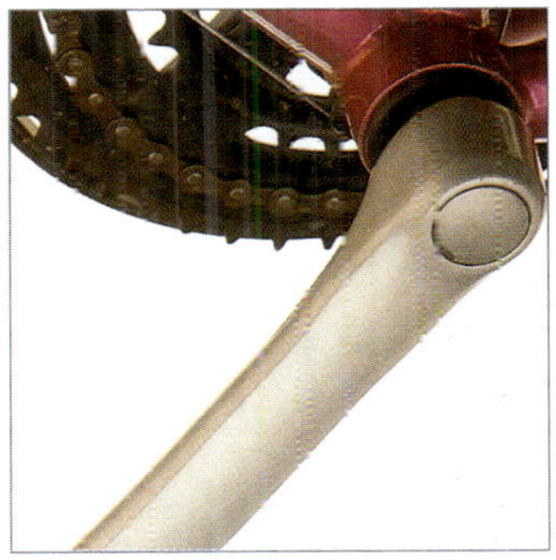

2 Vérifiez ensuite les patins, même si les freins sont bien réglés. Le caoutchouc doit être suffisamment épais et il doit y avoir au moins 1 mm de jeu entre le patin et le bord supérieur de la jante.

3 Les câbles s'effilochent souvent près de la vis de réglage à l'endroit où ils émergent de la gaine. Contrôlez les deux et vérifiez qu'une pression normale sur le levier suffit à appliquer les freins.

4 Après avoir vérifié que la potence et le guidon ne sont pas fissurés, vérifiez que le guidon est de niveau et que la potence est alignée sur la roue avant. Serrez ensuite le frein avant et vérifiez s'il y a du jeu dans le jeu de direction.

5 Tenez une manivelle d'une main pour voir si vous pouvez bouger l'autre, puis changez de côté. Si vous ressentez même un infime mouvement dans une manivelle, les vis des manivelles sont à serrer.

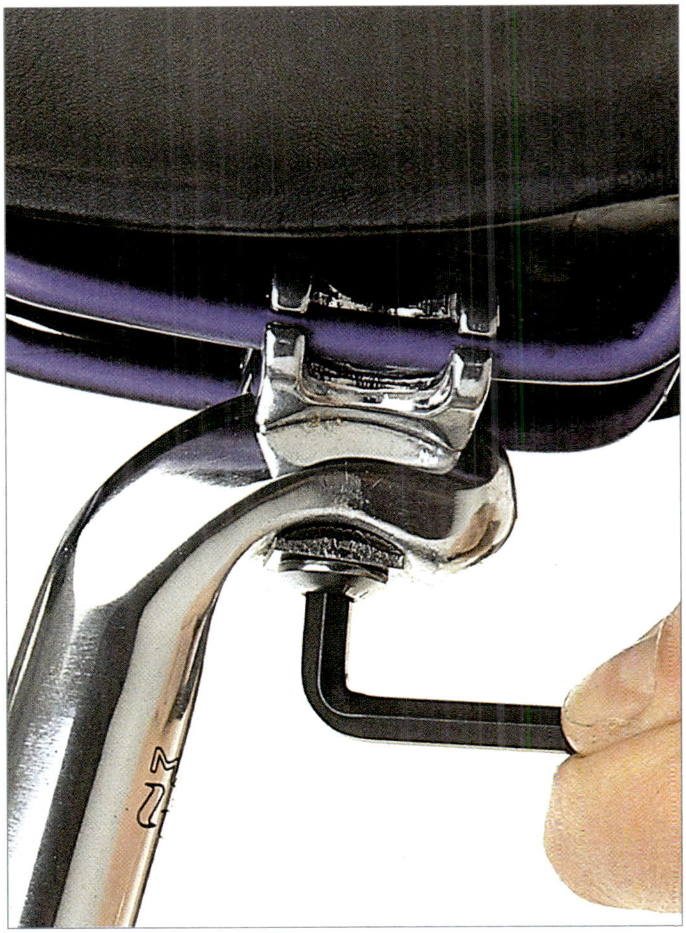

7 Soulevez la chaîne des plateaux pour pouvoir tourner les manivelles librement. Si nécessaire, enlevez la roue AR pour avoir assez de mou dans la chaîne et l'écarter. Tournez ensuite les manivelles pour voir si le boîtier de pédalier est à graisser.

8 A l'aide d'une clé Allen, vérifiez que les vis de plateaux sont serrées. En même temps, regardez d'en haut pour voir si les manivelles sont toutes les deux droites. Enfin, vérifiez que les pédales tournent bien, sans bruit de craquement.

9 Sur les dérailleurs arrière, vérifiez que le câble ne s'effiloche pas près du pince-câble et remuez les galets de tension pour voir s'ils sont usés. Passez de la vitesse supérieure à la vitesse inférieure plusieurs fois pour vérifier que le passage est rapide et précis.

10 Vérifiez que le câble du dérailleur avant ne s'effiloche pas et que la fourchette est parallèle à la chaîne. Vérifiez ensuite qu'il y a un écart de 6 mm entre la fourchette et le plateau. Le passage doit être rapide et précis.

11 Enfin, vérifiez que les vis du collier de selle et de la tige de selle sont serrées. Ne serrez pas trop pour ne pas abîmer les filetages. Les contrôles des roues et des pneus – sans doute les pièces les plus importantes d'un vélo – sont décrits à la page suivante.

Roues et pneus : contrôle

Combinez ce contrôle de 5 minutes à celui de 10 minutes décrit précédemment.

Lorsque vous faites tourner la roue avant, elle devrait continuer à tourner pendant un moment. Il ne devrait y avoir aucun bruit de grincement ou craquement. Si elle ralentit d'un coup ou si vous entendez des bruits bizarres, le moyeu est sans doute à démonter et graisser. En outre, ce test vous permettra de détecter si la roue est voilée. Si elle semble bouger de côté à côté, essayez de déterminer si c'est la roue ou la jante qui est voilée. Les pneus ne sont jamais absolument droits, mais les jantes doivent être centrées au millimètre. Contrôlez aussi que la jante ne bouge pas de haut en bas.

Si vous pensez que la jante est voilée, de côté à côté ou de haut en bas, les consignes de la page 126 vous aideront peut-être. Si le pneu est plus voilé que la jante, c'est peut-être parce que les tringles ne sont pas posées homogènement. La bande de roulement est peut-être irrégulière ou le flanc du pneu peut être bombé. Dans les deux cas, la seule solution est de remplacer le pneu.

Tous les rayons d'une roue doivent être à la même tension. S'il y a un voilage, certains rayons seront probablement desserrés, mais s'ils sont tous desserrés, la roue est à retendre.

Lorsque vous vérifiez si la bande de roulement comporte des corps étrangers, vérifiez également si elle est spongieuse ou coupée profondément ou s'il y a trop de corps étrangers. Si le pneu compte plus d'une douzaine de gravillons, il arrive à la fin de ses jours.

Pneu et roue : contrôle de 5 minutes

1 Soulevez la roue avant du sol et faites la tourner. S'il y a un problème, vérifiez si c'est la roue ou la jante qui est voilée. Tournez ensuite la roue lentement et servez-vous des patins de frein comme point de fixation pour évaluer le degré de voilage.

CHERCHEZ LES BULLES !
Si le pneu se dégonfle toujours sans que vous puissiez trouver la crevaison, la valve laisse peut-être échapper de l'air. Cela se vérifie en immergeant la chambre sous l'eau, mais il y a un autre moyen : remplissez un verre d'eau et trempez-y la valve. S'il y a plein de bulles, vous devrez remplacer la chambre à air (valve Presta) ou monter un nouvel insert (valve Schrader).

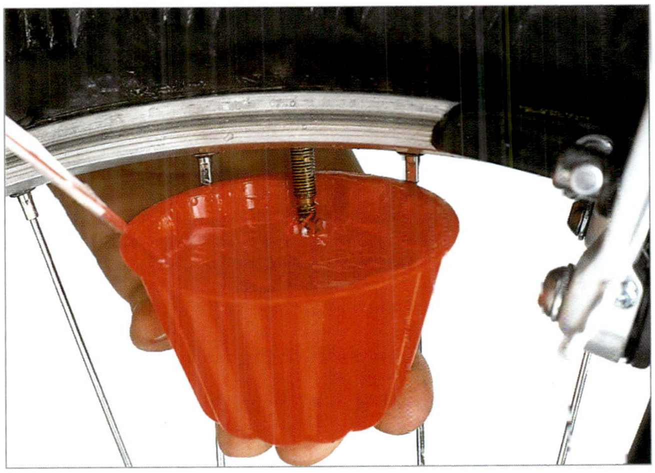

2 Si le pneu ne tourne pas rond, enlevez-le et reposez-le en vérifiant que les tringles sont bien dans la section de jante. Ensuite, qu'il soit voilé ou non, prenez les rayons deux par deux avec l'index et le pouce pour voir s'ils sont bien tendus.

3 Faites le tour du pneu avec un tournevis pour dégager tout corps étranger coincé dans la bande de roulement. Examinez les grosses coupures, avec ou sans gravillon incrusté dedans, et pensez à remplacer le pneu en cas de dégât assez important.

4 Le flanc doit être d'une teinte homogène, avec un revêtement en caoutchouc ininterrompu tout le long depuis la jante jusqu'à la bande de roulement. Si la toile est visible ou s'il y a des coupures ou fissures, dégonflez le pneu pour évaluer les dégâts.

5 Terminez le contrôle de la roue en tournant l'axe à la main. S'il semble grippé ou graveleux, démontez-le et regraissez-le. S'il semble bien fonctionner, posez la roue à plat et introduisez quelques gouttes d'huile entre l'axe et le moyeu.

Gonflage

1 Sur une valve Presta, dévissez l'écrou moleté et enfoncez la tige jusqu'à obtention d'un sifflement d'air. Cela empêchera la valve de se coincer, mais il faudra peut-être dévisser l'écrou un peu plus si l'air pénètre difficilement dans le pneu.

2 Certains V.T.T. et vélos de ville possèdent une valve Schrader, un peu plus grosse que la Presta. Vérifiez donc s'il vous faut un adaptateur. Evitez les gonfleurs de garage sur les valves Schrader, ils seraient dangereux.

3 Les pompes s'enfoncent simplement sur la valve, mais l'air s'échappera si vous poussez l'adaptateur trop loin. En cas de problèmes, vérifiez que l'adaptateur est bien placé sur la valve et passez un doigt autour de la valve ou d'un rayon.

4 Après avoir gonflé un pneu à valve Presta, vérifiez que la valve est à angle droit avec la jante. Vérifiez aussi que l'anneau d'arrêt est bien serré. Ne la serrez pas trop sous risque de crevaison. Remontez ensuite le pare-poussière.

Dix anomalies difficiles à repérer

Après avoir effectué le contrôle de 10 minutes, vous devriez savoir reconnaître toutes les anomalies communes. Cette section vous aidera à repérer les anomalies plus inhabituelles.

Le contrôle de 10 minutes vous indiquera si votre vélo est en forme ou non. Il ne vous signalera toutefois pas tous les petits défauts qui font la différence entre un vélo passable et un vélo agréable sous tout rapport. Après avoir repéré l'une des anomalies décrites ici, lisez la section ou le chapitre traitant de la pièce affectée pour savoir quelle mesure prendre.

Tout d'abord, ne négligez pas votre position de conduite. La plupart des gens se contentent de régler la hauteur de leur selle et s'en tiennent là. Ils négligent les autres réglages, la pose éventuelle d'une selle différente, la position et la largeur du guidon.

Les vitesses constituent toutefois la plus grande source de problèmes. Si elles ne marchent pas bien et que de petits réglages ne résolvent rien, revenez en arrière et recommencez le réglage depuis le début. Si cela ne marche pas, vous devrez monter une chaîne et des pignons neufs et éventuellement des plateaux et un dérailleur neufs.

Il faudra aussi peut-être investir dans des pneus neufs. Même s'il y a un millimètre de bande de roulement, cela ne signifie pas que les flancs du pneu sont en bon état. Si vous les vérifiez, vous serez peut-être étonné(e) de ne pas avoir eu plus de crevaisons. La pose de pneus de qualité est le moyen le plus facile de garder un vélo en état. Vous irez même plus vite si vous les maintenez bien gonflés.

Plus le vélo est en bon état, plus il risque de grincer dans divers endroits car il est constitué de pièces de différent métal frottant l'une contre l'autre. N'essayez pas d'éliminer ces grincements en serrant trop les vis car vous risqueriez de foirer le filetage.

Les freins maintenant. Là aussi, même si le patin a encore un millimètre de caoutchouc, cela ne signifie pas qu'il agrippe la jante correctement. Posez-en des neufs si la jante ou le patin semble glissant et réglez les deux patins parallèlement à la jante ou légèrement pincés vers l'avant. Les patins neufs comportent parfois des instructions sur ce dernier point. Toutefois, les nouveaux patins ne fonctionneront pas au maximum tout de suite : ils laissent généralement une couche sur les jantes et prennent la forme de la surface de freinage avant d'atteindre leur force de freinage maximale.

En dernier lieu, les roulements qu'on a oubliés. Si votre vélo prend de l'âge, ces pièces seront sans doute usées.

1 Si vous devez produire trop d'effort, si vous manquez de confort et de contrôle sur le vélo, votre position de conduite est peut-être à revoir. Revenez à la position de base recommandée et partez de là.

2 La chaîne est usée si vous pouvez presque la soulever du plateau. Cela ne provoquera pas de problèmes nets mais les plateaux et les pignons s'useront vite et le passage des vitesses sera lent et imprécis.

5 Les apparences peuvent tromper avec les pneus, qui requièrent parfois un examen plus étroit. Si un flanc de pneu semble usé, dégonflez le pneu pour pouvoir l'aplatir avec les doigts et voir s'il y a des fissures et des coupures.

6 Les vélos doivent être silencieux. Si le vôtre craque, cela provient probablement de vis en acier dans des filetages en alliage ou vice versa. Enduisez les vis de potence, des plateaux et de la selle de dégrippant.

3 En cas de bruit régulier s'arrêtant avec le pédalage, l'indexation du dérailleur AR est probablement défectueuse. Tournez la vis du câble de dérailleur AR d'un demi-tour dans le sens anti-horaire.

4 Vous pouvez empêcher la chaîne de sauter des pignons en réajustant le dérailleur arrière depuis le début. Si cela ne règle rien, vérifiez que la chaîne n'est pas trop longue. Lorsque la chaîne est sur le plus grand pignon et le plus grand plateau, la fourchette doit plus ou moins pointer vers le bas.

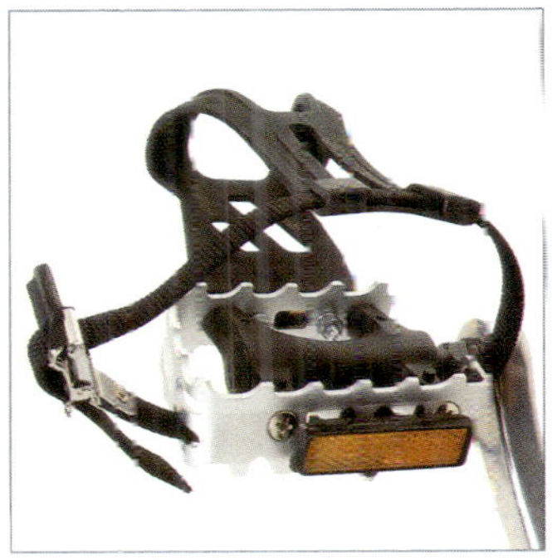

7 Un mauvais freinage peut être dû à des patins contaminés d'huile. Il faut peut-être en poser des neufs. Ou bien cela est dû à des dépôts d'huile et de graisse sur la jante, à éliminer au white spirit ou avec un tampon en nylon.

8 Un freinage brusque ou bruyant peut être dû à des patins mal fixés, particulièrement si chaque patin est aligné différemment. Essayez de les poser de sorte que le bord avant soit 1 mm plus près de la jante que le bord arrière.

9 Des freins qui vibrent peuvent être dus à un jeu de direction déréglé. Enroulez vos doigts autour de sa course inférieure et serrez le frein avant. Si vous sentez un mouvement quelconque, le jeu de direction est à examiner.

10 Des pédales dont les roulements grincent ou les axes sont déformés rendent le pédalage difficile. Vérifiez que l'axe est droit à l'oeil nu, puis retirez-le de la manivelle pour vérifier l'état des roulements.

SACHS
NEW SUCCESS

CHAPITRE 4

LES VITESSES

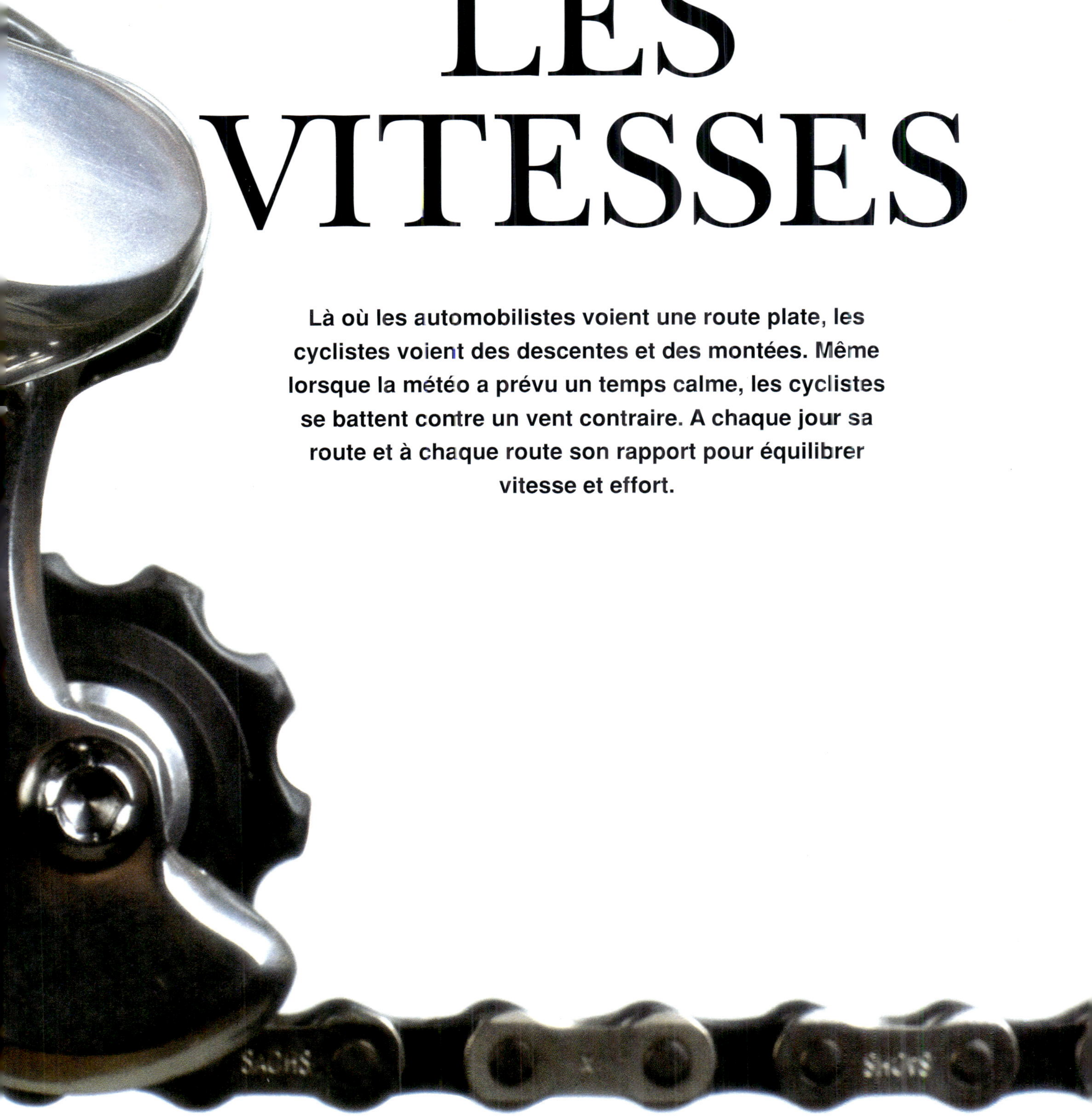

Là où les automobilistes voient une route plate, les cyclistes voient des descentes et des montées. Même lorsque la météo a prévu un temps calme, les cyclistes se battent contre un vent contraire. A chaque jour sa route et à chaque route son rapport pour équilibrer vitesse et effort.

Types de vitesses

Pratiquement tous les vélos sont équipés soit de dérailleurs soit de vitesses dans le moyeu. Les dérailleurs se composent d'un dispositif à l'avant destiné à faire passer la chaîne entre les deux ou trois plateaux et combiné à un dispositif à l'arrière pouvant compter jusqu'à huit pignons. Bien que ces dispositifs exigent beaucoup d'entretien, ils sont légers, fiables et très polyvalents. Les mécanismes dans le moyeu comportent seulement trois, cinq ou sept vitesses et nécessitent très peu d'entretien.

DÉRAILLEUR ARRIÈRE

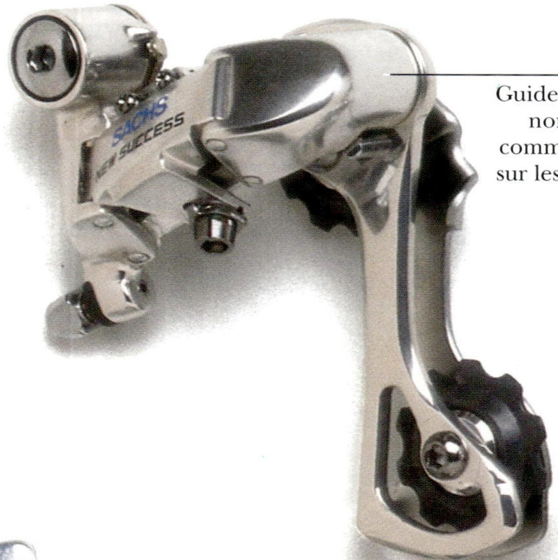

DÉRAILLEUR AR. DE V.T.T.

Guide-chaîne long pour couvrir un grand nombre de vitesses. Généralement par commande sur guidon. Egalement utilisé sur les vélos hybrides et de cyclotourisme.

DÉRAILLEUR AR. DE VÉLO DE COURSE

Guide-chaîne court pour minimiser le poids et procurer un meilleur passage des vitesses. Commandé par une manette montée sur le tube diagonal ou par des manettes STI/Ergopower.

DÉRAILLEUR AR. BAS DE GAMME

En acier, avec biellette vissable pour usage sur vélos sans biellette d'articulation. Modèle à guide-chaîne court également disponible.

MOYEU SEPT VITESSES

Avec frein arrière incorporé facultatif. Conçues pour les vélos de ville, les vitesses sont commandées par manette à encliquetage sur le guidon. Exige peu de réglage et aucun entretien.

MOYEU TROIS VITESSES

Pour vélos utilitaires. Tension du câble à régler de temps en temps, mais les dernières versions n'exigent aucun huilage. Manette à encliquetage généralement sur le guidon.

VITESSES DANS LE MOYEU

DÉRAILLEUR AVANT

DÉRAILLEUR AV. DE V.T.T.

Guide-chaîne profond pour usage sur triple plateau avec différence de taille prononcée entre chaque plateau. Généralement commandé par une manette indexée sur le guidon.

DÉRAILLEUR AV. DE VÉLO DE COURSE

Guide-chaîne léger pour vélos double plateau seulement. Souvent monté avec manette de frein et vitesses STI et Ergopower incorporées et dérailleur arrière de course.

Dérailleur arrière : entretien et contrôle

Lorsque vous montez une côte et que les pédales commencent à tourner de plus en plus lentement, il est temps de passer la vitesse inférieure. C'est là que vous vous rendez compte si votre dérailleur arrière fonctionne bien.

Le dérailleur arrière constitue la pièce la plus importante du dispositif de vitesses à dérailleur et doit être lubrifié et entretenu régulièrement pour un fonctionnement optimal. Pour découvrir exactement ce qu'il y a faire, vous devrez d'abord déterminer si votre dérailleur est indexé ou non.

Si votre vélo n'est pas récent, il est sans doute équipé de vitesses à friction. Sur ces modèles, c'est à vous de juger de combien la manette doit être déplacée pour changer de vitesse. Une fois le principe assimilé, chaque changement devrait être bien tranché et accompagné d'un bruit sec.

Sur les vélos plus récents équipés de vitesses indexées, vous entendrez et sentirez un déclic en déplaçant la manette, ainsi qu'un léger bruit lorsque la chaîne passe au pignon choisi.

Dans les deux cas, si la chaîne manque le pignon ou si elle ferraille en permanence sans réussir tout à fait à passer au pignon choisi, il y a un défaut. La première chose à faire sera de nettoyer, graisser et régler le dérailleur, comme indiqué dans les pages qui suivent.

Une dernière chose : n'oubliez pas que la vitesse supérieure correspond toujours au plus petit pignon (grand braquet) et la vitesse inférieure au plus grand (petit braquet). Pour passer la vitesse supérieure, la chaîne doit donc passer au petit pignon et pour rétrograder au grand pignon.

1 Si la chaîne est à nettoyer, le dérailleur arrière l'est sans doute aussi. A l'aide d'un aérosol ou d'un solvant, lubrifiez le dérailleur puis essuyez-le bien avec un chiffon. Lubrifiez ensuite les quatre articulations principales ainsi que l'articulation supérieure.

2 Nettoyez bien les galets qui écopent toujours des impuretés accumulées sur la chaîne. Les morceaux durcis se ramolliront avec un produit solvant et s'enlèveront avec un petit tournevis. Essuyez puis injectez du lubrifiant au centre des deux galets.

4 Les galets s'usent assez rapidement. Pour vérifier leur état, tirez la fourchette vers l'avant pour libérer le galet inférieur de la chaîne, puis passez-y la pointe des doigts pour tester son mouvement diagonal. Vérifiez également que le galet tourne aisément.

5 Ecartez la chaîne du galet supérieur et revérifiez qu'il n'est pas usé et qu'il se déplace bien. Sur les dérailleurs récents, le galet supérieur est conçu pour se déplacer latéralement, il faut donc différencier l'usure de ce type de mouvement intentionnel.

QUAND FAUT-IL FAIRE CE TRAVAIL ?

◆ Etapes 1, 2 et 3 - à chaque fois que vous lubrifiez la chaîne.

◆ Etapes 4, 5 et 6 - à chaque fois que vous nettoyez complètement la chaîne. Cela vaut également la peine de suivre les consignes 4, 5 et 6 lors du contrôle d'un vélo d'occasion.

DURÉE

◆ 1 minute pour lubrifier le dérailleur arrière en même temps que la chaîne.

◆ 5 minutes pour vérifier l'usure et les dommages dus à une chute.

DIFFICULTÉ

◆ Assez facile, mais vous risquez fortement de vous salir les mains. Pensez à enfiler des gants en latex.

AUCUN OUTIL SPÉCIAL NÉCESSAIRE

3 Les câbles de dérailleur doivent transmettre instantanément chaque mouvement à la manette de vitesses. Pour cela, lubrifiez les câbles puis actionnez la manette à plusieurs reprises pour bien répartir le lubrifiant le long de la gaine.

6 Suspendu en côté de la roue AR, le dérailleur risque fort de se trouver abîmé lors d'une chute, que vous soyez sur le vélo ou non. Pour vérifier cela, serrez le vélo dans un support ou demandez à quelqu'un de le tenir droit. Accroupissez-vous ensuite derrière la roue AR, avec les yeux plus ou moins au niveau du moyeu. De là, vous pourrez voir si le dérailleur n'est plus en ligne. Si vous pensez que c'est le cas, vérifiez que la biellette n'est pas éraflée, auquel cas elle est probablement déformée. Vous pouvez aussi vérifier que les lames de la fourchette sont droites. Si tout est normal, les galets supérieur et inférieur doivent être alignés avec les pignons.

Dérailleur arrière : réglage

Si vous avez un dérailleur arrière indexé, vous devrez peut-être suivre les huit consignes ci-après pour bien régler le changement de vitesses. En revanche, les dérailleurs à friction ne nécessitent qu'un réglage de base.

Le réglage de base d'un dérailleur indexé ressemble beaucoup à celui d'un dérailleur à friction. Il suffit de vérifier que la fourchette ne se déplace pas trop loin dans les deux sens, sinon la chaîne risque de sauter dans les rayons ou de se coincer.

Toutefois, sur les dérailleurs à friction, le câble n'est à resserrer ou changer que de temps en temps. Sur les dérailleurs indexés, la manette commande avec précision le mouvement du câble et cette quantité exacte de mouvement doit être transmise au dérailleur AR. Le câble doit donc toujours être à la même tension, ce qui exige un réglage assez fréquent. Il suffit ensuite de tourner la vis de réglage du câble d'un demi-tour dans le sens anti-horaire s'il se dérègle. Sinon, suivez les 3 consignes d'indexation.

Réglage de l'indexation

1 Au 1er réglage de l'indexation Shimano, vérifiez que la chaîne passe sans bruit à la vitesse supérieure. Dans le cas contraire, tournez la vis du câble, et non les vis H et L, d'un tour dans le sens anti-horaire si la chaîne saute du pignon supérieur, et d'un tour dans l'autre sens si elle passe au 2e pignon. Pour régler les vitesses, détendez ou retendez le câble.

Passez ensuite la 2e vitesse et tournez la vis du câble d'un demi-tour à la fois dans le sens anti-horaire, jusqu'à obtention d'un bruit de ferraille lors du passage au 3e pignon. Tournez alors la vis dans le sens horaire jusqu'à ce bruit disparaisse, mais surtout pas plus que cela. Essayez ensuite le vélo sur route pour vérifier que toutes les vitesses passent bien.

Sur les Campag, Sachs et Suntour le réglage est similaire, mais avec le dérailleur AR en 3e et 2e vitesse plutôt qu'en 2e et 3e.

Réglage de base

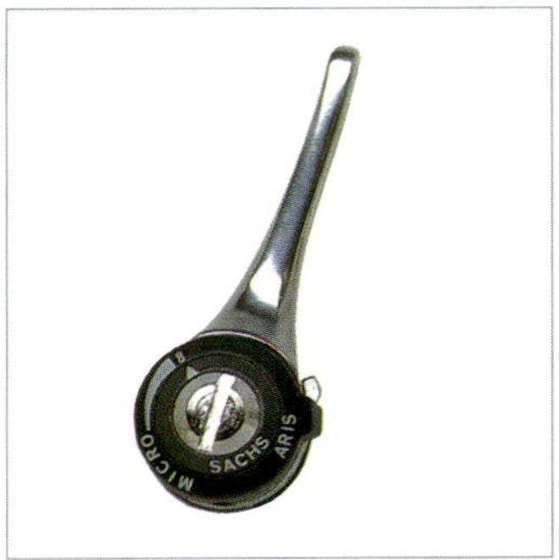

1 Si vous réglez un dérailleur à friction, vérifiez que la vis centrale de la commande est bien serrée. Sur les vitesses indexées (sur tube diagonal ou sur guidon), vérifiez que la vis centrale ou le cadran gradué est en position indexée.

2 Vérifiez que le câble est bien lubrifié et non effiloché et que sa gaine n'est pas déformée ni cassée. Passez la vitesse supérieure en déplaçant la manette ou en l'enclenchant 7 fois s'il s'agit d'une Rapidfire, STI ou similaire.

3 Dévissez le pince-câble et tournez les pédales jusqu'à ce que la chaîne passe au plus petit pignon. Mettez le dérailleur en position verticale et vérifiez la position des galets par l'arrière du vélo. S'ils se trouvent à la gauche du plus petit pignon, tournez la vis de réglage H (*High*) dans le sens anti-horaire ou, s'ils sont trop sur la droite, tournez-la dans l'autre sens. Sur un dérailleur à friction, les galets doivent s'aligner sur le centre du grand pignon. Sur les indexés, ils doivent s'aligner sur le bord extérieur du pignon.

4 Toujours par l'arrière du vélo, poussez le dérailleur AR latéralement de la main droite, puis posez la chaîne sur le pignon inférieur de la main gauche. La fourchette devrait s'aligner sur le centre du pignon inférieur. Si ce n'est pas le cas, tournez la vis de réglage L (*Low*) dans le sens horaire si la fourchette est sur la gauche du plus grand pignon, et dans le sens inverse si elle est sur sa droite. Soulevez ensuite la selle pour pouvoir tourner les pédales sur quelques tours. La chaîne devrait passer au plus petit pignon et y rester.

5 Les vis H et L sont habituellement sur l'articulation supérieure mais sur les bas de gamme Shimano et sur beaucoup de Campag, elles sont au niveau du pince-câble. Il faut parfois jouer à la devinette pour identifier les vis de réglage (pas toujours marquées H et L). Posez le câble en le tendant avec des pinces avant de serrer le pince-câble. Il faut alors tester les dérailleurs à friction sur route et peaufiner le réglage des vis H et L si la chaîne fait du bruit en petite ou grande vitesse. Vous pouvez maintenant régler l'indexation proprement dite.

2 Si l'indexation ne fonctionne toujours pas très bien, finissez de régler la tension du câble en tournant sa vis d'un quart de tour dans le sens anti-horaire, puis dans l'autre sens. Sur beaucoup de V.T.T., cela se fait avec la vis sur la commande même.

3 Les vélos de course avec système STI ou Ergopower ont souvent une vis de réglage sur le cadre que l'on peut atteindre en roulant. Comme pour les commandes rotatives sur les V.T.T., cela permet de vérifier l'indexation et d'affiner la tension du câble en roulant.

QUAND FAUT-IL FAIRE CE TRAVAIL ?

◆ Lorsque le dérailleur arrière est bruyant.

◆ Lorsque le passage des vitesses est lent, erratique ou incorrect.

◆ Lorsque la chaîne est emmêlée dans les rayons ou coincée entre le pignon et le cadre.

DURÉE

◆ 30 minutes, en comptant la pose d'un dérailleur neuf et le réglage d'un dérailleur arrière indexé.

◆ 5 minutes pour peaufiner l'indexation, y compris l'essai sur route.

DIFFICULTÉ ///

◆ Réglage de base assez simple, mais tenter d'obtenir une indexation parfaite exige souvent nettement plus de patience.

AUCUN OUTIL SPÉCIAL NÉCESSAIRE

PROBLÈMES DE CHAÎNE

Beaucoup de dérailleurs AR comportent une 3e vis qu'il faut éviter de toucher. Mais si vous voulez un jeu de pignons ou un dérailleur AR neuf et qu'il n'y a pas assez de place pour le galet de tension en petite ou grande vitesse, vissez la 3e vis de réglage d'angle jusqu'à ce que la chaîne tourne bien.

Dérailleur arrière : révision et remplacement

Si vous avez bien réglé votre dérailleur arrière mais n'arrivez toujours pas à bien faire fonctionner les vitesses, il est peut-être à démonter et nettoyer.

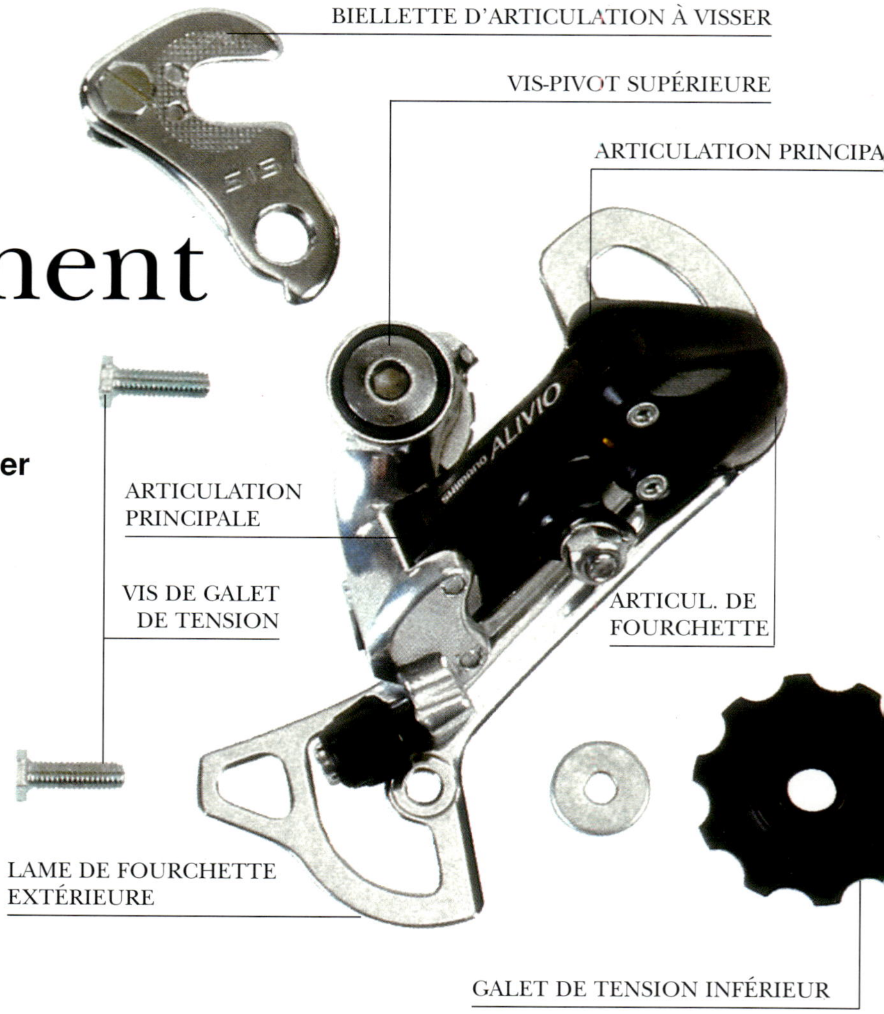

Il n'y a pas de périodicité déterminée pour le démontage et nettoyage du dérailleur arrière, mais si vous êtes parmi les vététistes qui se complaisent dans la boue, une fois par mois est le minimum. Par contre, les cyclistes sur route roulent souvent des années avant de toucher au dérailleur arrière. Cet intervalle est trop long. Lorsque le câble a besoin d'être remplacé, ou lorsque vous pensez que les galets de tension sont usés ou ne tournent pas bien, il est temps de penser au démontage, au nettoyage complet et éventuellement à la pose de galets de tension neufs. Certains dérailleurs se décomposent en beaucoup plus de pièces qu'illustré ici, mais il est inutile d'aller plus loin que de séparer les lames de la fourchette et de démonter les galets de tension.

Vous devriez profiter de ce que le dérailleur est démonté pour vérifier que les articulations principales ne sont pas usées. Pour cela, prenez les parties supérieure et inférieure du dérailleur et essayez de les bouger dans des directions opposées. Si elles bougent, les articulations principales sont usées et un dérailleur neuf est nécessaire. Un autre contrôle sur le vélo consistera à tenir le bas de la fourchette pour voir si elle bouge de haut en bas. Si elle bouge sur plus de 6 mm, vérifiez qu'elle n'est pas usée au niveau de ses articulations supérieure et inférieure.

La méthode illustrée ici pour déposer un dérailleur arrière évite d'avoir à ouvrir la chaîne et doit être utilisée dans la mesure du possible. Toutefois, si vous avez du mal à retirer les galets de tension, il faudra ouvrir la chaîne et dévisser le dérailleur arrière. Mais n'oubliez pas qu'à chaque fois que vous ouvrez une chaîne, vous augmentez ses risques de bris à l'avenir.

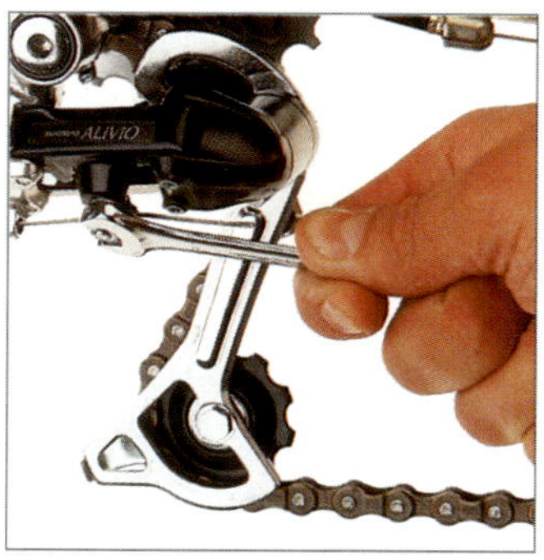

1 Desserrez le pince-câble et soulevez la rondelle de serrage pour pouvoir libérer le câble. Retirez la gaine de la vis de réglage du câble puis enfilez le câble entier dedans. Si vous faites attention, il ne s'effilochera pas.

2 Enlevez la vis fixant le galet inférieur dans la fourchette puis retirez le galet. Essayez alors de voir où les diverses rondelles façonnées se placent. Si la vis ne bouge pas, trempez ses deux extrémités dans du lubrifiant et laissez reposer un peu.

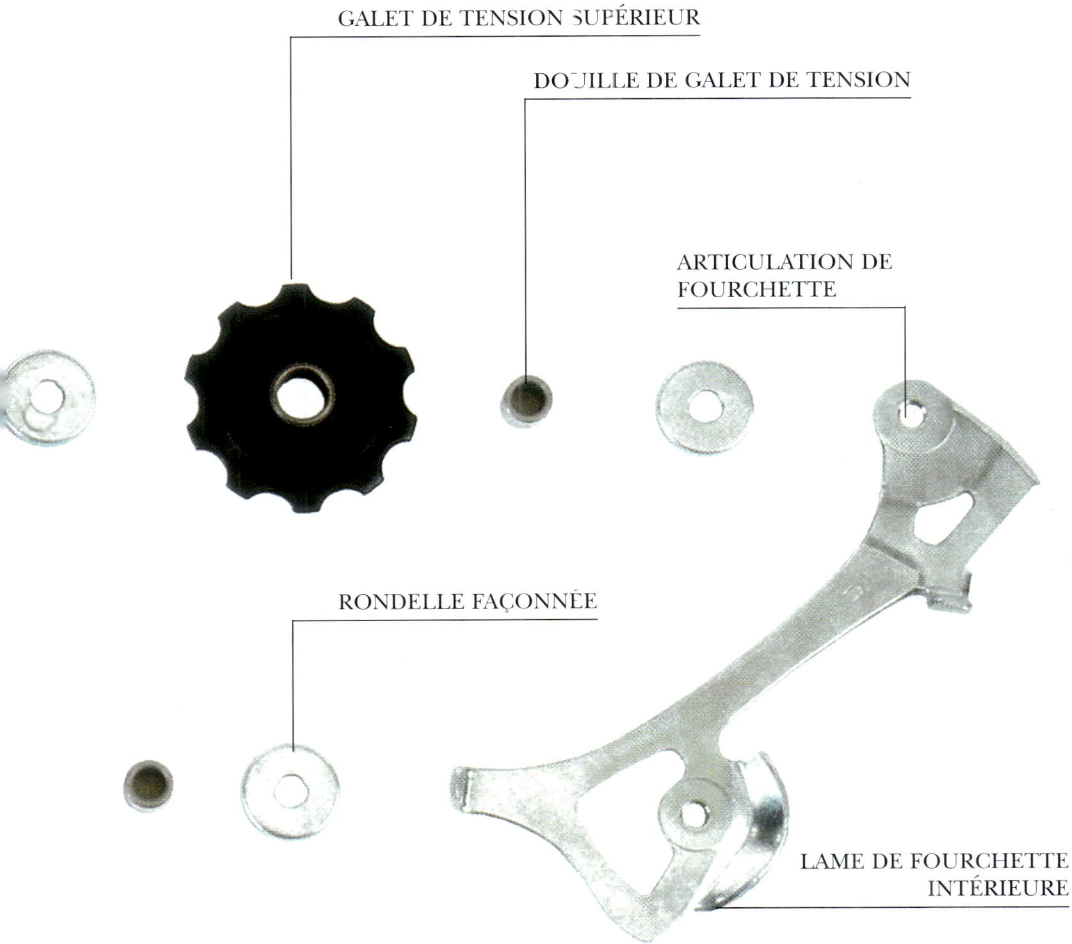

QUAND FAUT-IL FAIRE CE TRAVAIL ?

◆ Lorsque le mauvais passage des vitesses implique que le dérailleur est à nettoyer.

◆ Lorsque les galets de tension paraissent usés lors d'un contrôle.

◆ Lorsque le dérailleur paraît usé lors d'un contrôle.

DURÉE

◆ Environ 1 heure pour déposer, bien nettoyer et reposer le dérailleur arrière.

◆ 30 minutes pour poser un dérailleur neuf.

DIFFICULTÉ

◆ Il est parfois difficile de remonter les galets de tension correctement.

OUTILS SPÉCIAUX

◆ Il est très important d'avoir une clé de dimension adéquate ou une clé Allen pour dévisser les vis du galet de tension.

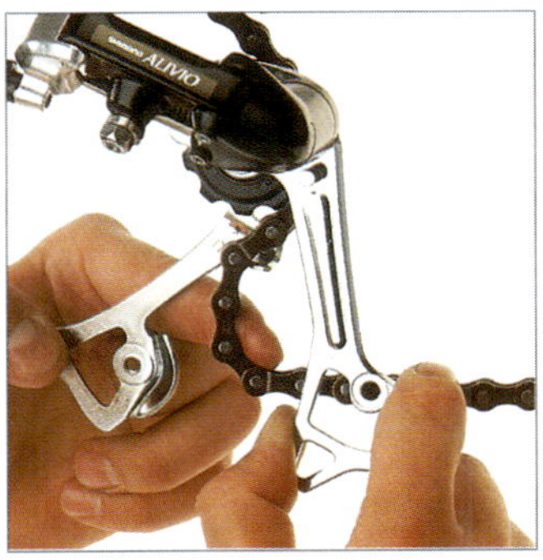

3 Desserrez ensuite la vis du galet supérieur pour pouvoir enlever la lame de fourchette intérieure. Soulevez ensuite la chaîne et dégagez-la du galet supérieur. Placez la chaîne sur l'un des grands pignons et laissez-la pendre.

4 Le dérailleur est prêt à être déposé. Dégagez le cache plastique ou nettoyez la douille de clé Allen, et dévissez la vis-pivot avec une clé Allen. Si le dérailleur est équipé d'une biellette vissée, desserrez et enlevez sa vis de fixation.

5 Sur un banc d'établi, dévissez la vis du galet supérieur en notant où sont les rondelles. Nettoyez tout au solvant puis séchez et remontez en huilant les roulements de galets. Mettez du dégrippant sur les vis de galet et la vis-pivot.

6 Vissez la vis-pivot dans la biellette d'articulation, serrez-la fort et vérifiez qu'il n'y a pas de jeu. Huilez toutes les articulations, vérifiez que les galets de tension sont alignés avec les pignons, puis suivez la démarche de réglage complète.

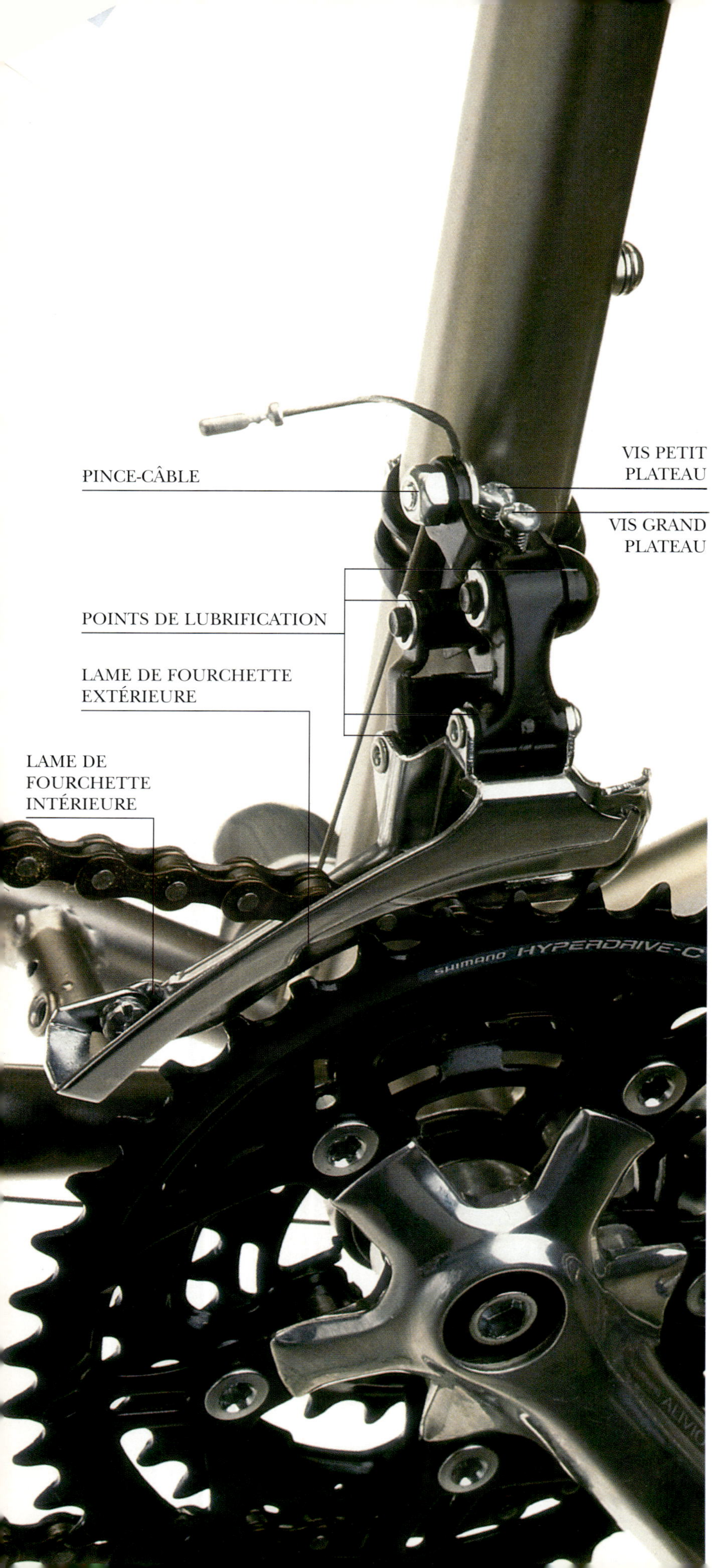

Dérailleur avant : entretien et réglage

Les dérailleurs avant ont nettement moins de sautes d'humeur que les dérailleurs arrière : une fois installés, ils peuvent durer une éternité avant d'exiger une intervention.

Etant donné que tous les dérailleurs avant se ressemblent, il vous faudra identifier celui qui est installé sur votre vélo. Par exemple, les V.T.T. récents comportent un dérailleur avant indexé et sont gradués de 1 à 3 sur le guidon pour faciliter le passage entre les 3 plateaux, tandis que les V.T.T. plus anciens et pratiquement tous les vélos de route sont équipés d'une manette de vitesses à friction.

Une autre différence de taille concerne la fourchette. Sur les V.T.T. à triple plateau, en raison de l'écart important entre le petit et le grand plateau, la fourchette du dérailleur avant doit être profonde et très inclinée. A l'inverse, sur les vélos de route à double plateau la fourchette est nettement moins robuste étant donné l'écart moindre entre les deux plateaux. Par conséquent, ne confondez pas ces deux types de fourchettes sinon votre dérailleur ne marchera jamais correctement. Dans les deux cas, si la chaîne frotte contre la fourchette, ne vous affolez pas : il suffira de régler la manette légèrement en roulant.

Au niveau de l'entretien, vous n'aurez qu'à lubrifier un peu les articulations du dérailleur lorsque vous graisserez la chaîne, en veillant surtout à éliminer toute impureté éventuelle de la fourchette. Si vous négligez ce dernier point, ces impuretés se retrouveront tôt ou tard sur la chaîne. Vous pouvez également vérifier de temps en temps que la fourchette et ses articulations ne sont pas usées, même si les dérailleurs s'usent toujours très lentement.

Si votre vélo est flambant neuf, faites attention car les vis de réglage sur certains dérailleurs très récents sont inversées par rapport aux modèles plus anciens.

1 Placez la chaîne sur le petit plateau et vissez ou dévissez la vis de réglage intérieure jusqu'à ce que la lame de fourchette intérieure se trouve à 1 mm à l'intérieur du petit plateau. Tournez les pédales pour vérifier le réglage.

2 Placez la chaîne sur le plus grand plateau. Vissez ou dévissez la vis extérieure jusqu'à ce que la lame de fourchette extérieure se trouve à 1 mm à l'extérieur du plus grand plateau. Essayez ensuite le vélo sur route.

3 Les commandes de vitesses indexées comportent trois positions graduées. Sélectionnez le pignon inférieur du dérailleur AR et serrez ou desserrez la vis jusqu'à ce que la chaîne se déplace bien du petit plateau au plateau central.

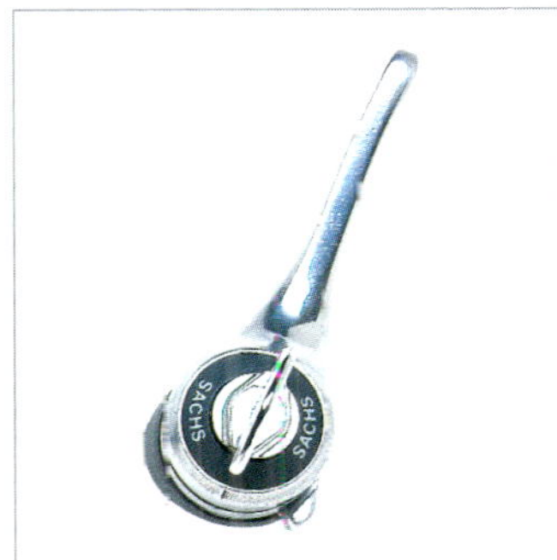

4 Les dérailleurs AV avec manette à friction fonctionnant mieux sans mou dans le câble, resserrez celui-ci après le réglage. Si le dérailleur AV passe bien les vitesses mais perd de son réglage, serrez légèrement la vis centrale.

5 Si votre chaîne refuse de passer nettement sur le grand plateau, vérifiez que la fourchette est parallèle aux plateaux et que la lame de fourchette extérieure est entre 2 et 4 mm des dents du plateau.

6 S'il faut déplacer le dérailleur AV après avoir vérifié sa position, dévissez le pince-câble et libérez le câble pour qu'il n'affecte pas la position de la fourchette. Notez le cheminement du câble par le collier.

7 Desserrez le collier de serrage jusqu'à ce que vous puissiez déplacer le dérailleur AV à la force des doigts. Replacez la fourchette en ligne avec les plateaux et près des dents, mais sans les toucher.

VIS DE RÉGLAGE DE DÉRAILLEUR AVANT

Les dérailleurs avant portent parfois les lettres H (« High » - le plus grand plateau) et L (« Low » - le plus petit plateau). Le principe est le même que pour le dérailleur arrière, mais les lettres sont souvent si petites qu'elles sont à peine lisibles Tourner la vis extérieure d'un demi-tour devrait vous aider à les différencier.

Pose d'un dérailleur AV neuf

1 Pour retirer le dérailleur, commencez par enlever la vis de serrage puis tirez sur le dérailleur et dévissez la vis cruciforme ou Allen.

2 Ecartez les lames et enlevez l'entretoise. Ecartez les 2 côtés et coulissez le dérailleur le long de la chaîne. Inversez les opérations à la repose.

QUAND FAUT-IL FAIRE CE TRAVAIL ?

- Lorsque la chaîne saute pendant le passage d'un plateau à l'autre.
- Lors de la pose d'un dérailleur avant neuf.

DURÉE

- 10 minutes pour régler ou retirer le dérailleur avant.
- 10 minutes de plus pour vérifier le réglage avec un essai sur route.

DIFFICULTÉ

- Assez facile. Il est en fait plus facile de travailler sur un dérailleur avant que sur un dérailleur arrière. Par contre les dérailleurs avant n'assurent jamais un passage des vitesses aussi net que les dérailleurs arrière.

AUCUN OUTIL SPÉCIAL NÉCESSAIRE

Commandes de vitesses

Les manettes à friction sont faciles à démonter, tandis que les commandes indexées sont constituées de nombreuses pièces minuscules et ne doivent être démontées qu'en cas de nécessité absolue. Les commandes sur poignées tournantes ne doivent jamais être démontées.

Pratiquement tous les V.T.T. sont équipés de vitesses indexées à commande sur le guidon. Seuls quelques V.T.T. sont encore équipés d'une manette à friction et celle-ci ne commande de toute façon que le dérailleur avant.

Les commandes indexées fonctionnent soit par cliquet soit par course. Les manettes à cliquet se reconnaissent facilement au déclic audible et tactile qu'elles produisent lorsqu'elles sont déplacées. A l'intérieur de ce type de manette se trouve une plaquette ronde percée d'une série de trous représentant chaque vitesse. Un roulement à billes monté sur ressorts se met en prise avec les trous de la plaquette et détermine ainsi les différentes positions ressenties lorsque l'on utilise la manette. Il ne faut démonter ce type de manette que si les différentes positions ne sont plus identifiables ou si elle semble avoir grippé et ne se dégrippe pas après une lubrification à la silicone ou autre.

Les commandes à course sont encore plus compliquées. Il est parfois possible de retirer la vis centrale, de retirer le cache pour nettoyer et lubrifier le mécanisme à l'huile fine et de poser des câbles neufs, mais il ne faut jamais aller plus loin. Lorsque le guidon est équipé d'un cadran indicateur, il faut généralement enlever deux petites vis pour le déposer puis enlever la vis Allen centrale pour pouvoir séparer la commande de dérailleur du levier de frein.

Les manettes des vélos de route STI et Ergopower fonctionnent également sur le principe de la course et ne doivent pas être démontées. La majorité des vélos de route sont toutefois équipés de manettes à friction sur le tube diagonal, un petit nombre d'entre eux seulement étant indexés sur le principe du cliquet.

Les manettes à friction peuvent se démonter facilement, mais elles posent rarement problème. Il faut les démonter seulement lorsqu'elles sont trempées de lubrifiant et que cela empêche la vis centrale de rester en position.

1 Les V.T.T. bas de gamme sont équipés de manettes sur guidon. Le gros bouton sur le devant permet de passer les vitesses à friction si l'indexation tombe en panne en route. Ces manettes sont fixées par un simple collier de serrage.

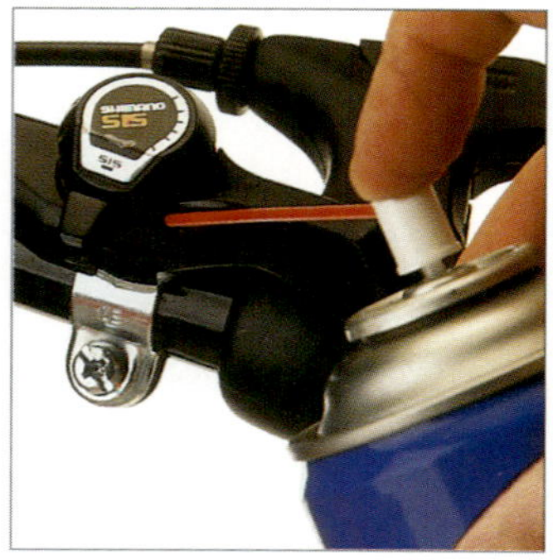

2 Comme pour la majorité des commandes sur guidon, il suffit de les lubrifier de temps en temps pour les entretenir. Essayez de diriger l'aérosol vers le raccord du câble, puis activez la manette plusieurs fois.

3 La Rapidfire Plus a 2 enclencheurs de vitesses, un pour les grandes et un pour les petites. Elle ne doit pas être démontée. Pour la lubrifier, enlevez le capuchon s'il y en a un et dirigez le lubrifiant vers l'encoche du raccord.

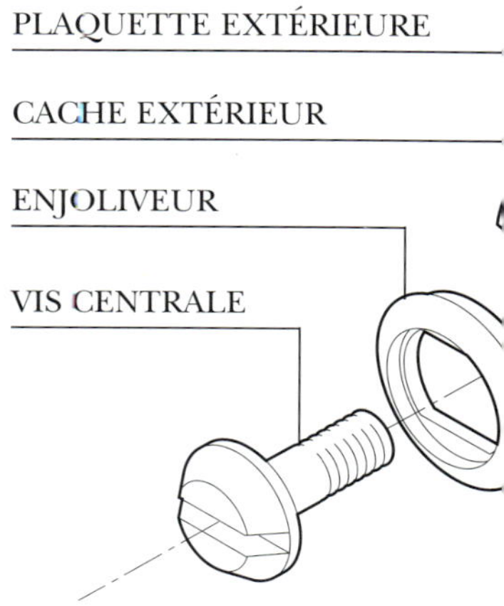

4 Les poignées Gripshift et autres sont montées sur ressorts et ont tendance à « éclater » si l'on tente de les démonter. Vous pouvez toutefois enlever ou régler ce type de commande en desserrant la vis Allen sur le devant.

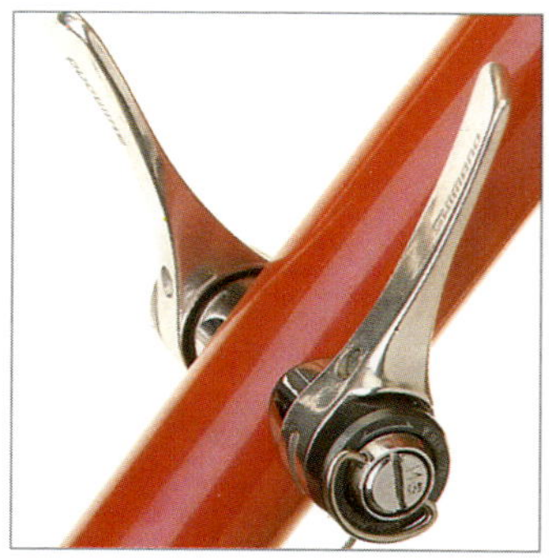

5 Les bons vélos de route ont souvent 2 manettes sur le tube diagonal. Celle du dérailleur AV est presque toujours à friction tandis que celle du dérailleur AR est indexée. On peut choisir entre indexation ou friction en tournant la vis centrale.

MANETTE INDEXÉE

MANETTE À FRICTION

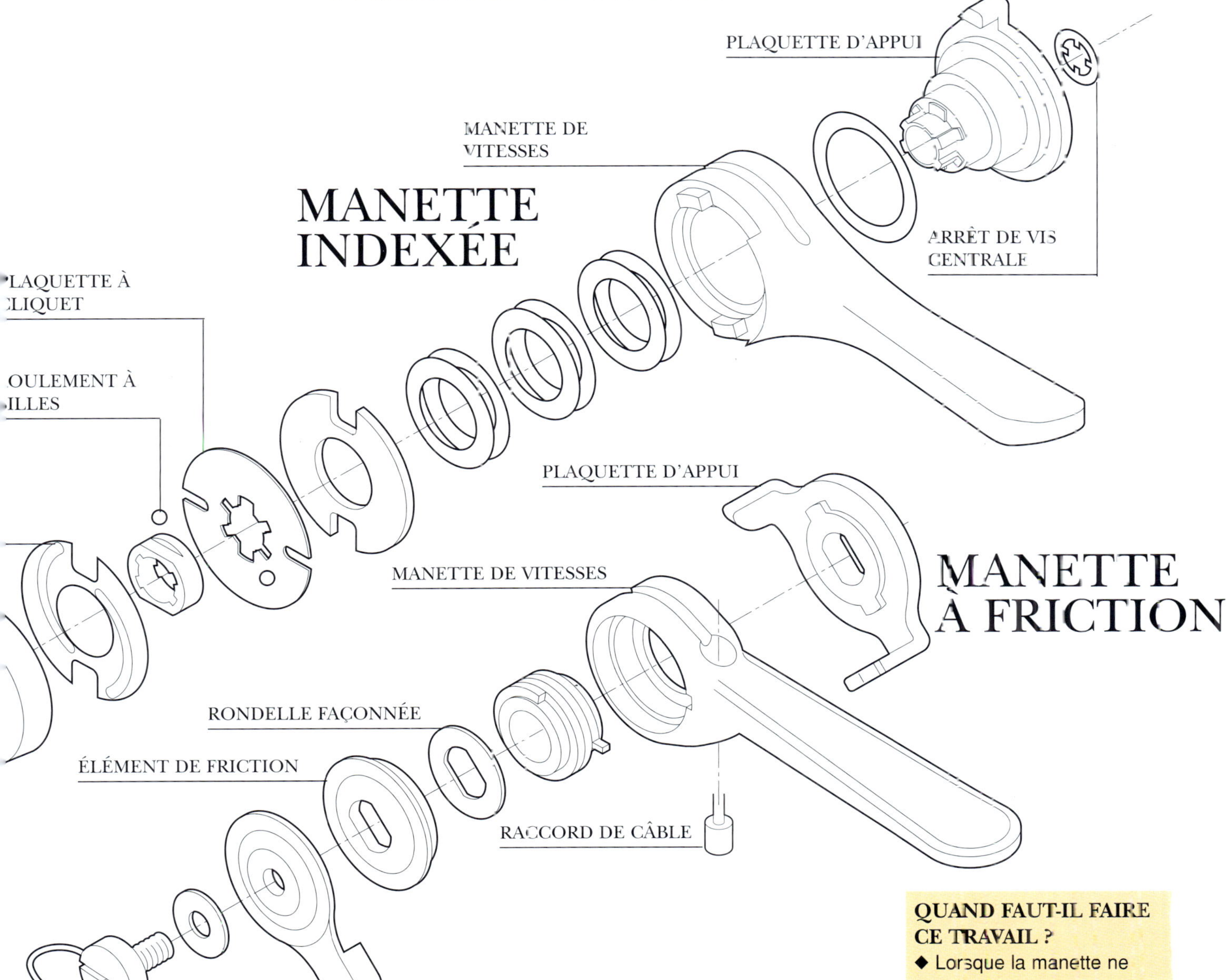

6 Sur les manettes de tube diagonal, le câble étant fixé dans la manette, n'orientez pas le lubrifiant dans cette direction. Dirigez-le plutôt vers le bord du logement central, d'où il pourra plus facilement s'acheminer vers le mécanisme à cliquet.

7 La majorité des manettes sur tube diagonal se vissent dans des bossages fixés sur le cadre, bien que certaines soient serrées par collier. Dévissez la vis et tirez pour extraire la manette. A la repose, replacez bien l'encoche carrée dans la plaquette d'appui.

QUAND FAUT-IL FAIRE CE TRAVAIL ?

- ◆ Lorsque la manette ne bouge pas.
- ◆ Lorsqu'elle se déplace mal.

DURÉE

- ◆ 1 minute pour graisser.
- ◆ 1 h pour démonter et remonter 1 manette à cliquet sur tube diagonal.

DIFFICULTÉ

- ◆ Le graissage est facile, mais pas le démontage des manettes à cliquet. Les commandes rotatives et sur guidon sont trop compliquées pour pouvoir s'y attaquer soi-même.

AUCUN OUTIL SPÉCIAL NÉCESSAIRE

Pose de câbles neufs

Lorsque les câbles sont effilochés ou grippés par de l'huile solidifiée, il est temps de les changer. Etant donné le nombre affolant de commandes de dérailleurs, reportez-vous toutefois aux pages précédentes et lisez les consignes 1 à 5 pour trouver celle qui correspond le mieux au vôtre.

Tous les câbles se ressemblent, mais méfiez-vous des apparences. Précisez à l'achat si vous avez un dérailleur indexé ou non. Les câbles haute qualité du dérailleur indexé sont plus raides que les autres et les câbles et gaines sont souvent spécifiquement traités pour réduire le frottement. Vous pouvez donc installer des câbles indexés sur un dérailleur ordinaire, mais pas l'inverse. Si vous montez des câbles non indexés sur un dérailleur indexé, cela affectera le passage des vitesses et vous devrez les régler souvent.

Autre problème : le fabricant Shimano emploie un type de raccord tandis que Campag et Suntour utilisent un type légèrement différent. Il vous faudra donc aussi préciser la marque du dérailleur, et même parfois limer un peu le raccord pour qu'il se rapporte juste à la commande.

Lors de la pose de câbles neufs, vérifiez toujours que les gaines ne sont pas coupées ni entortillées. S'il vous faut une gaine neuve pour un dérailleur indexé, choisissez-en une scellée auprès d'un fabricant de dérailleurs, ou coupez-la vous-même à partir de la gaine spéciale pour les vitesses indexées. Celle-ci se compose de nombreux fils torsadés longitudinalement dans une enveloppe en plastique plus résistante et pratiquement incompressible pour éviter qu'elle ne se comprime lorsque le câble est tendu au maximum. Ce type de gaine est nécessaire pour procurer la haute précision indispensable aux vitesses indexées. Les gaines ordinaires sont constituées de fils à ressort enroulés qui se compriment et affectent ainsi la précision de la transmission.

Nombre de pince-câbles sont conçus pour que le câble s'enroule légèrement autour de la vis de serrage. Une fente incurvée est parfois prévue pour recevoir le câble, mais prenez quand même note du cheminement de l'ancien câble avant de le retirer.

Huilez le câble et la gaine à la silicone, à l'huile minérale et aux lubrifiants synthétiques seulement. N'utilisez jamais de graisse ou d'huile ménagère à base végétale.

1 Débranchez le bout du câble près du dérailleur puis repérez l'endroit de fixation du raccord dans la commande. Sur les tubes diagonaux, déplacez la manette à fond vers l'avant et tenez-la en dégageant le raccord. Agrippez le câble avec une pince si nécessaire.

2 Les commandes sur guidon ont une encoche partiellement cachée pour le câble. Déplacez la manette vers l'avant puis retracez le cheminement du câble autour de la manette. Si vous vissez la vis de réglage à fond, le raccord sortira peut-être de son encoche.

3 Lorsque le câble passe sous le guidon, il s'engage dans la commande entre le haut de la manette et le guidon. Dégagez doucement le capuchon de l'encoche du raccord, le cas échéant. Passez la vitesse supérieure pour sortir le raccord de son encoche.

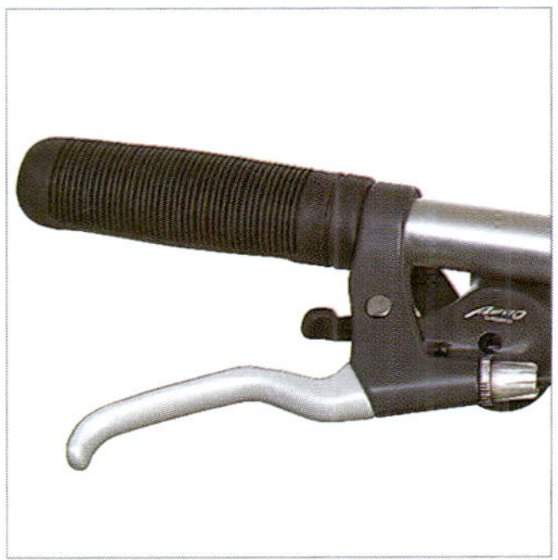

4 Les commandes sous le guidon ont parfois une protection fixée par une vis centrale. Dévissez-la et retirez la protection pour dégager le raccord et tout guide-câble éventuel. Sortez l'ancien câble et remplacez-le par le neuf en le lubrifiant au remontage.

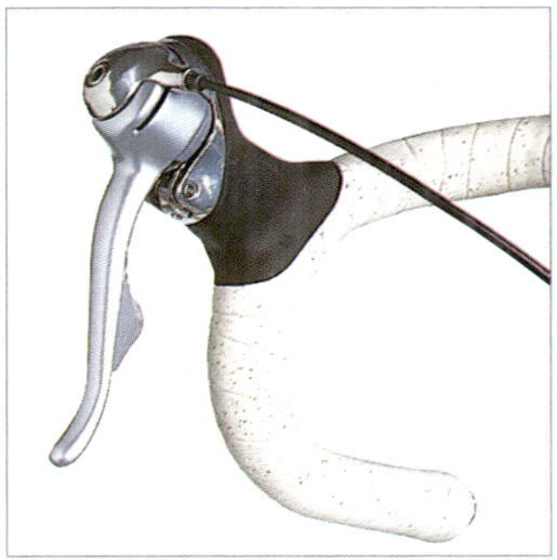

5 Sur les manettes STI, le raccord est emboîté sur l'extérieur du levier de frein et n'est visible que lorsque les freins sont appliqués. Sur les leviers Ergopower et Sachs, il faut d'abord replier la protection en caoutchouc pour pouvoir atteindre le raccord.

6 Si le câble est engagé dans une vis de réglage sur la commande, enlevez la gaine de son assise. Enfilez ensuite une bonne longueur de câble dans la manette de vitesses pour pouvoir le passer dans sa gaine sans difficulté, en suivant les courbes de la gaine.

7 Retracez le cheminement de l'ancien câble à l'aide du neuf. Si vous utilisez l'ancienne gaine, vérifiez que les douilles métalliques sont toujours en place et que le câble suit une légère courbe.

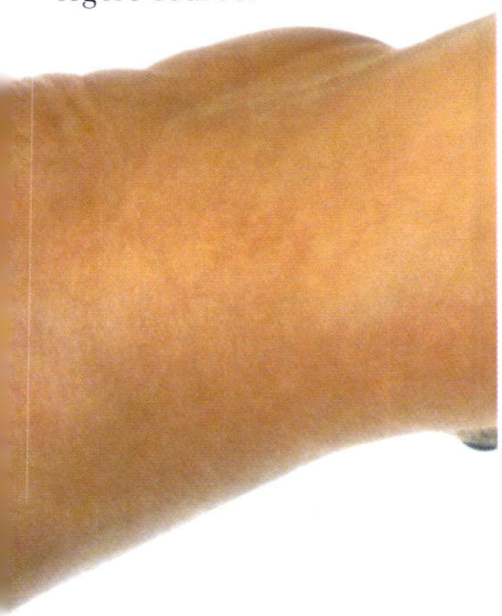

8 Sur les manettes montées sur tube diagonal, les câbles passent généralement sous le vélo et s'enfilent dans un guide en plastique sur le cadre. Vérifiez que les guides ne sont pas abîmés puis déroulez soigneusement le câble pour l'empêcher de s'entortiller.

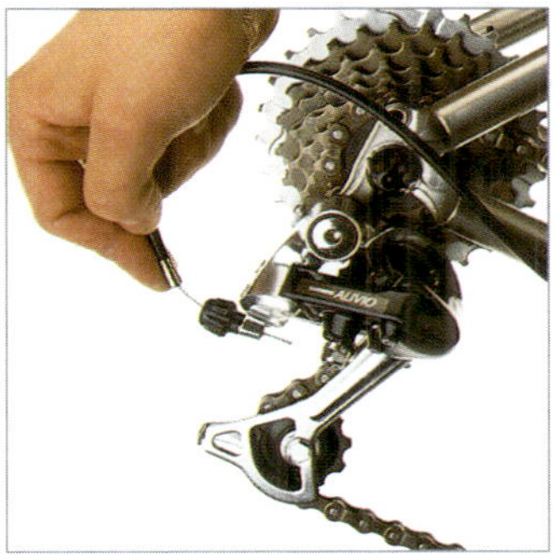

9 Vérifiez que la manette de vitesses est en position supérieure et que la chaîne est sur le grand pignon. Enfilez le câble dans sa vis de réglage, posez la gaine et soulevez la rondelle de serrage pour s'assurer que le câble s'engage bien dans sa fente.

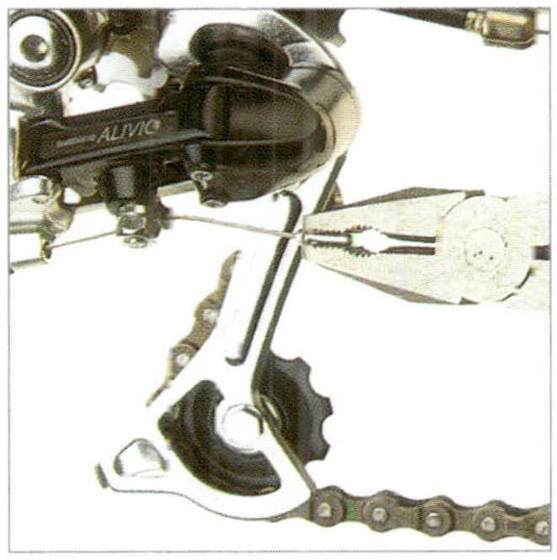

10 Revérifiez que la gaine est bien enfilée dans la vis de réglage. Tendez le câble avec une pince puis serrez le pince-câble. Le cas échéant, coupez le bout qui dépasse avec un coupe-câble et recouvrez-le d'un capuchon pour l'empêcher de s'effilocher.

QUAND FAUT-IL FAIRE CE TRAVAIL ?

◆ Lorsque le câble est effiloché ou grippé dans la gaine.

◆ Lorsque l'indexation vous joue des tours.

DURÉE

◆ 30 minutes pour monter un câble de dérailleur AR, moins pour monter un câble de dérailleur avant.

DIFFICULTÉ 🔧🔧🔧

◆ La pose de câbles neufs sur un vélo de course équipé de commandes de dérailleurs sur tube diagonal ne pose pas de problème, mais c'est loin d'être le cas pour les commandes sur guidon. La pose d'un câble neuf sur une poignée tournante est très difficile.

OUTILS

◆ Un coupe-câble serait utile.

DOUILLES DE CÂBLE MÉTALLIQUES

Il vaut mieux utiliser des câbles pré-étirés et scellés pour les dérailleurs indexés. Mais si vous fabriquez vous-même votre câble, recouvrez-le toujours de douilles en méta pour minimiser les flexions, surtout sur les dérailleurs Campag.

Changements de vitesses Sturmey Archer

Trop d'utilisateurs du vélo de ville peinent parce que leur changement de vitesses dans le moyeu ne marche pas. Et pourtant ces vitesses sont les plus faciles à régler et les mieux adaptées à la circulation urbaine.

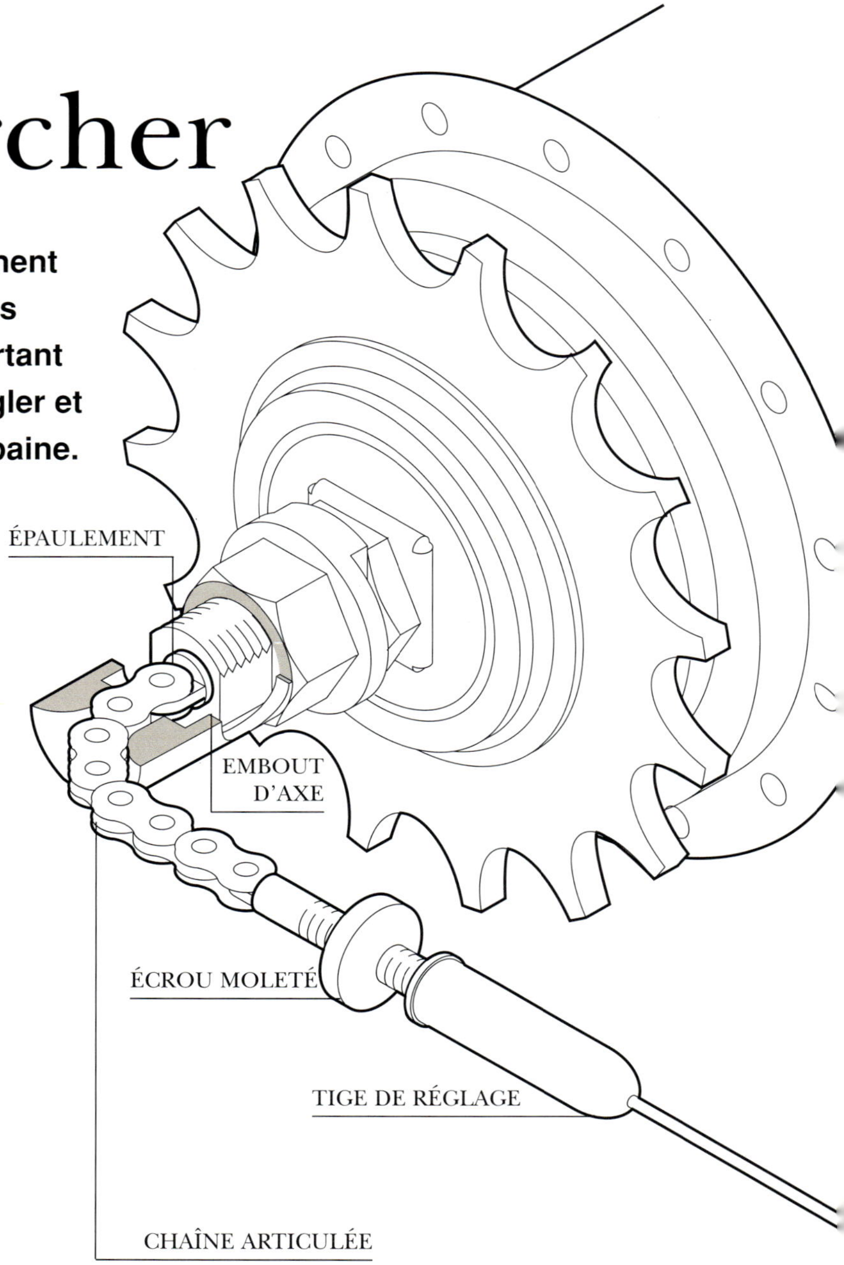

De toutes les pièces d'un vélo, les vitesses dans le moyeu, constituées d'une myriade de petites pièces ingénieusement manufacturées, sont celles que l'on peut le plus aisément assimiler à une boîte de vitesses automatique de voiture. Heureusement pour les cyclistes, ces pièces internes défaillent rarement et même en cas d'anomalie, ceci est souvent dû à l'usure et la meilleure solution est de changer l'ensemble. En revanche, il n'est pas recommandé de démonter ce mécanisme soi-même, à moins de disposer des outils spéciaux et du savoir-faire nécessaire pour venir à bout d'un tel casse-tête.

Le problème le plus courant sur un Sturmey est de ne pouvoir pédaler qu'à une seule vitesse même lorsque la manette de vitesses est sur les autres positions. Une autre anomalie de taille survient lorsque les vitesses sautent, avec un bruit sec suivi d'un tressaillement des pédales. Cela se produit plus fréquemment en côte et est souvent dû à l'usure interne. Mais ces anomalies, comme beaucoup d'autres, sont souvent dues à un réglage incorrect du câble ou à une fracture du câble ou de la chaîne articulée.

Suivez les consignes 5 à 7 de base pour monter des chaînes articulées ou des câbles neufs et pour garder les vitesses bien réglées. Les câbles neufs sont livrés avec leur gaine sur les vélos neufs, tandis que sur les modèles plus anciens la gaine se pose avec un collier de serrage très résistant pour cadre. Si vous avez du mal à régler le câble correctement, réglez la position du collier de cadre. Par ailleurs, si le câble passe par une poulie, vérifiez qu'elle tourne librement.

Les Sturmey Archers récents sont scellés et autolubrifiants, mais certains modèles plus anciens sont à huiler par l'orifice de lubrification en plastique noir situé dans le corps du moyeu avec quelques gouttes d'huile moteur, toutes les deux semaines environ.

Les roulements de roues sont du type à cônes et cuvettes et se règlent de la manière habituelle, mais il vous faudra sans doute une clé spéciale. Faites le réglage du côté opposé à la chaîne.

Roue arrière - dépose

1 Sur les vélos à vitesses dans le moyeu, le câble des vitesses étant raccordé à l'axe arrière, il faut les séparer. Dévissez la roue moletée du câble d'un quart de tour, puis dévissez la tige de réglage d'environ douze tours pour relâcher le câble.

2 Desserrez les deux écrous de roue avec une clé, puis achevez le dévissage avec vos doigts. Pour empêcher l'axe de tourner, des rondelles spéciales sont placées autour de l'axe et sur le cadre. Mettez les écrous de roue et les rondelles de côté.

3 Poussez l'axe vers l'avant avec les doigts, tout en maintenant la roue lors de sa dépose pour l'empêcher de rebondir. Soutenez maintenant le cadre avec une main pendant que vous soulevez la chaîne du pignon et mettez la roue de côté.

4 A la repose, replacez les rondelles d'axe façonnées. Serrez ensuite légèrement les écrous de roue en remettant la roue bien au centre, avec environ 12 mm de mou dans la chaîne. Serrez ensuite les écrous de roue, en serrant un tour à la fois de chaque côté.

QUAND FAUT-IL FAIRE CE TRAVAIL ?

- Lorsque le câble est brisé.
- Lorsque la chaîne articulée est raide ou brisée.
- Lorsque les vitesses ne passent pas ou sautent (7).

DURÉE

- 15 min pour monter un câble neuf.
- 2 min pour la consigne 7.

DIFFICULTÉ

Il est facile de poser un câble neuf, mais le réglage des vitesses est parfois délicat.

OUTILS

- Clé à cônes spéciale.

Câble neuf - pose et réglage

1 Vérifiez d'abord que la chaîne articulée se déplace librement et est bien vissée directement dans l'axe. Dévissez-la d'un demi-tour au plus pour l'aligner avec le câble. Si la chaîne est raide ou brisée, dévissez l'ancienne et remplacez-la par une neuve.

2 Mettez la manette en position inférieure et dégagez le raccord de l'ancien câble, puis dévissez la gaine de l'arrière de la manette. Posez un câble neuf, pincez-le à la longueur qui convient et serrez la tige de réglage au niveau de l'écrou moleté.

3 Sélectionnez la position N ou 2 sur la manette et vérifiez si un nettoyage est nécessaire par l'orifice d'inspection. Déplacez la tige de réglage en haut ou en bas pour que l'épaulement soit en ligne avec l'embout d'axe. Serrez avec l'écrou moleté puis essayez le vélo.

Changements de vitesses Torpedo et autres

Les changements de vitesses dans le moyeu Torpedo sont semblables aux vitesses Sturmey Archer, mais la nouvelle génération de moyeux multi-vitesses est singulièrement compliquée.

Les Torpedo sont des mécanismes trois vitesses très simples. Contrairement à un Sturmey Archer, elles vous permettront toujours de rouler, peut-être pas à la vitesse souhaitée, mais au moins elles ne se bloqueront pas. Les anomalies surviennent généralement au niveau du câble. Il faudra soit le resserrer soit en poser un neuf. Reportez-vous aux consignes 1 à 3 pour ces deux opérations. Si vous devez retirer la roue arrière, débranchez le câble de changement de vitesse comme indiqué à la consigne 4, puis suivez la même démarche que pour la dépose d'une roue Sturmey Archer.

Les trois vitesses Shimano se règlent du côté opposé par rapport aux autres marques. Vérifiez d'abord que la manette fonctionne et que le câble n'est pas abîmé. Passez ensuite la vitesse intermédiaire, indiquée par « N » ou « 2 » sur le cadran gradué de la manette. Contre-pédalez deux fois et vérifiez que le N apparaît bien sur le cadran. Si ce n'est pas le cas, tournez la vis de réglage du câble jusqu'à ce qu'il apparaisse, puis essayez toutes les vitesses. Affinez le réglage si nécessaire.

Les cinq vitesses dans le moyeu de Sachs et de Sturmey ainsi que les sept vitesses de Shimano sont toutes assez compliquées à régler. Il est conseillé de s'adresser à un réparateur de cycles professionnel.

La majorité de ces vitesses dans le moyeu sont scellées et autolubrifiantes, mais vérifiez auprès d'un professionnel en cas de doute.

Changement de vitesses Torpedo

1 Vérifiez que la chaîne articulée fléchit bien et est bien vissée dans l'axe. Vérifiez également que le câble n'est pas abîmé ni effiloché là où il passe par-dessus la poulie. Sélectionnez la position H ou 3 sur la manette.

2 Le câble Torpedo est en une partie, avec un cliquet plastique qui s'enclenche sur la chaîne articulée. La longueur du câble se règle avec une clé Allen par le biais du pince-câble, pour que le cliquet touche juste la chaîne.

Moyeux sept vitesses Sachs

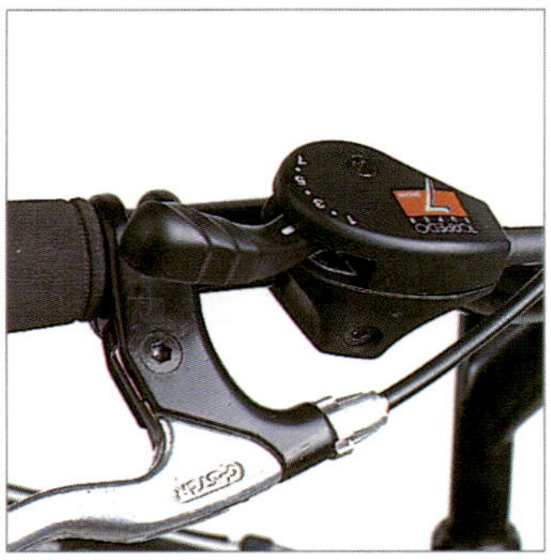

1 Si le câble ou la manette d'un moyeu sept vitesses Sachs est endommagé, ils ne peuvent être remplacés qu'en un bloc. Il faut donc desserrer le collier de serrage, le retirer du guidon et défaire toutes les fixations du câble.

2 Il n'est pas nécessaire de régler le câble car il est scellé dans le boîtier d'encliquetage, lui-même placé en bout d'axe. Desserrez la vis de fixation de temps en temps et poussez le boîtier d'encliquetage sur l'axe en resserrant la vis à la main.

3 Raccordez le bout de la chaîne articulée et le cliquet, puis poussez celui-ci sur la chaîne aussi loin que possible avec le minimum de force. Vérifiez que le câble est suffisamment tendu, sans le forcer.

4 Essayez toutes les vitesses. Si vous ne pouvez pas toutes les passer, le câble est sans doute trop lâche. Enfoncez la languette chromée sur le cliquet pour le dégager de la chaîne articulée, puis raccourcissez légèrement le câble et raccordez-le.

3 Le boîtier d'encliquetage est assez vulnérable lors de chutes à cause de sa place en bout d'axe. Garez votre vélo soigneusement pour éviter cela et remettez toujours la protection lors du remontage de la roue AR juste à titre préventif.

QUAND FAUT-IL FAIRE CE TRAVAIL ?
◆ Lorsque la chaîne articulée s'est brisée ou raidie.
◆ Lorsque le câble s'est effiloché ou brisé.
◆ Lorsque vous ne trouvez pas toutes les vitesses.

DURÉE
◆ 10 minutes pour poser le câble neuf sur un moyeu Torpedo ou un sept vitesses Sachs.
◆ 5 minutes pour régler le câble Torpedo.
◆ 2 minutes pour vérifier l'emplacement du boîtier d'encliquetage.

DIFFICULTÉ
◆ Très facile – bien plus facile que le réglage d'un Sturmey Archer.

AUCUN OUTIL SPÉCIAL NÉCESSAIRE

CHAPITRE 5

LA CHAÎNE ET LE PÉDALIER

Le pédalier est le moteur de votre vélo : il transmet l'énergie produite par vos jambes à la chaîne, qui la transmet à son tour aux roues. C'est cette transformation de l'énergie humaine en énergie mécanique qui rend un vélo si efficace.

SACHS

1 Il vous faut tout d'abord connaître le type de manivelles et de boîtier de pédalier installés sur votre vélo. Les manivelles sans clavette se reconnaissent à l'anneau entaillé sur lequel elles viennent se visser sur l'axe du boîtier de pédalier.

2 Les boîtiers classiques sont constitués d'un axe roulant sur des cuvettes séparées. Il faut les démonter et les graisser fréquemment car l'eau a tendance à y pénétrer. Ces boîtiers se reconnaissent souvent à leur anneau de serrage denté.

Pédalier : éléments constituants

Avant toute chose, prenez le temps d'identifier le type de pédalier et de boîtier installés sur votre vélo. Les manivelles peuvent en effet être clavetées et les boîtiers à cartouche ou à cuvettes et axe.

3 Certains boîtiers classiques comportent un anneau de serrage hexagonal et une cuvette réglable correspondant à une grande clé. Sur d'autres, la cuvette réglable est percée de deux trous pour y insérer une clé à ergots.

4 Les boîtiers étanches comportent un axe sur deux roulements à billes dans un boîtier métallique et nécessitent très peu d'entretien. Ils n'ont pas d'anneau de serrage extérieur, d'où leur apparence plus nette que les autres.

5 Sur les pédaliers clavetés les manivelles sont fixées sur l'axe par une clavette traversant le haut de la manivelle. Ces pédaliers sont pratiquement toujours en acier chromé et équipés d'un boîtier de pédalier classique.

6 Les pédales classiques de la plupart des vélos conviennent aussi bien au port de chaussures de sport qu'à d'autres chaussures légères. Sur les bas de gamme et les vélos enfants, les roulements n'étant pas démontables ni réglables, il faut penser à les changer.

7 Les cale-pieds aident à garder l'articulation du gros orteil sur l'axe et maximiser le rendement de pédalage. Les dernières pédales automatiques ont une fixation par ressorts sous la chaussure. Le déblocage se fait en tordant le pied.

8 Il existe de nombreux types de pédales automatiques, mais elles sont chères et réservées aux « accros » du vélo, tout-terrain ou autre. Elles exigent également le port de chaussures spéciales et ne sont pas toujours interchangeables.

Pédalier : contrôle et entretien

Au fil des kilomètres, votre pédalier s'use petit à petit. Pour lui conserver tout son mordant, vérifiez-le tous les deux ou trois mois.

Si vous gardez votre chaîne propre et bien lubrifiée, vous ralentirez l'usure du pédalier en évitant son ennemi numéro Un : le dépôt de corps étrangers. Combinés avec l'eau et l'huile, ceux-ci forment en effet une « pâte » abrasive provoquant l'usure d'un minuscule segment de métal à chaque fois que la chaîne frotte contre les dents du plateau ou des pignons. Multipliez cela par le nombre de fois que la chaîne déraille des dents du plateau sur 1 000 km et l'usure devient considérable.

Les plateaux sont généralement en aluminium doux. Leurs dents se durcissent toutefois sous l'action de la chaîne, de sorte que c'est la chaîne et les pignons en acier qui finissent par s'user plus vite. Tellement vite qu'après quelques centaines de kilomètres seulement, les pignons et la chaîne sont usés l'un dans l'autre. Si vous tentez alors de faire passer la chaîne sur différents pignons, elle ne s'engagera probablement pas correctement - il y aura un bruit sec ou un tressaillement régulier, surtout en côte. Le seul remède sera alors de changer les pignons et la chaîne à chaque fois.

Lorsque le pédalier est neuf, il s'use relativement lentement. Mais au fur et à mesure que les différents composants se détériorent, l'usure s'accélère. Si vous remplacez la chaîne et les pignons avant qu'ils ne soient très usés, vous éviterez d'avoir à acheter des plateaux neufs en plus.

Après avoir exécuté tous ces contrôles, lisez la suite de ce chapitre pour l'entretien ou le remplacement des composants de votre pédalier.

1 La majorité des pédaliers ont des plateaux séparés : la 1ère chose à faire est de vérifier que les vis sont bien serrées. L'écrou-raccord à l'arrière du plateau tourne parfois pendant ce contrôle - essayez de le tenir avec un tournevis si c'est le cas.

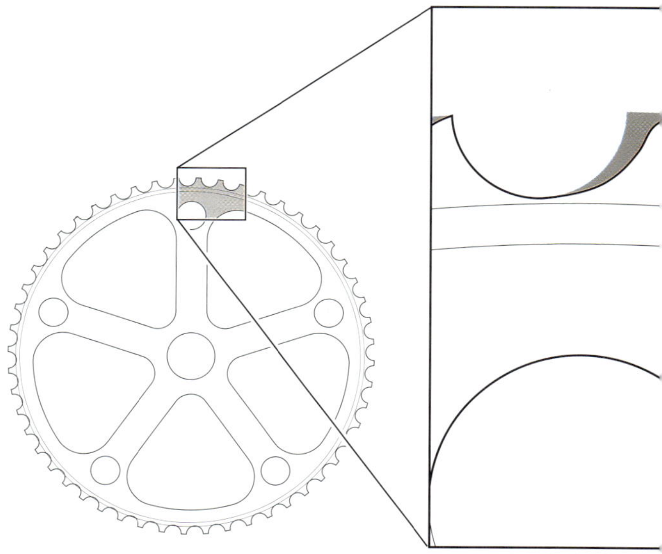

MANIVELLES DESSERRÉES

Si vous ne pouvez serrer la manivelle gauche suffisamment pour l'empêcher de bouger, limez un peu de métal au niveau du trou carré où elle est fixée sur l'axe. Remontez l'ensemble avec du produit-frein et serrez bien.

2 Si les manivelles sont desserrées sur leur axe, elles grinceront en roulant. Vérifiez que ce n'est pas le cas en secouant une manivelle tout en maintenant l'autre. Si vous n'arrivez pas à les serrer, il vous faudra peut-être en monter une neuve.

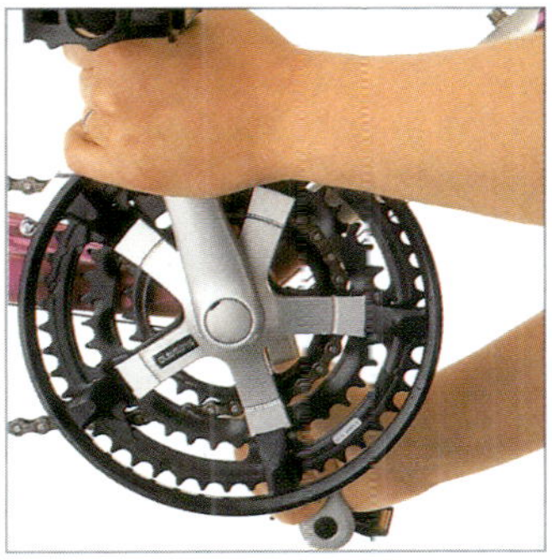

3 Le contrôle suivant concerne l'usure ou le jeu dans le roulement du boîtier. Tenez chaque manivelle par le haut et essayez de les déplacer diagonalement. Si elles se déplacent toutes les deux sur la même distance, il y a un problème.

4 Glissez la chaîne du plateau. En vous servant du cadre comme de point-support, tournez la manivelle pour voir si la distance entre le plateau et le cadre varie. Si c'est le cas, retirez le plateau et vérifiez le croisillon également.

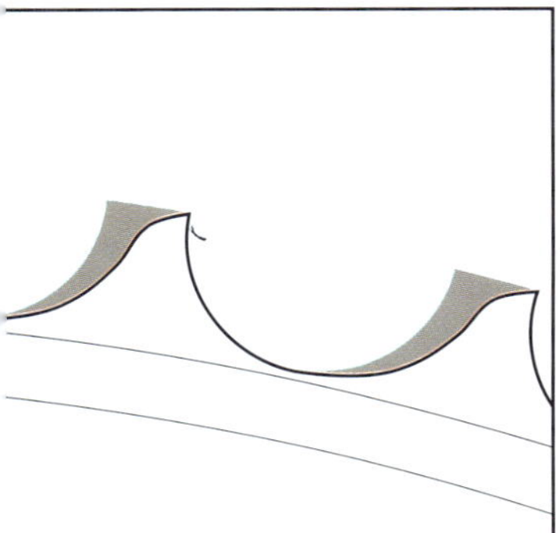

5 Vérifiez ensuite le degré d'usure du plateau. Les 1ers signes apparaissent lorsque les dents s'émoussent. Il suffit ensuite qu'elles se courbent juste un peu pour que le plateau soit hors service.

6 La chaîne s'allonge en s'usant : mesurer sa longueur (en pouces) aide donc à évaluer l'usure. Il est recommandé d'utiliser des règles en acier plus faciles à lire. Positionnez le zéro sur le centre d'un rivet.

7 Prenez une section de 12 maillons complets. Si la chaîne est neuve cette section devrait mesurer 12" au centre du rivet, tandis qu'une chaîne très usée fera un huitième de pouce de plus.

QUAND FAUT-IL FAIRE CE TRAVAIL ?

- Tous les deux mois environ sur un vélo utilisé régulièrement.
- Lorsque vous avez remis un vélo mal entretenu en état de marche.
- Pour savoir combien il vous faudra débourser pour remettre en état un vélo d'occasion.

DURÉE

- 15 min pour un contrôle complet, comprenant la vérification de l'usure de la chaîne et de sa ligne.

DIFFICULTÉ

- Le plus difficile est de différencier tous les problèmes possibles sur des manivelles.
- Il est également malaisé de vérifier la ligne de la chaîne avec une précision absolue, ce qui est souhaitable sur des vélos 7 et 8 vitesses.

OUTILS

- Règle en acier clairement graduée (en pouces).
- Règle en acier graduée en centimètres pour vérifier la ligne de chaîne.

Ligne de chaîne

Pour qu'elle s'use le moins possible, une chaîne doit être aussi rectiligne que possible. Toutefois, étant donné que les dérailleurs fonctionnent en « déraillant » la chaîne, la meilleure solution consistera à régler le vélo de sorte que la ligne passe par le milieu des plateaux et touche le milieu du jeu de pignons. Vérifiez à l'oeil, et si la chaîne semble mal alignée, demandez à un professionnel de vérifier la longueur de l'axe, l'alignement du cadre et l'étanchéité du moyeu arrière.

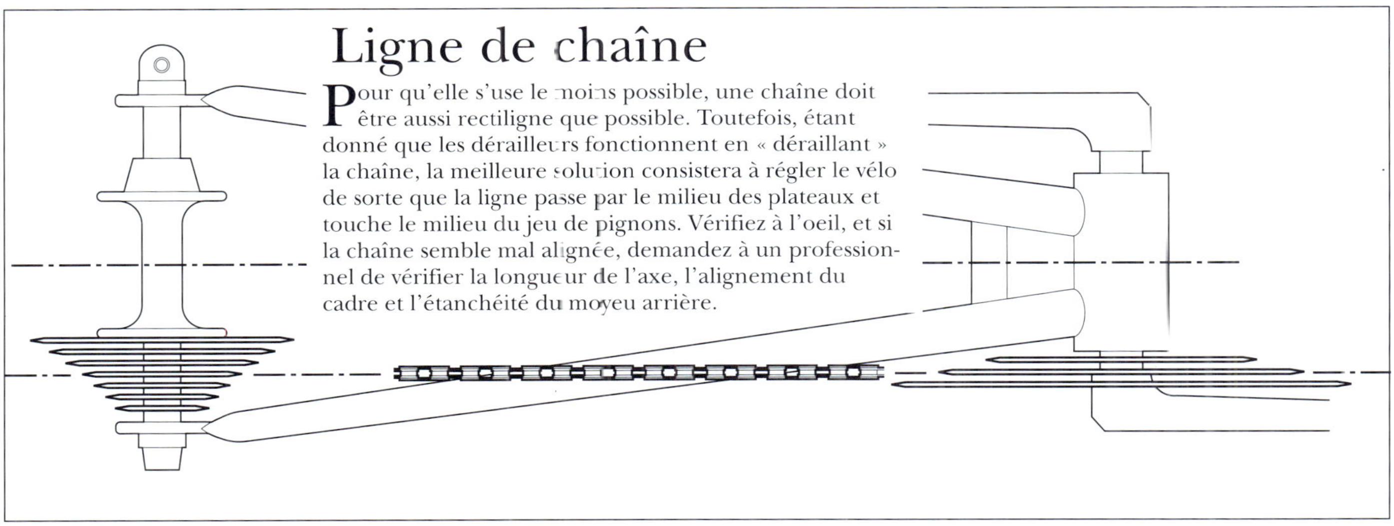

Chaîne : nettoyage et lubrification

Si vous entretenez votre chaîne correctement, elle transmettra 95% de l'énergie de vos muscles à la roue arrière.

Pratiquement toutes les chaînes de vélos modernes font 3/32" de largeur. Les seules exceptions concernent les vélos enfants et ceux avec vitesses dans le moyeu. Ceux-ci comportent des chaînes de 1/8" de large. Etant donné que les dents du plateau et des pignons correspondent à la largeur de la chaîne, ces éléments ne sont donc pas interchangeables.

Si vous pensez que votre vélo est équipé d'une chaîne de 1/8", cherchez le maillon à ressort et s'il y en a un, demandez au commerçant des pièces de 1/8".

Les consignes données ici traitent du nettoyage et de la lubrification de la chaîne, quelle que soit sa largeur. Reportez-vous toutefois à la page 73 pour les consignes sur la dépose et la repose de maillons à ressort.

Sur les vélos à dérailleurs, la chaîne est une 3/32", même s'il s'agit d'un vélo enfant. Ces chaînes peuvent seulement être ouvertes et raccordées avec un dérive-chaîne, à l'exception d'un petit nombre de chaînes équipées d'un maillon de raccord, mais celles-ci sont toujours rares sur le marché.

Les chaînes 3/32" de base conviennent le mieux aux jeux de cinq pignons. Les chaînes 3/32" plus chères sont souvent plus étroites et plus flexibles et conviennent donc mieux aux jeux de six et sept pignons. Les vélos comportant des jeux de sept à huit pignons ne doivent être équipés que de chaînes très flexibles et de haute qualité car elles doivent dérailler sur une longue distance. Même si vous arriviez à faire fonctionner une chaîne meilleur marché sur ces vélos, elle ne durerait pas longtemps.

PETITS MAILLONS GRIPPÉS

Si la chaîne n'a pas été lubrifiée depuis un moment ou si vous avez mal fait un raccord, un des maillons peut se gripper. Cela se fera sans doute sentir par un tressautement régulier au niveau des pédales. Il est parfois possible de desserrer un maillon grippé en appuyant fort avec les pouces de part et d'autre du rivet. Si le rivet dépasse plus d'un côté que de l'autre, montez le dérive-chaîne sur le côté où le rivet dépasse et enfoncez-le d'une fraction de tour avec l'ergot.

Contrôle

1 Si vous ne connaissez pas le type de votre chaîne, nettoyez les plaquettes latérales et vérifiez la marque. Les marques Sedis, Sachs et Taya sont les plus répandues pour les chaînes classiques. Les rivets se posent et se retirent par simple pression.

2 Les chaînes Shimano portent les initiales UG, HG ou IG et possèdent des rivets à tête martelée. Lorsque ces rivets sont enlevés, leur trou s'élargit, c'est pourquoi ces chaînes comportent un rivet noir spécial pour raccorder les maillons.

3 Lorsqu'une chaîne a été mal entretenue, certains maillons se raidissent et provoquent un « saut » régulier à toutes les vitesses. Ce maillon grippé se repère par le vrillage de la chaîne ou par sa raideur lorsque vous essayez de la fléchir (voir encadré ci-dessus).

QUAND FAUT-IL FAIRE CE TRAVAIL ?

- Une fois par mois pour les vélos utilisés quotidiennement.
- Lorsque la chaîne est visiblement sale.
- Après une sortie dans la boue ou sous de fortes pluies.

DURÉE

- 15 minutes pour nettoyer une chaîne sale et 15 autres pour vous laver les mains. Pensez à porter des gants jetables en latex, en vente partout.

DIFFICULTÉ

- Pas de problèmes particuliers.

OUTILS

- Nettoyeur de chaîne, vieille brosse à dents, chiffons à profusion.

Nettoyage sans peine

1 Si votre chaîne est très encrassée, passez-la au jet. Mais s'il ne s'agit que de dépôts huileux, vous pouvez éliminer le plus gros avec un chiffon. Veillez à bien essuyer les 4 côtés.

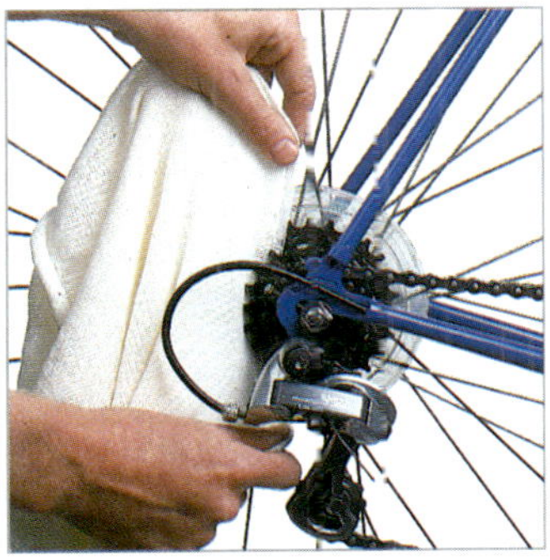

2 Si la chaîne est sale, les pignons et les plateaux le seront aussi. Passez entre les pignons avec le bord d'un chiffon et essuyez également les dents des plateaux.

3 Comme le chiffon ne passera pas à l'intérieur de la chaîne, vaporisez-la de solvant et frottez avec une vieille brosse à dents pour éliminer le reste. N'oubliez pas de protéger le sol avec du papier journal.

4 Une fois la chaîne propre, lubrifiez d'abord avec une huile lourde. Laissez l'huile pénétrer puis vaporisez avec un lubrifiant en aérosol. Dirigez-le vers les pignons pour qu'ils en reçoivent aussi.

Usure de la chaîne

Les chaînes s'usent assez rapidement, surtout si elles n'ont pas été nettoyées ni huilées fréquemment. L'usure se mesure en essayant de soulever la chaîne du plateau. Lorsque ces deux éléments sont neufs, la chaîne ne peut se soulever que d'1 à 2 mm. Si vous arrivez à la soulever d'environ 7 mm, la chaîne est à changer. N'oubliez pas toutefois qu'il faudra aussi changer les pignons pour assurer un engrenage correct.

Nettoyage automatique

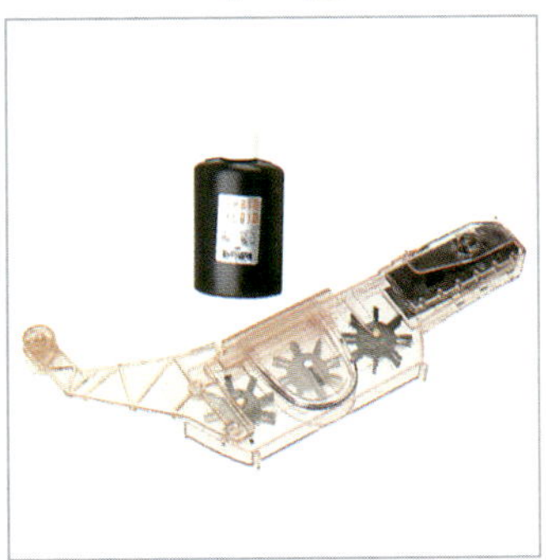

1 Les nettoyeurs conviennent aux vélos à dérailleurs car ils ont besoin de mou dans la chaîne. Ils frottent la chaîne comme une vieille brosse à dents, mais ne marchent pas bien si la chaîne est boueuse.

2 Remplissez le nettoyeur de dégraissant jusqu'à la marque indiquée, accrochez le support derrière le dérailleur arrière puis fermez le couvercle pour l'attacher à la chaîne.

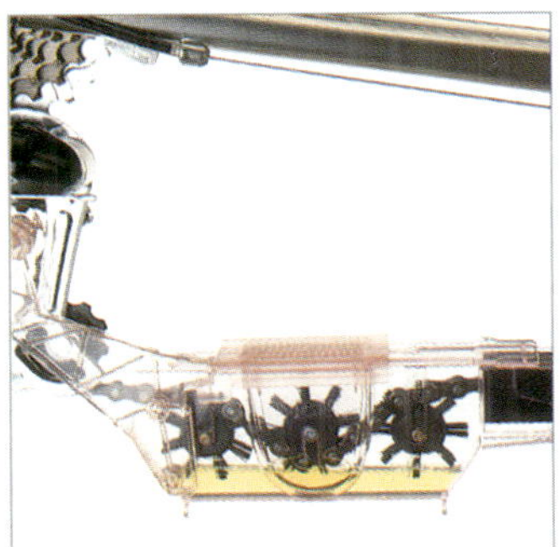

3 Tournez doucement les pédales en arrière pour que les brosses tournent et nettoient la chaîne. Répétez l'opération si nécessaire. Ne jetez pas le dégraissant, récupérez-le plutôt pour le recycler.

Chaîne : dépose et remplacement

Il est parfois impossible d'éviter l'ouverture. Mais à chaque fois que vous ouvrez une chaîne, les risques de bris se trouvent multipliés.

Si votre chaîne est vraiment sale ou rouillée, essayez de la tremper dans de la paraffine ou du gazole, jusqu'à ce qu'elle soit aussi propre et souple qu'à l'état neuf. Cela impliquant sa dépose du vélo, il vous faudra d'abord identifier le type de chaîne installé sur votre vélo (voir page précédente) avant d'employer la méthode de dépose correspondante. Si vous posez une chaîne neuve, achetez-en une de 1/8" ou 3/32", selon la dimension de la chaîne d'origine. En outre, les chaînes Shimano peuvent très bien être remplacées par des chaînes 3/32" d'une autre marque, la seule exception étant la Shimano IG qui ne peut être utilisée qu'avec des composants IG.

QUAND FAUT-IL FAIRE CE TRAVAIL ?
- Lorsque la chaîne est très usée.
- Lorsque la chaîne est rouillée.
- Lorsque vous ne pouvez pas dévisser les vis du galet de tension.

DURÉE
- Comptez 20 minutes pour votre première tentative d'ouverture, car il faudra vérifier patiemment chaque opération au début.

DIFFICULTÉ 🔧🔧🔧🔧
- Vous devrez forcer pas mal pour enlever le rivet, alors gare à vos nerfs si vous n'y êtes pas habitué(e) ! Par ailleurs, s'il s'agit d'une chaîne Shimano, faites attention de ne pas enlever le rivet noir de raccord à la place d'un rivet argenté classique.

OUTILS
- Dérive-chaîne classique ou Shimano.
- Pinces robustes ou petite lime.

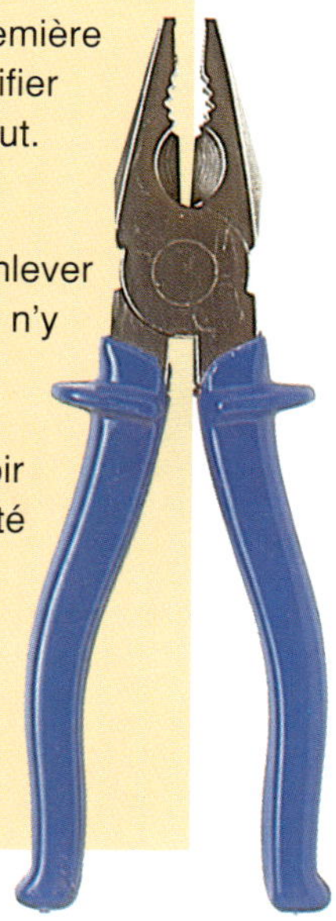

Chaîne classiqu

1 Rentrez l'ergot et placez la chaîne sur le côté le plus éloigné de la poignée. Le dérive-chaîne Shimano convient également aux chaînes classiques - il suffit d'ajuster la vis de support pour qu'elle s'appuie sur le dos de la chaîne.

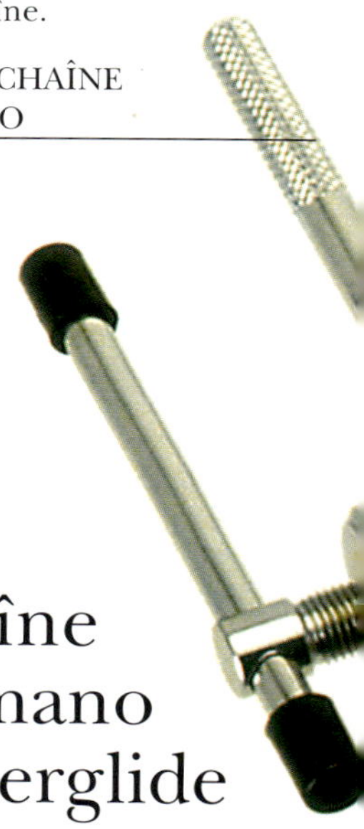

DÉRIVE-CHAÎNE SHIMANO

Chaîne Shimano Hyperglide

1 Choisissez un rivet argenté, jamais un rivet noir, pour l'enlever. Placez la chaîne sur les guides les plus éloignés de la poignée et ajustez la bague de chaîne pour qu'elle soit bien en appui sur la plaquette de chaîne.

2 Après avoir vérifié que la chaîne est bien en appui sur les guides, vissez l'ergot jusqu'à ce que son bout pointu touche la rainure du rivet. Vérifiez que l'ergot est bien centré puis vissez-le d'un peu moins de six tours complets.

3 Essayez de courber la chaîne latéralement pour l'ouvrir. Si cela ne marche pas, poussez le rivet d'un quart de tour supplémentaire, sans l'enlever complètement. Laissez un petit bout du rivet à l'intérieur de la chaîne pour pouvoir la raccorder.

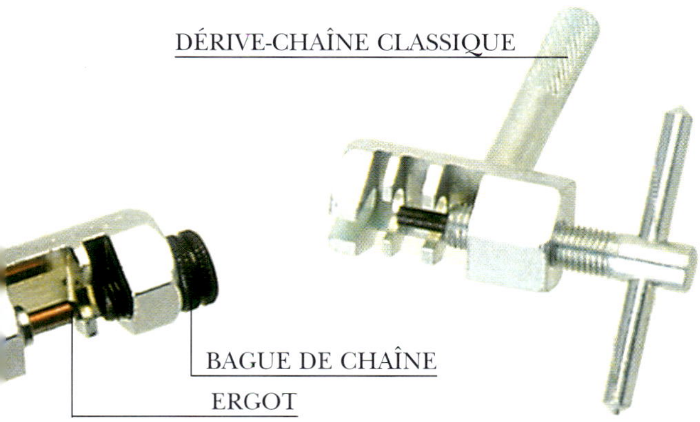

Ouverture d'une chaîne ⅛" avec maillon de raccord

1 Les chaînes ⅛" des vélos utilitaires sont souvent recouvertes d'un guarde-chaîne de protection. Il vaut mieux retirer ce garde-chaîne avant d'enlever la chaîne.

2 Tournez les manivelles pour localiser le maillon de raccord. Retirez la queue de l'attache élastique du rivet avec un tournevis. Attention, elle risque de rebondir à ce moment.

3 L'attache élastique étant enlevée, enlevez la plaquette détachée en pliant la chaîne puis ouvrez la partie fixe du maillon élastique également.

4 Le raccord de la chaîne est l'inverse de son ouverture. Le bout fermé de l'attache élastique doit pointer dans le sens du mouvement de la chaîne.

2 Vérifiez le centrage de l'ergot puis poussez le rivet pour l'enlever. Cela exige une force étonnante. Enlevez complètement le rivet, retirez le dérive-chaîne et séparez les deux bouts.

3 Pour raccorder la chaîne, enfoncez le rivet neuf dans le côté de la bague de chaîne. Enfilez la chaîne dans le dérive-chaîne puis vissez l'ergot jusqu'à ce qu'il touche exactement le centre du rivet neuf.

4 A noter que les rivets de raccord se posent le bout pointu en premier. N'ouvrez jamais une chaîne Shimano sans avoir de rivet de rechange, car ils ne se réutilisent pas. Les rivets se vendent généralement par 2.

5 Poussez le rivet neuf à l'intérieur jusqu'à ce que sa rainure soit visible. Tenez la chaîne avec vos doigts et coupez le bout qui dépasse. Limez le bout si le rivet est mal coupé.

Roue libre à visser

Les roues libres à visser comptent cinq ou six pignons. Elles équipent les vélos récents bas de gamme ainsi que tous les vélos plus anciens.

Le mot « pignon » désigne les couronnes dentées rattachées à la roue arrière. Lorsque cinq, six, sept ou huit pignons sont rassemblés, on appelle l'ensemble « jeu de pignons » ou « jeu » pour faire plus court. Si les rapports de multiplication de votre vélo ne vous conviennent pas, vous pouvez toujours monter un jeu neuf avec des pignons de différentes tailles. Renseignez-vous toutefois sur les rapports les mieux adaptés à votre vélo.

Sur les roues libres à visser, les pignons sont fixés dans un corps séparé qui se visse sur la roue arrière. L'ensemble est à changer lorsque les pignons sont usés. Par contre, sur les moyeux roue libre, les pignons sont fixés dans les rainures du corps du moyeu roue libre. Celui-ci fait partie du moyeu et n'a pas besoin d'être changé à chaque remplacement des pignons.

Ces deux types de roue libre sont similaires, mais les jeux de cinq et six vitesses sont souvent du type à visser tandis que ceux de sept ou huit sont presque toujours du type moyeu roue libre.

Jeu à visser

Au centre du jeu se trouve un cercle d'encoches destinées à recevoir les tocs d'entraînement de l'extracteur. Le jeu comporte aussi un protège-rayons en plastique.

QUAND FAUT-IL FAIRE CE TRAVAIL ?

◆ Lorsque les dents de pignons sont usées.

◆ Lorsque la roue libre est à nettoyer à la paraffine pour éliminer les grincements.

DURÉE

◆ Comptez 15 minutes pour retirer une roue libre à visser : il vaut mieux prendre son temps.

DIFFICULTÉ

◆ Prudence, car il est facile d'abîmer le centre d'un jeu de pignons.

OUTILS SPECIAUX

◆ Extracteur de roue libre adapté et en bon état.

Jeu de moyeu roue libre

Les moyeux roue libre sont scellés et durent plus longtemps que les roues libres à visser. Voir page suivante pour les détails de sa dépose.

VÉLOS ENFANTS

Pour retirer une roue libre unique, placez un ciseau à froid émoussé dans l'encoche du centre et frappez-la avec un marteau assez robuste. La roue libre se dévisse dans le sens normal, à l'inverse des aiguilles d'une montre. Veillez à ne pas couper le centre de la roue libre avec le ciseau.

Dépose de la roue libre à visser

1 Dévissez l'écrou de moyeu ou l'écrou à oreilles du blocage rapide. Posez l'extracteur sur le corps du jeu en vérifiant sa fixation. S'il est mal mis et que vous forcez pour bouger le jeu, vous endommagerez ces deux éléments.

2 Après avoir trouvé le bon extracteur, remontez l'écrou de moyeu ou l'écrou à oreilles. Vissez-le avec les doigts pour qu'il maintienne l'extracteur en place. Si vous avez un étau d'établi solide, serrez celui-ci entre ses mâchoires.

3 La roue dans l'étau, tournez la jante de quelques cm dans le sens anti-horaire ou tournez l'extracteur avec une clé à molette sur la même distance, dans le même sens. Desserrez un peu l'écrou de moyeu puis dévissez le jeu un peu plus.

4 Continuez à desserrer l'écrou de moyeu et le jeu petit à petit jusqu'à ce qu'il se dévisse à la main. A la repose, appliquez du dégrippant sur les filetages et agissez avec prudence car ceux-ci sont très fins et faciles à foirer

Moyeux roue libre & pignon

Des jeux de sept ou huit pignons ne peuvent tenir sur un vélo qu'en diminuant la largeur du moyeu arrière. Mais les moyeux roue libre compensent cette perte de puissance grâce à un roulement de moyeu monté à l'intérieur du jeu de pignons.

Les moyeux roue libre regroupent de nombreuses fonctions en un petit élément et nécessitent au moins trois outils spéciaux pour toute intervention. Inutile de les acheter à moins que vous n'envisagiez de changer les pignons et les éléments du moyeu roue libre fréquemment. Il peut s'avérer préférable de confier cette tâche à un professionnel.

A signaler que sur certains moyeux roue libre anciens des marques Campag et Suntour, les pignons sont fixés par un pignon supérieur fileté. Dans ce cas, le pignon supérieur se dévisse à l'aide de deux clés à chaîne, ou d'une clé à chaîne et d'un extracteur. Toutefois, ces deux fabricants utilisent maintenant un dispositif à anneau de serrage comme celui de Shimano.

Lors de l'assemblage d'un moyeu roue libre, il faut absolument aligner les pignons correctement car les rampes et encoches de chaque pignon fonctionnent par rapport au profil des dents du pignon voisin pour accélérer le changement de vitesse. Vérifiez s'il y a une cannelure plus grosse que les autres sur le corps du moyeu roue libre. Si c'est le cas et que vous faites bien attention que tous les numéros de code sont tournés vers l'extérieur, vous ne pouvez pas vous tromper. Vous pouvez confirmer cela en vérifiant que la flèche sur le côté du plus petit pignon est pointée vers la grande cannelure. Les pignons de moyeux roue libre sont également marqués d'un numéro de code et tous les pignons doivent porter le même.

Dans certains cas, les pignons sont vissés ou rivés l'un à l'autre. Il est parfois possible d'ouvrir ces blocs pour changer les pignons individuels, mais pas toujours. Que ce soit l'un ou l'autre, veillez à bien disposer les éléments sur le banc d'établi dans le bon ordre et le bon sens pour pouvoir les remonter le plus rapidement possible.

Lubrifiez les moyeux roue libre de temps en temps, surtout s'il a plu. Pour cela, posez la roue sur son côté et remplissez le centre du corps de moyeu roue libre d'huile jusqu'à ce que de l'huile propre dégoutte du bas.

CLÉ À CHAÎNE

Dépose des pignons

1 Démontez la roue arrière du cadre, puis nettoyez le bout de l'axe et le plus petit pignon. Dévissez l'écrou à oreilles et enlevez également le ressort du blocage rapide.

2 Vérifiez que vous avez le bon extracteur. Posez l'extracteur dans la fente circulaire et maintenez-le ici en revissant l'écrou à oreilles sur le blocage rapide.

3 Placez la clé à chaîne sur le bas du pignon intermédiaire. Mettez la chaîne en prise sur le reste des dents pour pouvoir faire pression dans le sens des aiguilles d'une montre.

4 Posez une clé sur l'extracteur d'anneau de serrage et faites pression dans le sens inverse des aiguilles d'une montre. Maintenez la roue au sol avec vos pieds en faisant cela.

Corps de moyeu roue libre

1 Après avoir déposé les pignons, enlevez le contre-écrou et le cône du côté dégagé de la roue et retirez l'axe du moyeu. Enlevez également les roulements à billes du moyeu et essuyez tout surplus de graisse de la zone concernée.

2 Vous devriez maintenant apercevoir la douille hexagonale sur la tête de vis fixant le corps du moyeu roue libre au moyeu même. Vérifiez que la douille est dégagée puis dévissez la vis. Vous pourrez alors enlever le corps du moyeu roue libre.

3 Profitez-en pour nettoyer au solvant les surfaces de contact du moyeu et du corps de moyeu roue libre. Appliquez ensuite de la graisse dégrippante à l'intérieur du corps de moyeu roue libre et sur la vis de fixation. La repose est l'inverse de la dépose.

4 Profitez aussi que le moyeu est déposé de la roue pour nettoyer tous les pignons à fond et asperger le corps de solvant. Huilez ensuite en injectant une huile minérale lourde dans l'intervalle entre les corps intérieur et extérieur à l'arrière.

5 Il vous faudra forcer pour bouger l'anneau de serrage. Desserrez ensuite l'écrou à oreilles et l'anneau petit à petit, jusqu'à ce qu'il se desserre à la main.

6 L'anneau de serrage se dévisse en craquant bruyamment, mais cela est tout à fait normal. Enlevez enfin tous les pignons et déposez-les sur l'établi les uns après les autres.

QUAND FAUT-IL FAIRE CE TRAVAIL ?

- ◆ Des pignons neufs peuvent s'avérer nécessaires pour monter une chaîne neuve.
- ◆ Des pignons de dimension différente sont parfois nécessaires pour rouler en montagne.
- ◆ Le corps de moyeu roue libre doit parfois tremper dans du solvant ou être remplacé lorsqu'il refuse de tourner.

DURÉE

- ◆ 15 minutes pour retirer les pignons.
- ◆ 10 minutes pour démonter l'axe de moyeu si besoin est.
- ◆ 5 minutes pour retirer le corps du moyeu roue libre.
- ◆ 1 heure pour tout remettre en place.

DIFFICULTÉ

- ◆ L'une des tâches les plus difficiles sur un vélo. La dépose de l'anneau de serrage étant la plus difficile, vous devez disposer de bons outils. En outre, le moyeu est à remonter avec beaucoup de soin.

OUTILS

- ◆ Extracteur adapté pour anneau de serrage, en bon état.
- ◆ Clé à chaîne.
- ◆ Grosse clé à molette.
- ◆ Clé Allen de 10 mm.

EXTRACTEUR D'ANNEAU DE SERRAGE

Pédales : dépose et repose

Ne sous-estimez pas l'importance de vos pédales. Si elles grincent en roulant, vous ne pourrez jamais pédaler comme un pro !

Lorsqu'ils établissent leur budget, les fabricants laissent toujours le choix des pédales pour la fin. Résultat : nombre de vélos sortent des usines équipés de pédales très bon marché.

Parmi les problèmes de pédales, on déplore les cages qui se brisent ou se décentrent, les roulements qui se grippent et les capuchons pare-poussière qui vous faussent compagnie. Vous ne pourrez jamais pédaler efficacement avec des pédales cassées, c'est pourquoi il faut les remplacer d'office si vous ne voulez pas qu'elles vous désarçonnent !

Les problèmes de roulements sont souvent dus à un assemblage hâtif en usine et une application infime de graisse sur les roulements, éliminée aux premières pluies. Par conséquent, même si votre vélo est relativement neuf, n'hésitez pas à démonter et à graisser les pédales : mieux vaut prévenir que guérir !

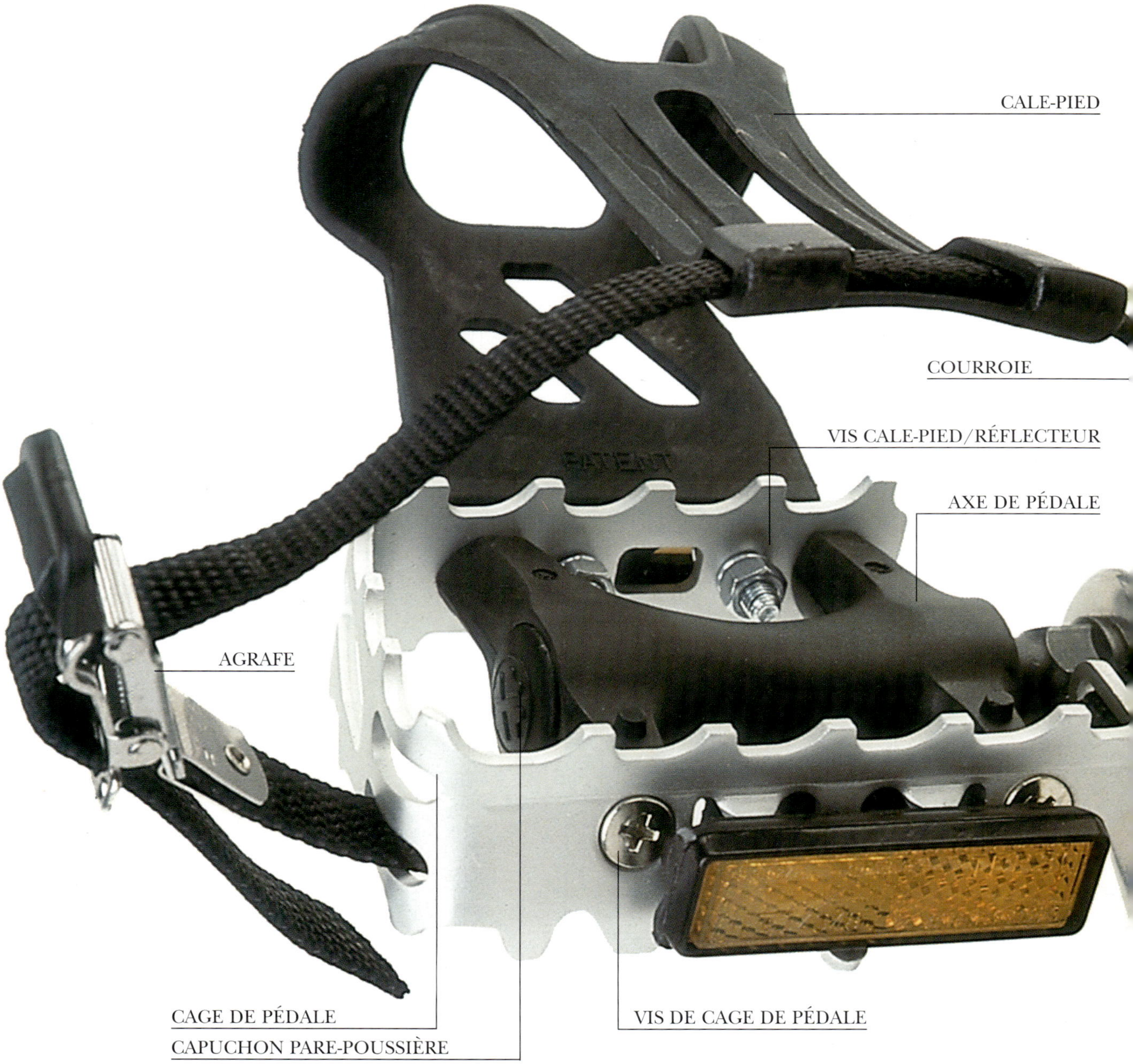

CHERCHEZ L'EMBOUT POUR CLÉ ALLEN

Pratiquement toutes les pédales comportent des méplats prévus pour poser une clé sur l'axe. Mais certaines pédales sont également dotées d'un embout hexagonal ou pour clé Allen formé en bout d'axe et facile à repérer par l'arrière des manivelles.

Si vous travaillez sur des pédales dotées d'un embout pour clé Allen, il est en général plus aisé de les dévisser avec une clé Allen longue qu'avec une clé normale.

1 Pour déposer la pédale du côté de la chaîne, posez une clé étroite de 15 ou 17 mm sur les méplats de l'axe de pédale. Dévissez-la en tournant dans le sens normal, à l'inverse des aiguilles d'une montre.

QUAND FAUT-IL FAIRE CE TRAVAIL ?

- Si vous montez des pédales neuves.
- Lorsque vous graissez des pédales.

DURÉE

- 5 minutes.

DIFFICULTÉ 🔧🔧🔧

- La difficulté est souvent de ne pas oublier le filetage à gauche.

OUTILS

- Longue clé étroite, clé à pédales ou longue clé Allen.

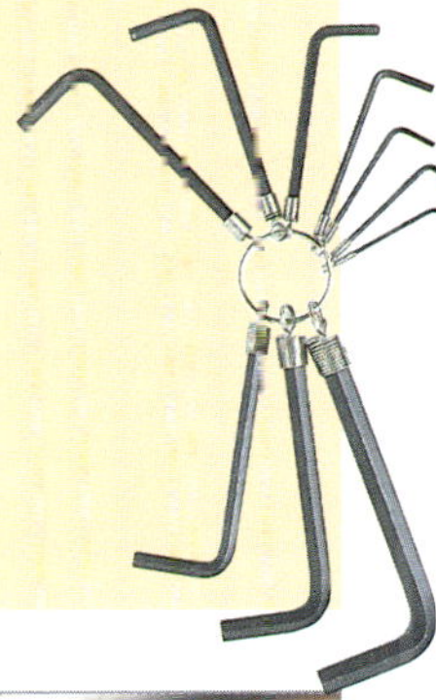

2 Vous aurez peut-être du mal à bouger la pédale. Aspergez le bout d'axe de lubrifiant en aérosol des 2 côtés. Laissez reposer et essayez à nouveau. Si cela ne marche pas, tournez la manivelle jusqu'à ce que la clé soit presque parallèle au sol.

3 Tenez la selle et le guidon et faites levier sur le bout de la clé, en faisant attention car elle risque de bouger soudainement. Si cela ne marche toujours pas, recommencez l'opération avec une rallonge sur la clé.

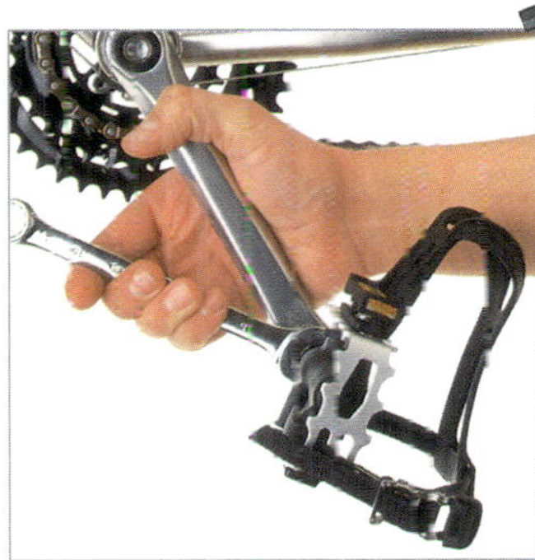

4 La pédale gauche à présent : elle a un filetage à gauche inhabituel, conçu pour l'empêcher de se dévisser en route. Elle se dévisse donc en tournant dans le sens des aiguilles d'une montre, contrairement aux autres

MANIVELLE

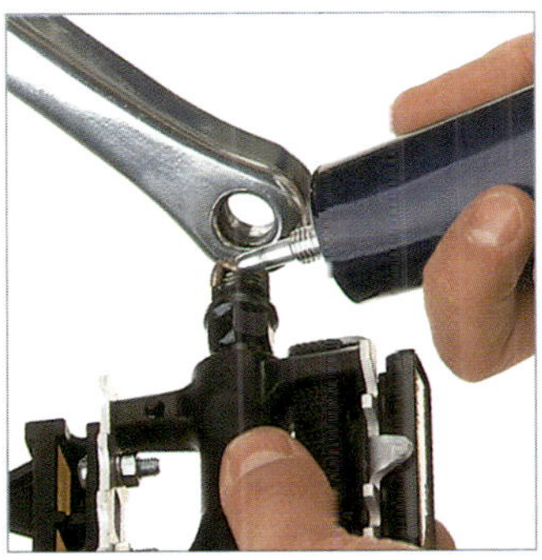

5 Pour faciliter la dépose des pédales la prochaine fois, enduisez le filetage de l'axe de dégrippant ou d'huile lourde à défaut. Cela est particulièrement important si les manivelles sont en alliage.

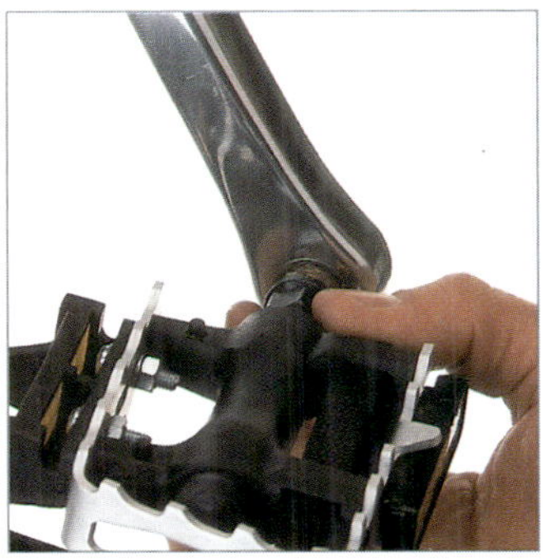

6 Vérifiez le marquage en bout d'axe. La pédale gauche portera un L ou un G. N'oubliez pas qu'elle se revisse dans le sens inverse antihoraire. Donc : « Côté gauche, filetage à gauche » !

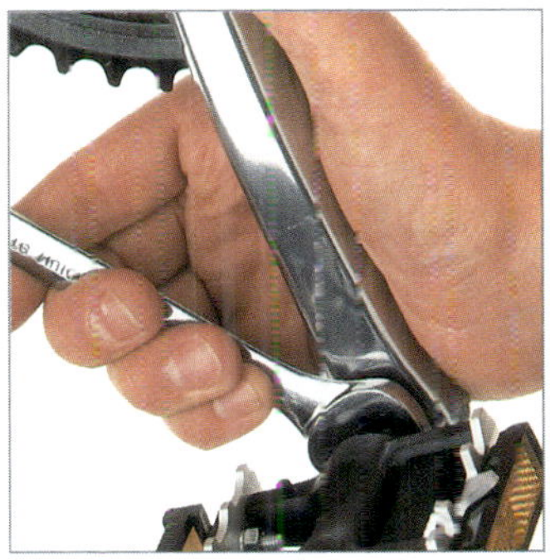

7 Comme le vissage d'une pédale est malaisé, portez son poids d'une main tout en tournant l'axe avec les doigts. Terminez de visser avec une clé sinon les pédales risquent de se dévisser en roulant.

Pédales : démontage, graissage et remontage

Bien que d'une conception similaire aux autres roulements de vélo, il peut être remarquablement difficile de travailler sur des roulements de pédales.

Par temps de pluie, les pédales se retrouvent aspergées d'eau. La plupart des fabricants essaient de remédier à ce problème en posant un joint en caoutchouc entre le roulement et le bout d'axe, mais ce n'est pas toujours efficace. Lorsque vous démontez une pédale, veillez toutefois à ne pas abîmer les pièces en caoutchouc et à les remettre exactement à l'endroit d'origine. Lorsque le joint est fixé dans la cage de pédale autour du roulement intérieur, il est parfois utile de le coller avec de la colle ordinaire. Cela facilitera le remontage et l'empêchera de tomber à l'avenir.

L'autre façon de combattre la pénétration d'eau consiste tout simplement à employer de la graisse résistante à l'eau en abondance. Une fois que vous aurez assemblé et graissé les roulements de pédale correctement, elles ne devraient pas vous inquiéter avant bien des kilomètres. Ne vous affolez pas si l'axe ou les cônes sont légèrement piqués de rouille, car cela n'a jamais empêché les roulements de pédales de fonctionner.

Par ailleurs, des roulements de pédales bien entrtenus vous aideront à développer une bonne technique de pédalage. Même si l'on ne peut prétendre recommander un style de pédalage convenant à tous, il existe quelques principes directeurs. Votre pied devrait fléchir au niveau de la cheville en course ascendante et être plus ou moins à l'horizontale en course descendante, lorsque vous produisez un maximum d'énergie. Certains gardent le talon légèrement en dessous de l'horizontale, tandis que d'autres le gardent légèrement en dessus. Les variations de posture dépendent de votre anatomie et de votre type de pilotage.

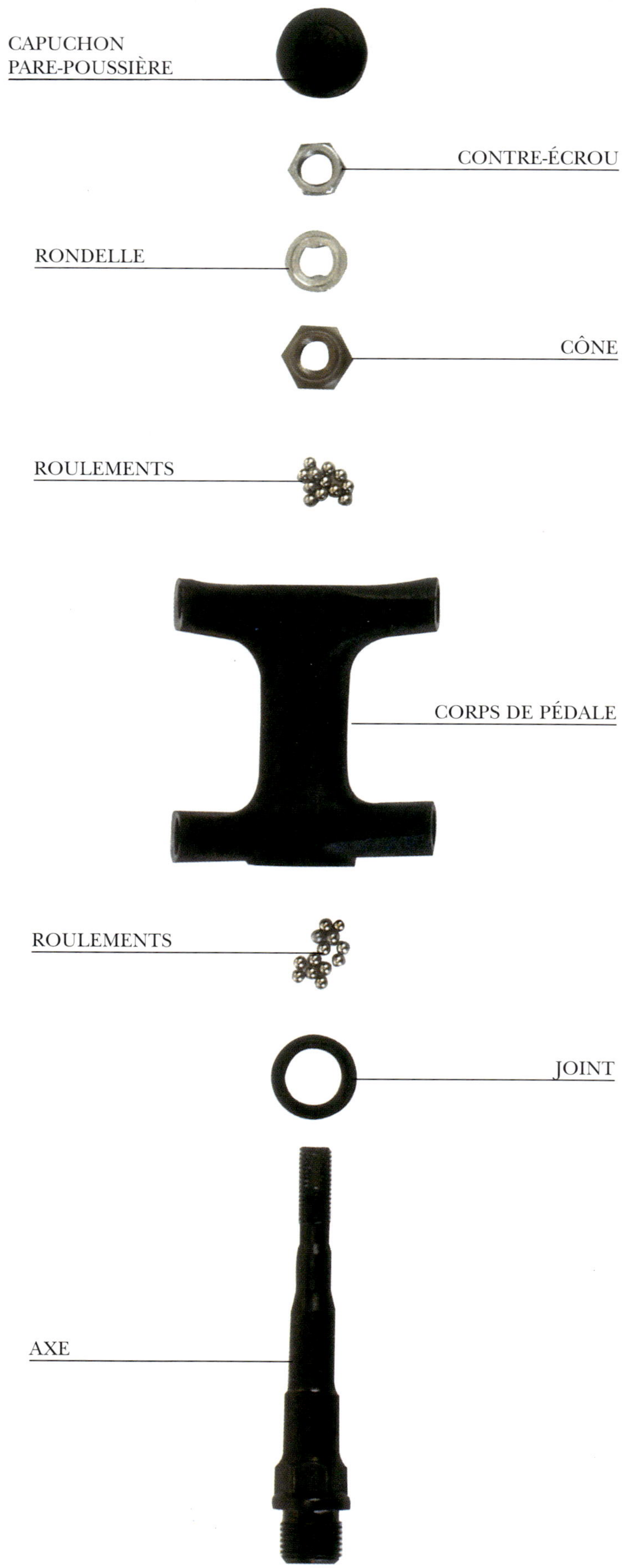

1 Certaines pédales comportent une cage que l'on peut séparer du corps de pédale. Démontez-la dès que possible pour éviter les complications lors d'interventions. Vous pouvez utiliser un étau pour faciliter le démontage.

2 La cage de pédale est parfois fixée à l'aide de vis cruciformes ou de douilles Allen à tête spéciale. Desserrez les quatre fixations un peu avant de les dévisser. Veillez à ne pas déformer la cage en la démontant.

3 Les capuchons bombés au centre sont faciles à dégager. Il faut parfois utiliser un petit tournevis lorsqu'ils sont encastrés. Ceux qui sont dotés de bords moletés se dévissent à l'aide de pinces avec des mâchoires à grande ouverture.

4 Sur les cages de pédales séparées, vous pouvez utiliser soit une clé à douille soit un anneau ordinaire pour défaire le contre-écrou. Mais sur les pédales une pièce, seule une douille pourra atteindre le contre-écrou.

5 Une fois que vous avez desserré le contre-écrou, vous pouvez généralement dévisser le reste à la main. S'il résiste, injectez le bout de l'axe de lubrifiant en aérosol pour nettoyer les filetages.

6 Enlevez ensuite la rondelle d'arrêt. Cela peut s'avérer assez difficile car il y a une languette qui s'emboîte dans une rainure sur l'axe. Essayez de la soulever avec deux petits tournevis, un de chaque côté.

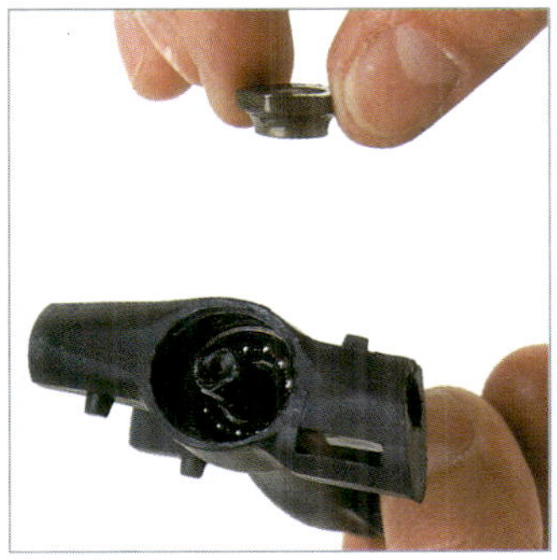

7 Le cône est maintenant prêt pour la dépose. S'il comporte une fente pour tournevis sur sa surface, aidez-vous de cela. Sinon dévissez le cône en coulissant un tournevis entre les méplats et le centre de pédale.

8 En dévissant le cône, maintenez l'axe dans le corps de pédale avec l'index, pour éviter les pluies de roulements graisseux. Vous pouvez aussi le placer dans un étau peut-être avec les méplats de clé.

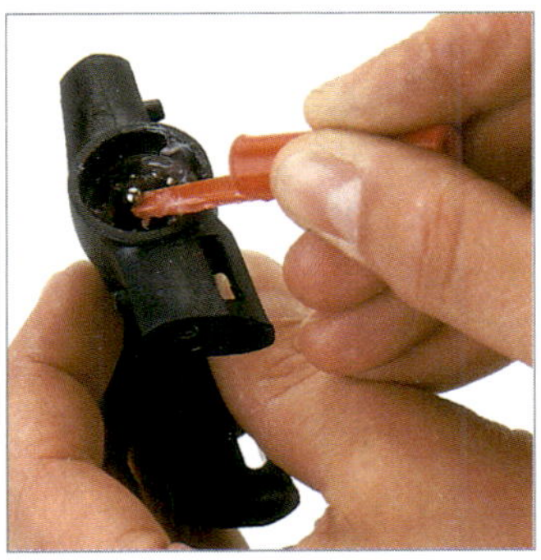

9 Récupérez toutes les billes dans une boîte ou sur du papier journal. Certaines seront à dégager avec un bouchon de stylo. Nettoyez et examinez toutes les petites pièces et ne vous affolez pas si les surfaces sont piquées de rouille.

10 Posez les billes dans le roulement intérieur avec de la graisse, puis placez-y l'axe avec soin. Tout en maintenant l'axe, tournez la pédale dans l'autre sens, placez les roulements extérieurs avec de la graisse et reposez le cône, la rondelle et le contre-écrou.

QUAND FAUT-IL FAIRE CE TRAVAIL ?

- ◆ Avant de monter des pédales neuves, au cas où elles ne seraient pas graissées.
- ◆ Si les roulements de pédales semblent rudes et graveleux
- ◆ Lorsque les roulements de pédales sont desserrés.

DURÉE

- ◆ 20 minutes par pédale, si vous avez un étau.
- ◆ 30 minutes par pédale si vous n'en n'avez pas.

DIFFICULTÉ

- ◆ Il est assez difficile d'atteindre le roulement extérieur si vous ne pouvez pas déposer la cage. Sinon, la remise en état des roulements de pédale est un très bon exercice pour le graissage et le réglage des roulements du moyeu et du boîtier de pédalier.

OUTILS

- ◆ Etau, pinces grande ouverture ou pinces à glissière.

Cale-pieds et courroies

Rouler à vélo sans cale-pieds, c'est un peu comme monter à cheval sans selle : c'est faisable, mais pas recommandé.

Les cyclistes hésitent parfois à utiliser des cale-pieds parce qu'ils les soupçonnent d'être dangereux. Pourtant, l'expérience a montré que même s'il est parfois difficile de s'y habituer, ils constituent un atout pour la sécurité. En effet, sur un vélo équipé de cale-pieds, votre pied ne peut jamais déraper de la pédale, ce qui pourrait arriver par exemple lorsque vous faites un effort soudain pour éviter une voiture. Et même si vous tombez de vélo, vous déchausserez instinctivement le cale-pied avant de toucher le sol.

L'autre avantage des cale-pieds est qu'ils vous aident à placer l'axe de la pédale sous l'articulation du gros orteil, ce qui facilite le fléchissement de la cheville en course ascendante et renforce la puissance de vos jambes sur la pédale en course descendante.

Il est rarement nécessaire de resserrer les courroies, qui ne servent qu'à stabiliser le cale-pied, sauf si vous devez produire un gros effort, en côte par exemple.

A l'achat des cale-pieds, vérifiez que vous avez la taille qui correspond à votre pied et à votre pédale. Vérifiez également que votre cage de pédale comporte des trous pour cale-pieds et une grosse languette pour faciliter le chaussage rapide de la pédale avec le pied.

1 La cage a presque toujours des trous prévus pour les vis de cale-pieds. Sinon les cale-pieds sont souvent équipés d'une plaque d'appui pour remédier à ce problème. Les pédales haute qualité sont souvent dotées de fixations spéciales pour cale-pieds.

2 Les pédales se prêtent très bien à la fixation d'un réflecteur supplémentaire qui sera d'autant plus visible qu'elles sont constamment en mouvement. Lorsque les pédales sont équipées de réflecteurs, écartez-les pour serrer les vis de cale-pieds.

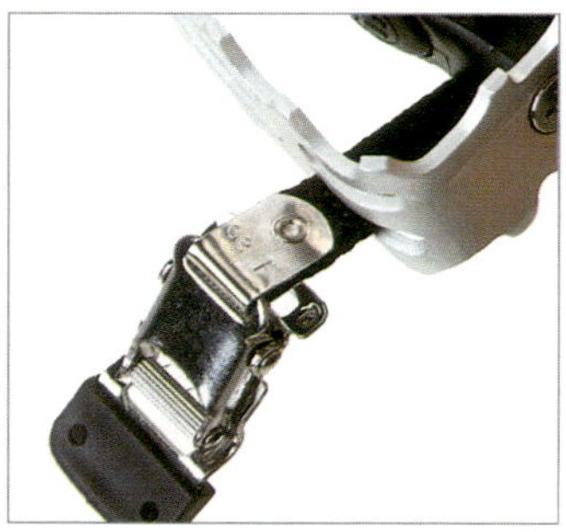

5 Enfilez la courroie et placez l'agrafe juste à l'extérieur de la cage de pédale. Laissez suffisamment de mou entre l'agrafe et la cage pour empêcher le métal de couper puis briser la courroie.

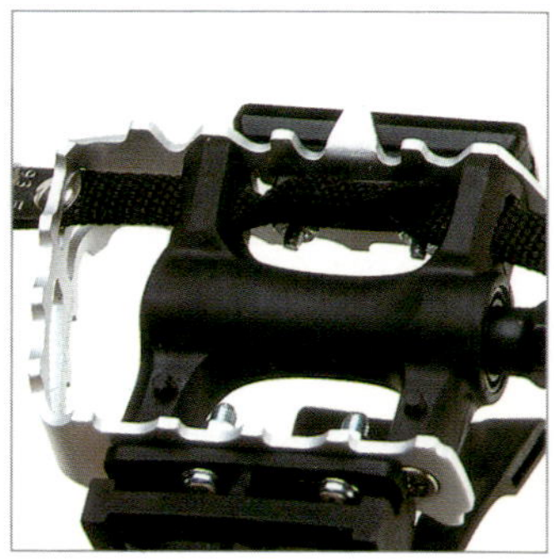

6 Sur certains cale-pieds et courroies, la courroie passe tout juste dans les fentes. Mais si elle est lâche et bouge lorsque vous essayez de la resserrer, tournez-la sur 360° pour mieux l'ancrer.

3 Certains vélos de route sont dotés de pédales à plateforme pour plus de légèreté. Généralement en résine, elles sont aussi parfois en alliage. Montez les cale-pieds spéciaux à l'aide des vis fournies avec la pédale. Aucun écrou n'est nécessaire, les trous sont filetés.

4 Qu'elle soit en nylon ou en cuir, enfilez la courroie dans les fentes de la cage et du corps de pédale. Tirez dessus avec des pinces si elle résiste. Une languette est souvent prévue pour empêcher la courroie de frotter contre la manivelle.

QUAND FAUT-IL FAIRE CE TRAVAIL ?

- Lorsque vous équipez un vélo neuf.
- Lorsque vous préparez votre vélo pour l'hiver.

DURÉE

- 15 minutes pour monter des cale-pieds et courroies.
- 5 minutes pour monter des réflecteurs.

DIFFICULTÉ

- Pas de gros problèmes, mais les courroies sont parfois très serrées dans les fentes.

AUCUN OUTIL SPÉCIAL NÉCESSAIRE

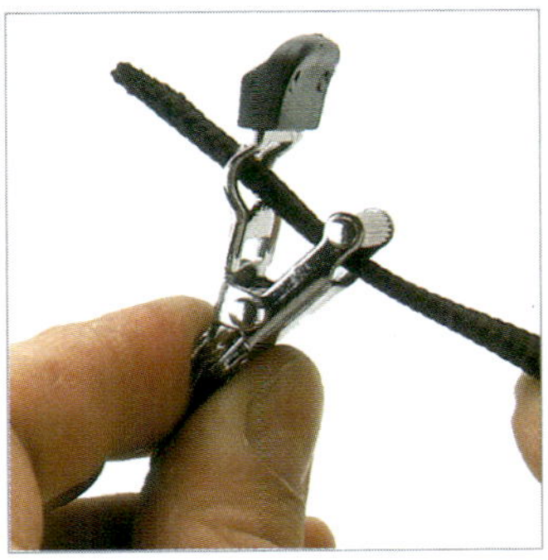

7 Les agrafes ne sont pas conçues pour fixer la courroie fermement. Passez le bout sous le galet moleté puis par l'encoche dans la partie à ressort. Serrez-la, si nécessaire, en tirant le bout desserré.

8 Il est particulièrement utile de monter un réflecteur à l'arrière de la pédale, pour vous rendre très visible aux automobilistes. La plupart de ces réflecteurs comportent une simple fixation à deux vis correspondant aux trous de la cage de pédale.

Plateaux et manivelles

Si vous avez des doutes quant au type de pédalier et de boîtier installés sur votre vélo, reportez-vous au début de ce chapitre.

Dans leur grande majorité, les vélos récents sont équipés de pédaliers en alliage sans clavettes, souvent avec des plateaux séparés et remplaçables. Cela est très pratique lorsque l'usure est tellement avancée que des plateaux neufs s'imposent ou si vous souhaitez changer radicalement vos rapports. Les fabricants n'étant toutefois pas toujours disposés à vendre des plateaux séparément, surtout s'ils sont hors normes, vous devrez peut-être solliciter l'aide d'un professionnel près de chez vous qui pourra en obtenir d'un magasin spécialisé. En outre, les trous de vis n'étant pas toujours espacés de la même manière par les fabricants, vous ne pourrez pas toujours combiner différentes marques de pédaliers et manivelles.

Les plateaux peuvent normalement se fixer dans n'importe quelle position sur le croisillon-support. Mais les plateaux ovales prisés il y a quelques années et les modèles récents où la chaîne, les pignons et les plateaux sont assortis, doivent être fixés dans une position donnée par rapport à la manivelle. Vérifiez qu'il n'y a pas de marques sur le dos du plateau et du croisillon avant de les monter.

Les vélos utilitaires étaient auparavant équipés de pédaliers clavetés, quel que soit leur prix, mais ils sont désormais tous dotés de pédaliers en acier sans clavette. Vous pouvez tout de même toujours obtenir des clavettes neuves si les anciennes vous laissent tomber. Montrez toutefois l'ancienne au commerçant car il existe différents modèles.

Dépose des plateaux

1 Presque tous les plateaux sont vissés sur le croisillon par vis Allen. Dévissez la première d'un demi-tour, puis la suivante d'un demi-tour, jusqu'à ce que toutes les vis soient assez desserrées pour les défaire à la main. Rallongez la clé Allen si nécessaire.

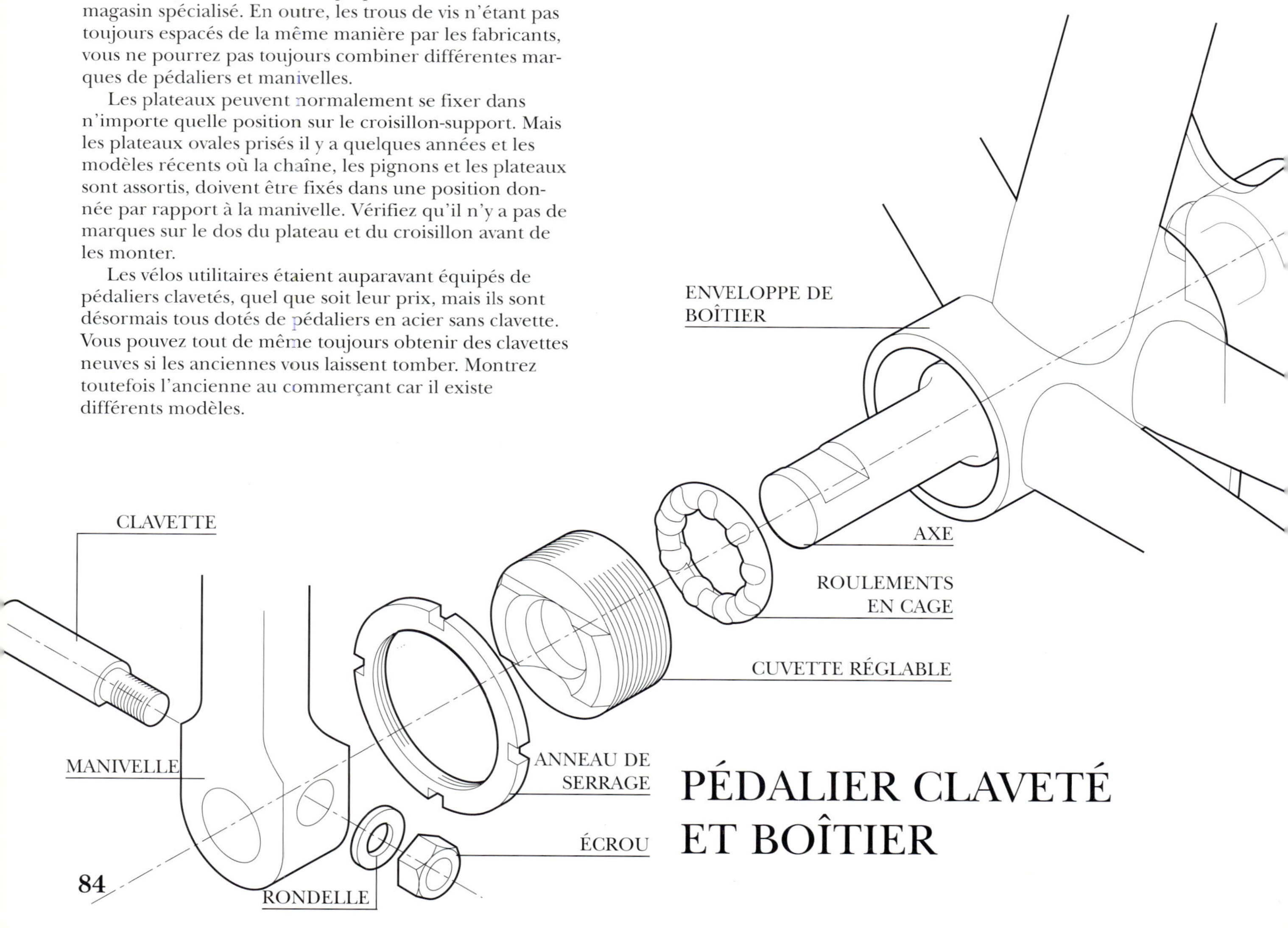

PÉDALIER CLAVETÉ ET BOÎTIER

2 La vis Allen illustrée se fixe dans un écrou-raccord reliant les 3 plateaux et le croisillons. Retirez le plateau extérieur en tirant doucement sur les côtés opposés - il est très serré pour empêcher tout mouvement indésirable.

3 Vérifiez qu'il n'y a pas de rondelles ni d'entretoises entre les plateaux, puis enlevez le plateau extérieur pour le nettoyer ou le redresser. Les autres plateaux resteront en place jusqu'au retrait des écrous-raccords des trous de manivelles.

4 Dans certains cas, le petit plateau intérieur est vissé par un cercle de vis séparé. Toutes ces vis sont à dévisser pour enlever le plateau. Vous verrez que le petit plateau est en acier, cela pour l'empêcher de s'user.

QUAND FAUT-IL FAIRE CE TRAVAIL ?

- Si les plateaux sont usés.
- Si les clavettes sont lâches.

DURÉE

- 30 min pour les plateaux.
- 45 min pour les clavettes.

DIFFICULTÉ

- Le changement des plateaux n'est pas difficile, mais les clavettes sont plus délicates.

OUTILS SPÉCIAUX

- Un étau sur établi et une lime affûtée faciliteront le changement de clavettes.

Pédaliers clavetés

1 Dévissez la vis et la rondelle de la clavette puis frappez dessus d'un coup sec avec un marteau de mécanicien. Si cela ne fait pas sortir la clavette, rallongez-la à l'aide d'une barre métallique d'environ 2,5 cm de diamètre et frappez sur cette rallonge à la place.

2 Vous pouvez réutiliser l'ancienne clavette si elle n'est pas abîmée ou vous servir d'elle comme modèle s'il faut en remonter une neuve. Avant de remonter le pédalier, essayez la clavette neuve et vérifiez si elle s'enfonce assez loin.

3 Une clavette bien montée fait la même longueur de part et d'autre de la manivelle. Serrez la clavette neuve dans un étau puis limez légèrement la partie plate. Remontez-la dans la manivelle en veillant à bien la répartir en longueur de chaque côté.

4 Vérifiez ensuite que l'écrou se trouvera bien sous la manivelle lorsqu'elle est tournée vers l'arrière. Finissez de l'installer par légers martèlements puis posez l'écrou. Placez l'autre clavette de sorte qu'elle soit tournée dans l'autre sens.

Dépose des manivelles

La dépose de manivelles non clavetées vous donnera du fil à retordre au début, mais une fois le cap passé, vous serez un vrai pro de la réparation vélo !

L'axe du boîtier de pédalier d'une manivelle clavetée est façonnée avec précision en une forme conique appelée cannelure. Cette dernière, ainsi que le trou conique de la manivelle qui s'emboîte dedans, constituent les deux pièces les plus précises d'un vélo. A la repose, inversez les opérations de dépose en assemblant la manivelle et l'axe avec une très légère couche de graisse sur les surfaces où elles se touchent. Cela empêche la corrosion entre l'axe en acier et la manivelle en alliage et facilite la dépose des manivelles par la suite. Certaines personnes préfèrent également les marteler légèrement avec un maillet doux ou un marteau amorti d'une cale en bois.

Une fois montée, serrez la vis de manivelle aussi fort que possible. L'outil d'extraction est constitué d'une clé à douille prévue à cet effet, mais vous ferez sans doute plus levier si vous utilisez une douille et un cliquet d'un jeu de douilles.

Il est également recommandé de serrer cette vis tous les 160 km environ pour les premières centaines de kilomètres car l'aluminium a tendance à s'étirer un peu.

Ne roulez jamais sur un vélo avec une manivelle desserrée car l'axe en acier dur aura tôt fait d'abîmer l'alliage doux. Et une fois endommagée, vous ne pourrez peut-être plus empêcher votre manivelle de se desserrer à tout bout de champ. Si vos manivelles ne tiennent pas serrées, appliquez un produit-frein sur la cannelure, sans résultat garanti. S'il le faut, vous pourrez peut-être acheter une manivelle gauche de rechange.

1 Les manivelles doivent être dotées d'un pare-poussière pour protéger les filetages internes. Ceux en plastique se dégagent généralement avec un petit tournevis, mais ceux des pédaliers haut de gamme sont en alliage ou en plastique et vissés par clé Allen.

2 L'exracteur est partiellement constitué d'une clé à douille assortie à la vis de manivelle. Vérifiez qu'elle est bien serrée sur la tête de vis, puis tournez-la dans le sens anti-horaire avec une clé plate pour dévisser la vis. Ou bien utilisez un jeu de douilles normal.

QUAND FAUT-IL FAIRE CE TRAVAIL ?

◆ Pour accéder au boîtier de pédalier.

◆ Lorsque le vélo a besoin d'un nettoyage en profondeur.

DURÉE

◆ Comptez 30 minutes la première fois pour pouvoir vérifier soigneusement en roulant.

◆ 10 minutes une fois « rodé(e) ».

DIFFICULTÉ

◆ Il vous faudra y aller doucement pour visser l'extracteur dans la manivelle et forcer plus pour l'enlever de son axe.

OUTILS

◆ Un bon extracteur de manivelles avec filetages en bon état. Un jeu de douilles serait aussi utile.

3 Vous devriez pouvoir défaire la vis de manivelle presque entièrement à la main. Vérifiez que vous n'avez pas laissé une grosse rondelle derrière car cela empêcherait l'extracteur de bien fonctionner.

4 Préparez-vous à déposer la manivelle en vérifiant que les filetages de l'extracteur et le filetage interne dans lequel il se visse sont propres et en bon état. Vissez lentement l'extracteur dans le filetage.

5 L'extracteur devrait se visser facilement en quatre ou cinq tours environ. S'il se serre en deux tours seulement, cela signifie qu'il est de biais. Revissez-le absolument droit.

6 Serrez alors doucement l'extracteur dans la manivelle avec une clé. Vissez le poussoir d'abord à la main, puis avec l'aide d'une clé. Tenez bien le bout de la manivelle.

7 Il faut pas mal d'efforts pour bouger une manivelle, donc si les choses se compliquent d'un coup, arrêtez pour voir si vous n'avez rien cassé. Après la dépose, défaites l'extracteur avec une clé.

8 Quelques pédaliers haut de gamme se déposent en dévissant simplement la vis Allen centrale. Au remontage, appliquez du produit-frein pour que la pièce ne se desserre pas dans la manivelle.

Boîtiers de pédalier à cartouche

Le boîtier de pédalier constitue le roulement le plus sollicité sur un vélo. C'est aussi le plus difficile d'accès. Conséquence : toute tentative de diminuer l'entretien est la bienvenue.

Bien que déjà installés sur de nombreux vélos neufs, les boîtiers de pédalier à cartouche peuvent aussi être montés sur pratiquement n'importe quel vélo avec pédalier non claveté sans avoir à modifier l'enveloppe du boîtier sur le cadre. C'est donc là une mise à jour valable car, sans être totalement « sans entretien », les boîtiers à cartouche comportent de nombreux joints autour de l'axe destinés à empêcher la pénétration d'eau dans la plupart des conditions. En outre, les boîtiers à cartouche sont dotés de roulements améliorés réduisant la friction et permettant ainsi au cycliste d'aller plus vite pour la même quantité d'efforts.

La majorité des fabricants produisent ce type de pédaliers, mais on peut également les trouver auprès de fournisseurs indépendants, souvent moins chers et pour une qualité au moins égale à celle des fabricants. A l'achat, veillez à obtenir la même longueur d'axe en montrant l'ancien au commerçant.

L'exemple illustré ici est le boîtier à cartouche bas de gamme de Shimano, où le collier se met du côté de la chaîne, alors que c'est l'inverse sur d'autres versions, notamment les autres modèles Shimano.

Les cyclistes sur route ont rarement besoin d'intervenir sur un boîtier à cartouche et ne souhaitent souvent pas investir dans les outils spéciaux nécessaires à sa dépose. Les vététistes pourront par contre plus difficilement y couper !

Si vous pensez que les filetages de l'enveloppe du boîtier de pédalier sont serrés, nettoyez-les avec du lubrifiant en aérosol et en vissant et dévissant plusieurs fois une ancienne cuvette de boîtier de pédalier.

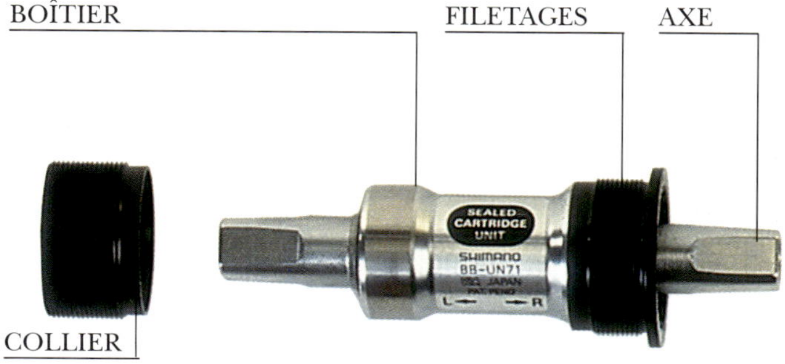

QUAND FAUT-IL FAIRE CE TRAVAIL ?

◆ Lors du passage d'un boîtier classique à un boîtier à cartouche.

◆ Lors de la pose d'un pédalier neuf.

DURÉE

◆ 40 minutes, principalement parce qu'il faut passer constamment d'un côté à l'autre. Aussi parce qu'il faut parfois nettoyer les filetages.

DIFFICULTÉ

◆ Exige le même mélange de délicatesse et de force que pour la dépose des manivelles non clavetées.

OUTILS

◆ Outil de dépose, clé longue, vieilles cuvettes de boîtier de pédalier.

1 Déposez les deux manivelles. Pour les modèles Shimano et certains autres, engagez ensuite les dents de l'extracteur sur celles du collier. Ce dernier se visse du côté de la chaîne.

4 Passez maintenant à l'autre côté du vélo et remettez l'extracteur en place. Dans ce cas, la cartouche se dévisse dans le sens normal, à l'inverse des aiguilles d'une montre. L'opération n'est pas aussi délicate que la dépose du collier.

7 Vissez deux-tiers du collier environ, à la main seulement. N'utilisez pas de clé pour l'instant, car si le collier ne s'enfonce pas facilement partiellement, il sera très difficile de le visser à fond par la suite.

2 L'extracteur étant en prise sur le collier, posez une grosse clé sur l'hexagone et tournez-le dans le sens horaire. Cela défera le collier bloquant la cartouche dans l'enveloppe du boîtier sur le cadre.

3 Ne forcez pas trop sur la clé car le collier des modèles moins chers sont en plastique à base de résine. Même ceux en aluminium sont assez fragiles. Attention : ils se défont dans le sens horaire et non l'inverse.

5 Vous pouvez maintenant déposer la cartouche du boîtier. Vérifiez que les joints en caoutchouc de l'axe sont en bon état s'ils sont visibles, et que l'axe tourne correctement et aisément. Nettoyez les filetages.

6 Nettoyez l'intérieur du boîtier en y injectant du lubrifiant. Vissez le collier dans le sens anti-horaire à la main, depuis le côté de la chaîne, pour vérifier que les filetages sont propres. Retirez-le et enduisez-le de dégrippant.

8 Passez de l'autre côté du vélo, nettoyez la cartouche et enduisez-la de dégrippant. Vissez la cartouche dans le sens des aiguilles d'une montre aussi loin que possible à la main en vérifiant que le bout d'axe traverse bien le collier.

9 Mettez la cartouche en position à l'aide de l'extracteur et de la clé. Elle est bien enfoncée lorsque le bord de la partie filetée est de niveau avec le bord de l'enveloppe du boîtier. N'oubliez pas que ce côté se visse dans le sens horaire.

10 Revenez au côté chaîne, serrez le collier dans le sens anti-horaire jusqu'à ce qu'il touche le bout de la cartouche et la bloque ainsi. Une fois bien serré, le collier sera presque invisible et caché dans l'enveloppe du boîtier.

Boîtiers de pédalier à axe et cuvettes

Même classiques, les boîtiers de pédalier peuvent varier d'un à l'autre. Ils se démontent néanmoins tous exactement de la même manière.

Contrairement aux boîtiers à cartouche, les modèles à axe et cuvettes exigent un entretien assez fréquent. Une fois par mois n'est pas exagéré sur un V.T.T. très sollicité, tandis qu'une fois par an est vraiment le minimum pour un vélo de route. Mais contrairement à la majorité des pièces de vélo, où il est facile de savoir si elles ont besoin d'une révision, le boîtier de pédalier peut se faire oublier jusqu'au jour où il s'est totalement grippé.

La pénétration d'eau représente le plus gros problème pour les boîtiers à axe et cuvettes. Lorsque l'eau pénètre, les roulements transforment la graisse et l'huile en un mélange très peu lubrifiant. Avec un peu de chance, votre boîtier de pédalier grincera alors régulièrement et vous indiquera ainsi clairement que quelque chose ne va pas. Malheureusement, les chemins de roulement des cuvettes auront presque certainement déjà été piqués de rouille, et le raidissement aura usé l'axe. Cela prendra la forme d'une petite zone piquée, avec le métal sous-jacent d'une couleur différente.

Si vous soupçonnez un de ces problèmes, montez des pièces neuves. Heureusement le montage d'un axe neuf avec des cuvettes anciennes ne présente pas de difficulté, ni celui de cuvettes neuves avec un axe ancien ni même le mélange d'axe et cuvettes de marques différentes. La seule chose à signaler est que les cadres de fabrication italienne ont souvent un filetage différent au niveau de l'enveloppe du boîtier de pédalier.

Il sera plus facile de peaufiner le réglage si vous montez le plateau et les manivelles en premier et si vous vissez ou dévissez la cuvette réglable jusqu'à ce qu'un léger mouvement se fasse sentir au bout de la manivelle. Si vous serrez l'anneau de serrage à ce stade, il décentrera légèrement la cuvette réglable. Cela compensera le fait que la cuvette réglable tourne souvent légèrement lors du serrage de l'anneau.

Lorsque vous démonterez le boîtier de pédalier vous trouverez onze billes séparées ou disposées dans une cage. Vous pourrez travailler de la même manière sur ces deux types de roulements, bien que les roulements à billes séparées soient préférables car la charge se trouve répartie entre un grand nombre de roulements.

1 Après démontage des manivelles, commencez du côté opposé à la chaîne. Si l'anneau de serrage comporte une série d'encoches carrées, procurez-vous un poinçon ou un ciseau à froid adaptés puis frappez sur l'anneau de serrage dans le sens inverse des aiguilles d'une montre à l'aide d'un marteau rivoir.

2 La cuvette réglable risque de venir avec l'anneau de serrage lorsque vous le frappez. Après un ou deux tours, vous devriez pouvoir dévisser la cuvette de roulement avec les doigts. Récupérez les éventuels roulements à billes détachées en retirant la cuvette, puis l'axe.

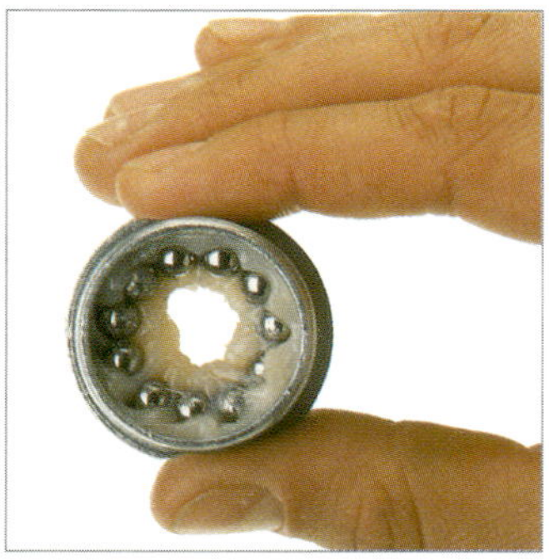

5 Lorsque vous reposerez les cuvettes, la graisse empêchera les billes de tomber. Après avoir monté les onze billes, remettez un peu de graisse supplémetaire sans toutefois combler le trou prévu pour l'axe.

6 Vissez la cuvette fixe dans le côté chaîne en la serrant dans le sens anti-horaire aussi fort que possible. Tout en le stabilisant à la main, enfilez le côté court de l'axe dans la cuvette réglable et le côté long dans la cuvette fixe déjà en place.

3 Passez maintenant au côté chaîne. Le problème principal consiste à trouver une clé à molette suffisamment grande pour les méplats de la cuvette fixe. Une fois que vous en avez trouvé une, dévissez la cuvette fixe dans le sens des aiguilles d'une montre, en veillant à ne pas érafler la peinture.

7 Vissez la cuvette réglable jusqu'à ce qu'elle se resserre. Tournez l'axe et s'il semble serré, desserrez la cuvette réglable jusqu'à ce que la sensation graveleuse disparaisse. Montez et serrez l'anneau Vérifiez que l'axe tourne bien.

4 Nettoyez l'ensemble au solvant et examinez toutes les surfaces de roulement. Si elles sont normales, remplissez la moitié des cuvettes de graisse étanche et ajoutez onze billes par côté. Un bouchon de stylo vous aidera grandement à placer les billes dans la graisse.

QUAND FAUT-IL FAIRE CE TRAVAIL ?

- Pour arrêter les grincements.
- Lors d'une révision complète.
- Au moins une fois par an.

DURÉE

- Pas loin d'une heure.

DIFFICULTÉ

- La cuvette fixe est difficile à monter et démonter sans outils adaptés. En outre, le réglage se perd facilement en serrant l'anneau de serrage.

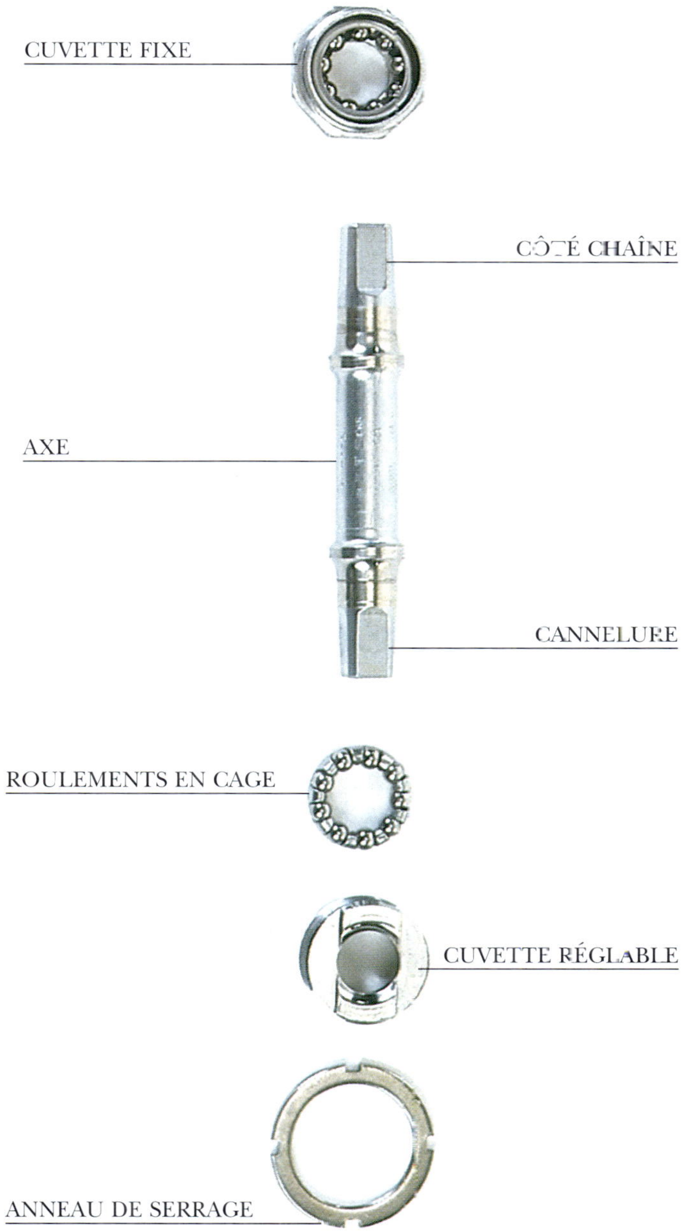

Boîtiers à axe et cuvettes : outils spécialisés

Les outils spécialisés facilitent grandement le contrôle et le réglage d'un boîtier de pédalier à axe et cuvettes.

Les boîtiers de pédalier à cuvettes fixes ne sont pas faciles à travailler. Ils ont non seulement un filetage à gauche, mais sont aussi très serrés dans le cadre pour plus de sécurité. Que vous utilisiez une clé à molette ou un jeu de clés serre-tube Stillson, vous risquez fortement d'érafler la peinture. Une clé pour cuvette fixe facilitera la pose et la dépose de ce type de boîtier, mais il vous faudra prendre garde qu'elle ne glisse pas du bord mince de la cuvette. L'idéal serait donc que vous vous procuriez l'accessoire de sécurité qui passe par l'enveloppe du boîtier et qui permet de maintenir la clé en place sur la cuvette fixe.

Pour ce qui est de la cuvette réglable, une grosse clé pour anneau de serrage risque bien moins d'abîmer l'anneau qu'un marteau et un poinçon.

La cuvette réglable est souvent dotée de deux trous permettant de la visser ou la dévisser à l'aide d'une clé à ergots. L'utilisation d'une clé à ergots pour cuvette réglable avec une clé pour anneau de serrage facilitera la recherche du point où l'axe tourne librement, sans jeu. Il suffit de maintenir la cuvette réglable en place à l'aide de la clé à ergots pendant le serrage de l'anneau. La clé pour anneau de serrage peut également être utilisée avec une clé plate sur un boîtier de pédalier hexagonal.

En conséquence, pensez à acheter ces clés spéciales en jeux étant donné leur prix abordable. Peu encombrantes, vous pourrez les emporter avec vous lors de votre prochaine longue sortie.

Clés pour boîtiers de pédalier - mode d'emploi

1 La clé pour cuvette fixe entoure entièrement la cuvette de roulement. Poussez-la sur la cuvette d'une main et tournez la clé de l'autre afin de minimiser les risques de glissements et d'éraflures de la peinture.

2 Pour régler un boîtier classique, utilisez une clé pour anneau de serrage. Insérez l'ergot dans l'encoche prévue sur l'anneau en appuyant la main sur le cadre. Dans ce cas, vous pouvez utiliser une clé plate sur la cuvette de réglage.

Roulements

Voici comment dépister l'usure des roulements pour savoir s'il faut remplacer les pièces ou non. Sur la cuvette de gauche ci-dessus, le chrome s'est effrité et le chemin de roulement s'est couvert de minuscules piqûres de rouille. La cuvette de droite est usée partout et la surface du métal est entamée par endroits. Quant aux axes illustrés, celui du haut comporte de nombreuses petites piqûres de rouille tandis que sur celui d'en bas la surface est complètement usée, laissant ainsi le métal tendre du dessous s'effriter rapidement.

Manivelles une pièce

Ce type de manivelles n'est monté que sur les vélos enfants, mais bien que conçues pour minimiser les coûts de fabrication des petits vélos, les manivelles une pièce et le boîtier de pédalier qui va avec sont étonnamment « résistants aux enfants ». Les manivelles peuvent certes se déformer dans un accident, mais si vous avez une paire de grosses clés serre-tube Stillson, vous pourrez normalement les redresser sans trop de problèmes. Si la manivelle gauche se retrouve très déformée, il est possible de démonter le tout et de la redresser dans un étau.

Le boîtier de pédalier marche bien parce qu'il est beaucoup plus grand en diamètre qu'un boîtier classique et contient ainsi plus de roulements à billes pour partager la charge. Les cuvettes à enfoncer et l'axe peuvent se trouver piqués de rouille, mais à moins que les cuvettes ne soient très endommagées, l'entretien se limite à éliminer l'ancienne graisse, à tout regraisser et à vérifier que toutes les billes sont en place.

Cela vaut certainement la peine d'effectuer cette démarche si vous avez acheté un vélo d'occasion. Toutefois, vu la façon dont les vélos enfants sont parfois assemblés en usine, il serait bon de démonter et graisser le boîtier de pédalier sur un vélo flambant neuf également.

Etant donné qu'il n'est pas toujours aisé de se procurer des pièces pour ce type de boîtier et de pédalier, attendez d'avoir les pièces de rechange pour démonter le vélo. Si le magasin du coin ne peut pas vous fournir les pièces, adressez-vous à un spécialiste des vélos enfants.

Pour reposer le boîtier, inversez les consignes de la dépose en veillant à bien remettre les cuvettes droites, pas en biais, au risque de ne jamais pouvoir les insérer.

1 Retirez les pédales puis dévissez l'anneau de serrage dans le sens des aiguilles d'une montre. Les pédales étant très fines, appuyez sur la clé pour qu'elle ne dérape pas. Une fois desserré, enlevez l'anneau de la manivelle.

2 Derrière l'anneau de serrage se trouve une cage de roulements fendue. Placez un ciseau à froid dans la fente et frappez-le dans le sens des aiguilles d'une montre. Soutenez la manivelle d'une main et défaites la cage de l'autre.

3 Enlevez la cage du bout de la manivelle. Inclinez ensuite l'ensemble jusqu'à ce que la manivelle soit presque à l'horizontale pour pouvoir enlever la cage du côté opposé de l'enveloppe du boîtier. Etant en acier, la cage est lourde.

4 Enlevez les cuvettes du cadre en les tapotant. Etant serrées, lorsqu'un côté d'une cuvette a bougé un peu, passez le ciseau à froid de l'autre côté et frappez dessus gaiement jusqu'à ce qu'elle bouge aussi de ce côté, sinon elle se coincera.

QUAND FAUT-IL FAIRE CE TRAVAIL ?

- Lorsque vous venez d'acheter un vélo neuf et que vous pensez qu'il a été mal assemblé.
- Lorsque les manivelles grincent en tournant.
- Lorsque les manivelles ont été déformées dans un accident.

DURÉE

- Au moins une heure pour démonter, nettoyer et reposer l'ensemble. Plus longtemps si vous devez redresser les manivelles également.

DIFFICULTÉ ////

- Au début il est difficile de déterminer comment l'ensemble est agencé. Même après avoir maîtrisé cela, il est également difficile d'extraire et de reposer les cuvettes de roulement. La solution consiste à procéder progressivement, en extrayant d'abord une petite partie d'un côté puis une proportion égale de l'autre côté de la cuvette, etc.

OUTILS SPÉCIAUX

- Grosse clé à molette, marteau rivoir et ciseau à froid.

CLÉ POUR ANNEAU DE SERRAGE

CLÉ POUR CUVETTE RÉGLABLE

CHAPITRE 6

LES FREINS

Les freins constituent les pièces les plus importantes au niveau de la sécurité. En conséquence, veillez à bien serrer tous les écrous et vis, à vérifier l'alignement des patins de freins après chaque intervention et à tout bien contrôler à titre préventif.

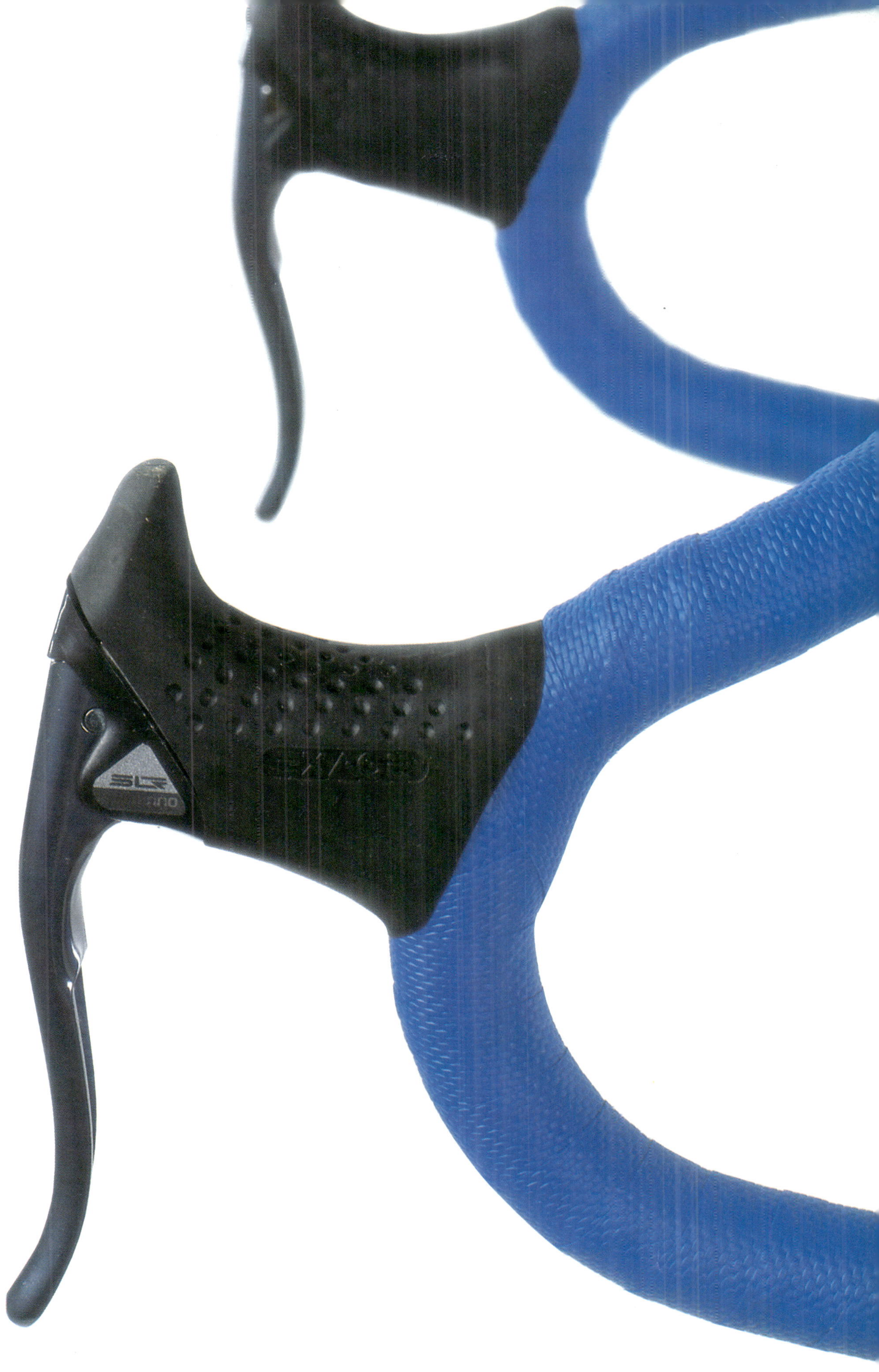

Types de freins

Pratiquement tous les V.T.T. sont équipés de freins Cantilever, tandis que sur les vélos de route on trouve différents types de freins. Toutefois, les Cantilever tiennent toujours le haut du pavé au niveau de la qualité.

Bien que très différents dans le détail, tous les freins illustrés sur cette page fonctionnent par le biais de patins frottant sur la surface de freinage de la jante. Leur efficacité est fonction de la force de frottement du patin sur la jante et de la qualité du matériau de patin. Celle-ci varie selon les différentes combinaisons de matériaux, ainsi que le rythme d'usure du patin. Pour un freinage optimal, précisez toujours le matériau de fabrication de la jante à l'achat de patins neufs. Les patins en polyuréthanne allient un bon freinage à un taux d'usure faible et valent donc le surcoût.

A signaler également que la surface de freinage de la jante s'use aussi, certes pas aussi rapidement que les patins, mais il arrive dans des cas extrêmes que la roue s'effondre suite à cette usure. A titre préventif, vérifiez la jante lors de l'installation de patins neufs et faites refaire la roue avec une jante neuve avant que l'usure ne dépasse le stade de stries superficielles dans la surface de freinage.

FREINS CANTILEVER
Montés sur presque tous les V.T.T., la majorité des hybrides et quelques vélos de route. Excellent concept alliant légèreté et puissance et procurant la place pour monter des pneus larges.

FREINS À TIRAGE CENTRAL

Bien qu'ils ne soient plus fabriqués actuellement, des millions de vélos en sont toujours équipés en raison de leur puissance et de leur facilité d'entretien. Avec ses deux mâchoires séparées montées sur la plaque d'appui, sur ces freins des patins montés correctement resteront équidistants de la jante.

FREINS À TIRAGE LATÉRAL COURT

Freins très compacts pour les vélos de course, mais très près des roues. Les mâchoires sont souvent très courbées et le frein entier tiré vers un côté pour faire frotter le patin sur la jante. Pas très puissants et progressivement remplacés par les freins double pivot.

FREINS DOUBLE PIVOT

Concept récent pour vélos de route. Mâchoires indépendantes se déplaçant sur plaque d'appui séparée. Une fois bien réglés, les patins restent équidistants de la jante.

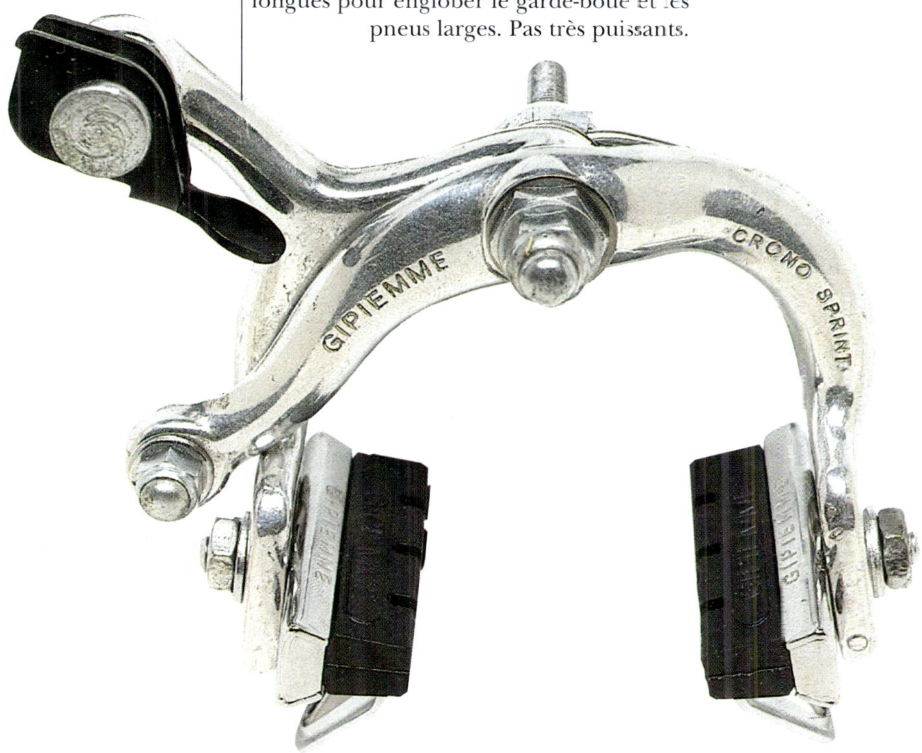

FREINS À TIRAGE LATÉRAL LONG

Freins à tirage latéral classiques pour vélos de route bien équipés. Les mâchoires sont longues pour englober le garde-boue et les pneus larges. Pas très puissants.

Freins : entretien et contrôle

L'usure des patins entame progressivement la puissance de freinage, c'est pourquoi il importe que vous contrôliez vos freins fréquemment au cas où vous ne remarqueriez pas leur détérioration.

Il y a beaucoup de mou dans presque tous les types de freins. Pour certains, il s'agit d'un câble étiré par une pression excessive sur le levier de frein. Celui-ci fléchit un peu, ainsi que les mâchoires de frein. Les mâchoires de freins Cantilever doivent toutefois être assez rigides, par conséquent si vous remarquez qu'elles fléchissent de plus d'un ou deux millimètres, pensez à les changer.

Les mâchoires de freins des vélos de route sont plus longues et plus minces et fléchissent donc nettement plus que les Cantilever. Les freins à tirage latéral de base se déplacent également très rapidement pour amener les patins au contact de la jante. Cela signifie que les freins des vélos de route sont à contrôler assez souvent pour maintenir un freinage optimal.

En conséquence, si vous n'y prenez garde, vous devrez serrer le levier de frein très fort pour pouvoir freiner : pas vraiment l'idéal s'il s'agit d'une urgence ! Pour parer à cela, contrôlez, lubrifiez et réglez vos freins fréquemment. Si vous remarquez que votre levier se rapproche dangereusement de la poignée à chaque pression, c'est signe que vous avez attendu trop longtemps pour réviser vos freins.

QUAND FAUT-IL FAIRE CE TRAVAIL ?
- A chaque fois que vous nettoyez votre chaîne à fond.
- Si la course du levier de frein semble trop longue.

DURÉE
- 5 minutes pour régler et lubrifier les freins.
- 5 minutes pour serrer le câble.

DIFFICULTÉ
- Il est très facile de maintenir les freins en bon état, donc aucune excuse pour les paresseux !

AUCUN OUTIL SPÉCIAL NÉCESSAIRE

1 Testez les freins en serrant le levier. Les patins devraient entrer au contact de la jante dès que le levier atteint la moitié de sa course, tout serrage après cela ne devant qu'étirer le câble. Si le levier finit près du guidon, vos freins sont à régler d'urgence.

2 Sur les Cantilever, la vis de réglage du câble est située sur le levier. Desserrez le contre-écrou fin avec une pince s'il est raide, puis tournez la vis sur 2 tours dans le sens anti-horaire. Recontrôlez et resserrez le câble, si nécessaire, jusqu'à ce que le levier semble presque ferme.

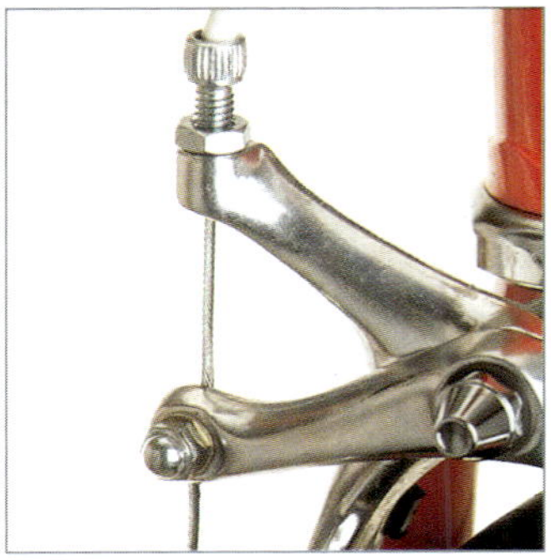

3 Sur les vélos de route, la vis de réglage se situe souvent sur la mâchoire. Desserrez là aussi le contre-écrou et dévissez la vis d'un couple de tours. La gamme de réglages étant assez limitée, il faut parfois desserrer le pince-câble, y enfiler un bout du câble puis resserrer.

4 Que les freins soient à régler ou non, vous devez vérifier l'usure des patins. Toutefois, si vous avez dû serrer le câble fort, les patins sont sans doute très usés et à changer. Ils sont entièrement usés lorsque les rainures ne sont plus visibles.

5 Huilez un peu les câbles de frein à chaque fois que vous lubrifiez la chaîne. Toutefois, le test devrait vous avoir donné une idée de la force nécessaire pour un freinage d'urgence. Si vous devez vraiment forcer et si la lubrification n'améliore pas la situation, changez le câble.

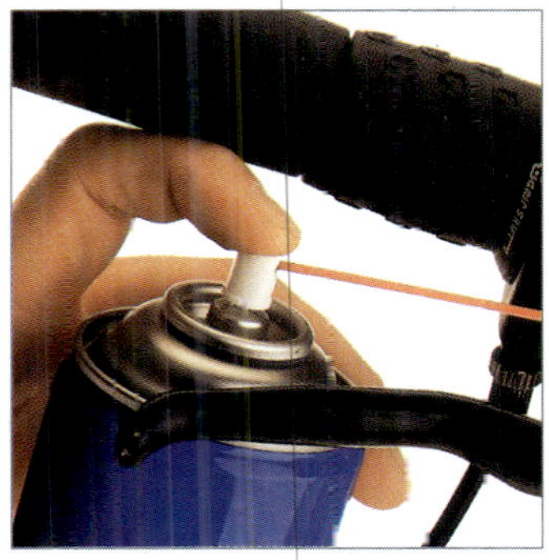

6 Huilez les poignées de frein en même temps que les câbles. Injectez du lubrifiant sur l'articulation, puis tirez fort sur le levier et vaporisez le câble ainsi exposé et son raccord, si possible. Les poignées des vélos de route sont à traiter de la même manière.

7 Les mâchoires des freins Cantilever sont vissées sur des articulations fixées sur le cadre, le seul point de frottement. Injectez un peu de lubrifiant à cet endroit à chaque fois que vous graissez la chaîne. Si les freins semblent lourds et les câbles sont en bon état, les articulations sont peut-être sales ou rouillées, signe qu'une révision s'impose.

8 Les freins à tirage latéral frottant plus à l'intérieur, injectez chaque mâchoire et écrou de lubrifiant. Dévissez les freins du cadre s'ils semblent lourds et s'il faut forcer beaucoup pour serrer les mâchoires à la main, démontez-les pour les nettoyer.

BOUTON DE DÉGAGEMENT

Dégagement rapide

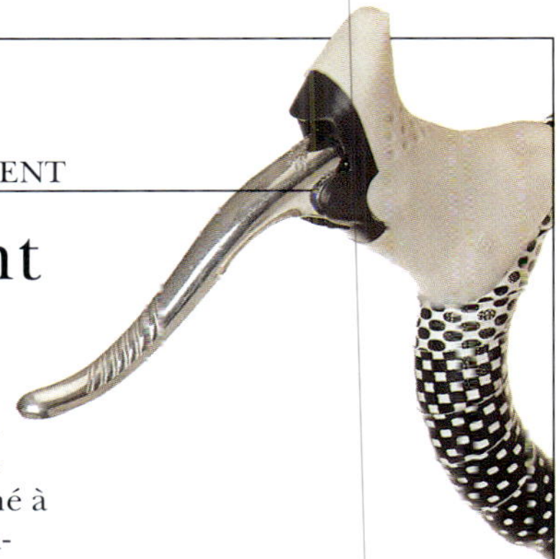

La plupart des freins sont équipés d'un dispositif de dégagement rapide destiné à accroître la distance patin-jante pour changer une roue ou contrôler les patins.

1 Sur certains vélos de route de bonne qualité, le bouton de dégagement rapide se trouve sur le levier de frein. Enfoncez-le pour avoir plus de place, il se remettra automatiquement en position au prochain freinage.

2 Sur les freins Cantilever, vous pourrez sans doute décrocher une extrémité du câble en V, ce qui permettra d'écarter les mâchoires de la jante.

3 La plupart des vélos de route sont dotés d'un dégagement rapide près de la vis de réglage. Il faut le tirer vers le haut pour changer une roue et l'enfoncer vers le bas pour rapprocher les patins de la jante.

Freins Cantilever : démontage et réglage

Les mâchoires courtes et rigides des freins Cantilever procurent une bonne puissance de freinage. Vous ne devriez normalement démonter ces freins que lorsque de la rouille ou de la boue a pénétré dans les articulations et a entamé la puissance de freinage.

Les freins Cantilever d'origine comportent un câble en V reliant les deux mâchoires par le biais d'un crochet-support métallique lui-même relié au câble de frein. Ce dispositif est satisfaisant et est encore utilisé par certains fabricants. Les Cantilever récents de Shimano sont toutefois d'une construction différente. Sur ces freins, le câble de frein passe par un guide-câble et est relié directement à l'une des mâchoires, l'autre étant reliée au guide-câble par un fil de liaison.

Bien que plus difficiles à mettre au point que les Cantilever classiques à câble en V, ces types de Cantilever permettent de mieux contrôler l'effort de freinage. Si vous voulez intervenir sur n'importe quel type de Cantilever, suivez toutefois la démarche de réglage décrite ici ainsi que les consignes sur la pose de câbles neufs à la page suivante.

Lors du démontage des Cantilever, inspectez toujours les articulations sur le cadre également. Si elles sont rouillées, grattez-les au papier d'émeri et huilez avant de les remonter avec de la graisse étanche. Vérifiez aussi que les articulations sont droites. Si ce n'est pas le cas, adressez-vous à un réparateur professionnel car il faudra peut-être fixer des articulations neuves sur le cadre par brasage.

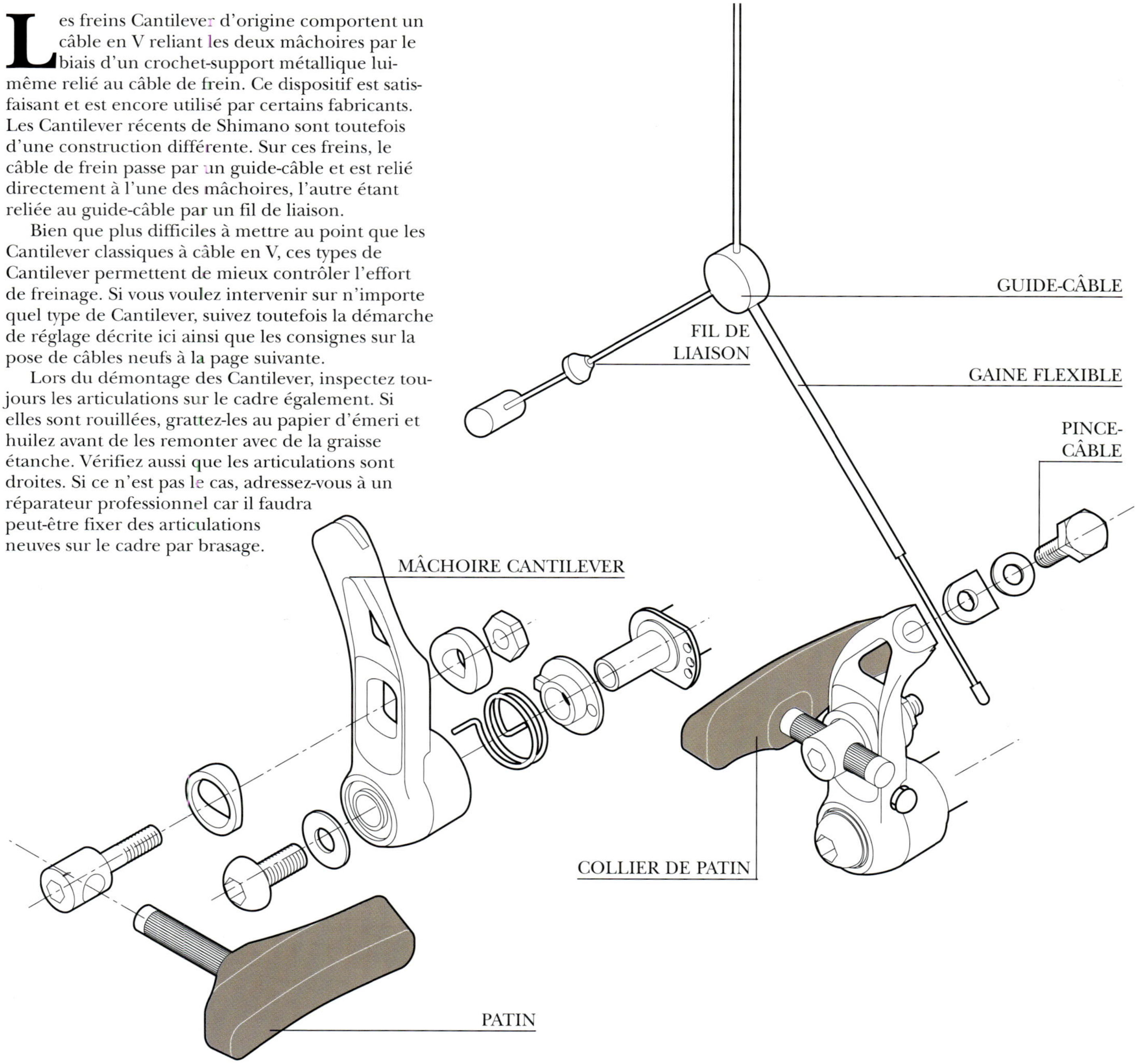

1 Vissez la vis de réglage du câble pour réduire sa tension. S'il s'agit d'un Cantilever à crochet-support, décrochez un bout du câble en V pour l'enlever du crochet. S'il s'agit d'un Cantilever à fil de liaison, enlevez le câble en dévissant le pince-câble avec une clé Allen.

2 Dévissez la vis-pivot pour enlever la mâchoire de l'articulation. Si elle résiste, tordez-la un peu tout en maintenant le ressort et la rondelle sur la vis-pivot pour les empêcher de « prendre leur envol ».

3 Insérez ensuite le ressort dans le trou du milieu sur l'articulation et introduisez la vis-pivot. Tournez la vis avec une clé jusqu'à ce que chaque patin soit à 2 mm de la jante, puis bloquez le tout en resserrant la vis-pivot.

4 Certains modèles ont une petite vis sur le côté de la mâchoire qui commande la position du patin. Tournez cette vis dans le sens horaire pour écarter les patins de la jante et dans le sens inverse pour les rapprocher.

5 Le but est d'obtenir des patins équidistants de la jante, c'est-à-dire à environ 2 mm. Les patins sont parfois pincés d'environ 1 mm, mais cela varie selon le type de frein et de patin. Ce point est abordé à la page 108.

QUAND FAUT-IL FAIRE CE TRAVAIL ?

◆ Lorsque les freins semblent rigides ou tressautent au serrage du levier.

DURÉE

◆ 30 minutes.

DIFFICULTÉ

◆ Il est parfois malaisé d'insérer le ressort dans le trou de l'articulation et de régler l'écart des patins

AUCUN OUTIL SPÉCIAL NÉCESSAIRE

Freins Cantilever : câbles neufs

Pour bien régler un frein Cantilever, il faut trouver la bonne longueur de câble et régler correctement la position de ses mâchoires.

Le démontage et le réglage de tous les types de freins Cantilever suit le principe énoncé précédemment. Pour poser des câbles neufs, il importe toutefois d'identifier le type concerné et de suivre la démarche qui correspond.

Le type le plus répandu de frein Cantilever est celui à crochet-support équipant principalement les vélos moins chers. Sur ce modèle, les deux mâchoires de freins sont reliées par un petit câble en V fixé dans un crochet-support métallique. Ce dernier est relié au câble de commande par une simple vis pince-câble destinée à faciliter le réglage de la longueur du câble, la seule difficulté étant de déterminer cette longueur d'origine et de raccourcir ou rallonger le câble selon le cas.

Sur les deux autres modèles, le câble de frein est fixé sur l'une des mâchoires, l'autre mâchoire étant reliée au guide-câble par le biais d'un petit fil de liaison. Les anciens modèles sont dotés d'un guide-câble avec une vis ou deux fentes séparées pour le câble. La fente large sert à régler le câble et l'étroite aux autres fonctions.

Les Cantilever à fil de liaison récents comportent un guide-câble traversé par une ligne diagonale ou une fenêtre ronde servant au raccord du fil de liaison. Lors de la pose d'un câble neuf, la première chose à faire est de l'enfiler dans le guide-câble, puis de glisser la gaine flexible sur le câble et de fixer celui-ci dans son collier sur la mâchoire. Réglez la longueur du câble de sorte que la gaine flexible touche à la fois le guide-câble et la mâchoire, puis serrez la vis pince-câble. Accrochez alors le fil de liaison sur l'autre mâchoire et vérifiez que le fil de liaison est légèrement plus court que l'autre côté, comme illustré sur la photo au point 7.

Réglez ensuite la tension à l'aide des petites vis cruciformes à l'arrière des mâchoires de freins. La tension est correcte lorsque le guide-câble est suspendu directement sous l'extrémité de la gaine. Posez maintenant les patins de freins en les pinçant de 1 mm, mais ne vous affolez pas s'ils touchent la jante à ce stade.

Allongez le câble de commande pour qu'il y ait un écart d'environ 2 à 3 mm entre l'extrémité de la gaine flexible et la mâchoire. Après cela, le fil de liaison devrait s'aligner sur la ligne diagonale traversant le guide-câble, comme illustré par la photo inférieure au point 7. Recentrez ensuite les patins de freins à l'aide des vis cruciformes. En dernier lieu, vérifiez qu'il y a au moins 2 cm de câble libre au-dessus du guide-câble et ajustez l'écart du patin de frein à l'aide de la vis de réglage.

QUAND FAUT-IL FAIRE CE TRAVAIL ?

◆ Lorsque le freinage est trop brusque ou bloque la roue.

◆ Lorsque le câble est effiloché ou cassé.

◆ Lorsqu'il faut beaucoup d'efforts pour les arrêts d'urgence, ce qui laisse supposer que le câble est grippé quelque part.

DURÉE

◆ 10 minutes pour poser un câble neuf sur un frein à crochet-support.

◆ 20 minutes pour un frein à fil de liaison.

DIFFICULTÉ

◆ Il est facile de travailler sur un frein à crochet-support, mais les freins à fil de liaison sont à régler avec précaution pour bien équilibrer la puissance d'arrêt et le contrôle du vélo.

OUTILS SPÉCIAUX

◆ Un outil pour tirer les câbles serait très utile, mais pas indispensable.

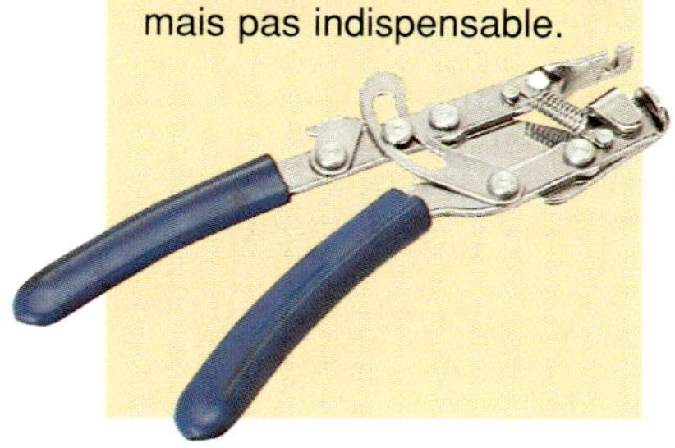

Cantilever à fil de liaison

1 Vissez la vis de réglage et retirez l'ancien câble. Vérifiez que le raccord neuf se rapporte, graissez-le un peu et insérez le raccord dans le trou. Coulissez la gaine sur le câble et enfilez-les dans la vis de réglage.

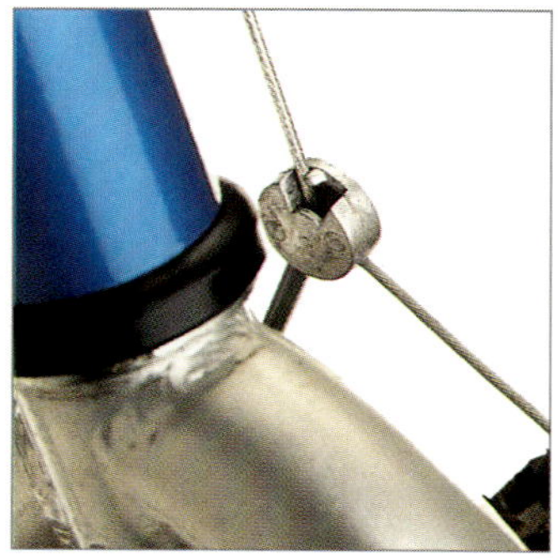

5 En dernier lieu, enfilez le câble de frein dans la fente étroite du guide-câble. Si les patins ne sont pas assez près de la jante, rapprochez-les à l'aide de la vis de réglage.

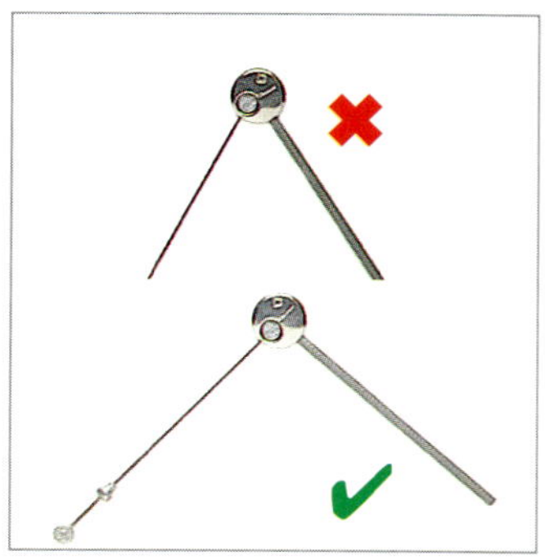

7 La photo du bas illustre comment le fil de liaison s'aligne sur la ligne diagonale du guide-câble des types récents de freins à fil de liaison, une fois le réglage du frein terminé.

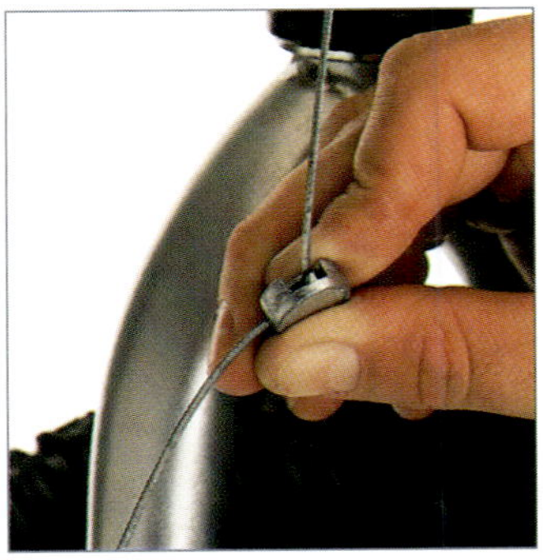

2 Sur les modèles anciens, décrochez le fil de liaison de la mâchoire. Enfilez alors le câble de frein neuf dans la fente plus large du guide-câble et coulissez la gaine flexible sur l'extrémité du câble.

3 Réglez la longueur du câble de frein de sorte que la gaine flexible touche le guide-câble et la mâchoire. Accrochez le fil de liaison sur l'autre mâchoire et réglez la tension du ressort.

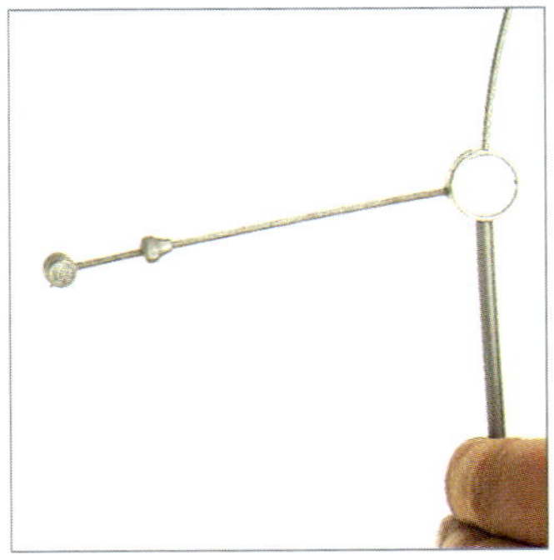

4 Les deux patins étant équidistants de la jante, le guide-câble devrait se trouver directement sous le support de câble avec au moins 2 cm de câble libre au-dessus. Réglez le câble si nécessaire.

6 Sur les types récents de freins Cantilever à fil de liaison, le câble est fixé dans le levier de frein et le guide-câble plus ou moins de la même façon. Mais une fois que les patins sont centrés, la longueur du câble de frein est à régler pour laisser un écart de 2 à 3 mm entre le bout de la gaine flexible et la mâchoire.

Cantilever à crochet

1 Enfilez le câble de frein dans le pince-câble et serrez légèrement. Serrez les patins contre la jante pour voir si le câble en V peut maintenant être placé dans le crochet-support. S'il est trop serré, allongez légèrement le câble de commande. S'il est trop lâche, diminuez un peu la longueur du câble

2 Avec les freins desserrés, les patins devraient se trouver à 2 mm de la jante. Si nécessaire, corrigez l'écart avec la vis de réglage. Pour une puissance de freinage et un contrôle maximum, le câble en V doit être plus ou moins à angle droit. Sinon, desserrez le câble sur la mâchoire et réglez la longueur du câble en V. Vérifiez en dernier lieu qu'il y a assez de câble libre au-dessus du guide-câble pour pouvoir appliquer le frein à fond.

Freins à tirage latéral : démontage et réglage

Il n'est pas normalement nécessaire de démonter et remonter ce type de freins très souvent, mais c'est le seul moyen de les remettre en état si des impuretés se sont introduites entre les rondelles et les mâchoires.

Toutes les pièces mobiles d'un frein à tirage latéral pivotent sur la vis-pivot centrale. Cela entraîne beaucoup de friction, malgré la présence de rondelles en nylon ou en laiton destinées à la réduire. Au démontage, disposez toutes les pièces dans l'ordre en vue de la repose. Si vous trouvez des rondelles abîmées ou manquantes lors du démontage, il importe de les remplacer. Vous n'êtes pas obligé(e) de les remplacer par des pièces exactement identiques, vous pouvez utiliser des pièces de marque différente ou d'occasion.

Si vos freins ont tendance à rester serrés, vous pourrez peut-être augmenter la pression du ressort en renversant le patin en nylon au point de contact entre le ressort et les mâchoires. Les poignées de freins sont souvent montées sur ressort également pour assurer le dégagement des freins dès que vous relâchez le levier.

Vous trouverez sans doute que les freins à tirage latéral se déplacent toujours plus d'un côté, provoquant ainsi le frottement de ce patin sur la jante. La solution est d'interposer une grosse rondelle sur la vis-pivot entre le frein et la fourche. Cela facilitera le centrage des freins et les maintiendra centrés plus longtemps.

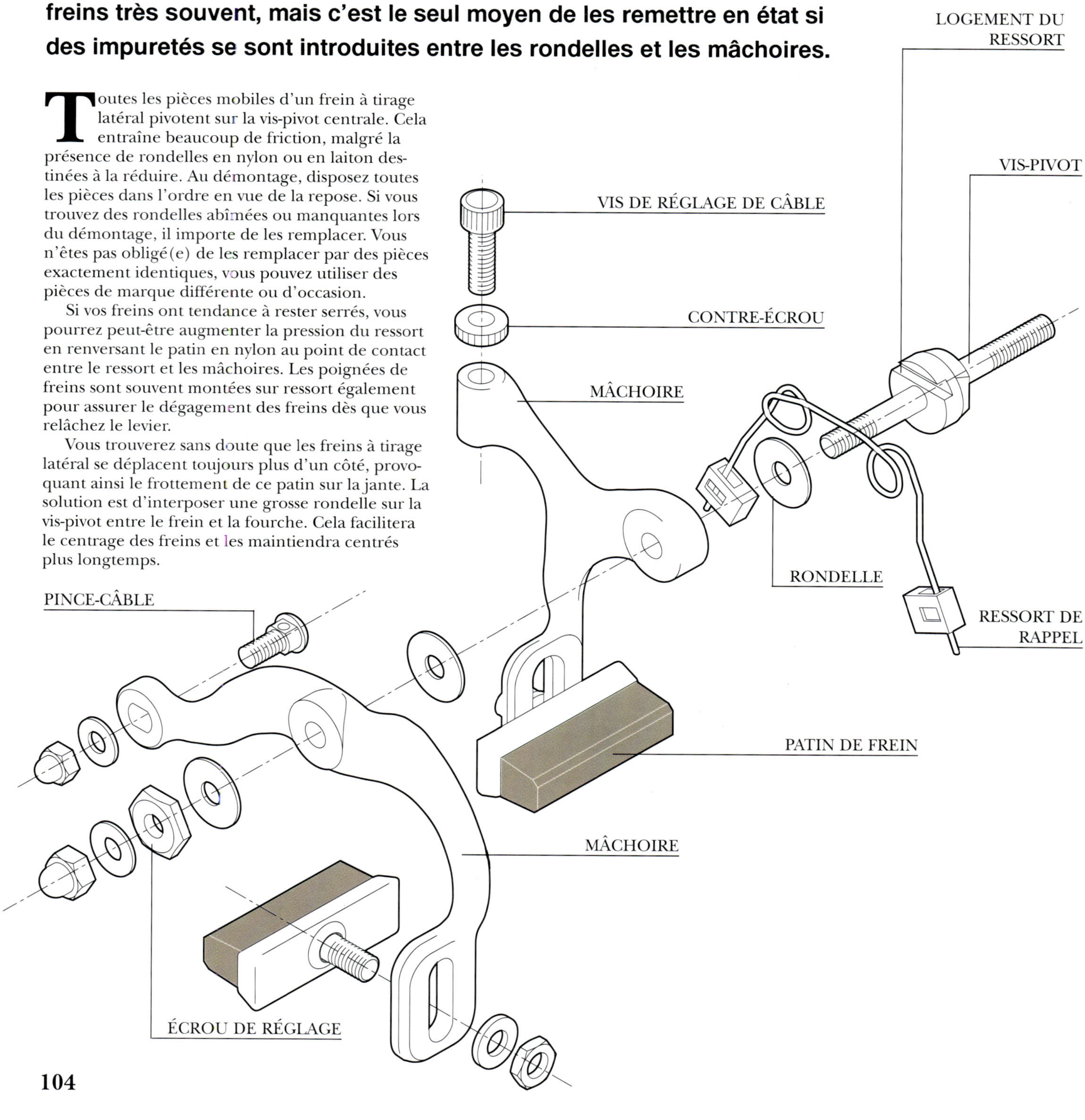

1 Enlevez le capuchon d'embout de câble et dévissez le pince-câble. Tirez maintenant doucement sur la gaine : avec un peu de chance, cela fera sortir le câble sans qu'il s'effiloche. Une fois libéré, le raccord tombera de l'ancrage du câble dans le levier.

2 Vérifiez ensuite comment le frein est fixé sur la fourche. Il comporte parfois un écrou autobloquant, mais plus souvent une vis pour clé Allen. Dévissez-la avec une clé classique ou une clé Allen sans oublier que ces fixations ne sont pas interchangeables.

3 Ecartez le frein de la fourche et dévissez l'écrou de réglage en maintenant le tout en place sur la vis-pivot. Cet écrou est parfois à l'avant et parfois à l'arrière. Dégagez le ressort, puis enlevez les mâchoires de freins.

4 Nettoyez et remontez le tout en enduisant tous les points de friction de dégrippant. Réglez les écrous sur la vis-pivot pour une friction minimale entre les mâchoires sans mouvement excessif. Revissez les freins sur la fourche et centrez-les.

5 Si un patin touche la jante, un recentrage s'impose. Desserrez la fixation principale avec une clé fine pour maintenir la vis-pivot afin que les patins soient équidistants de la jante, puis resserrez-la. Il faudra essayer plusieurs fois.

QUAND FAUT-IL FAIRE CE TRAVAIL ?

- Lorsque la pose d'un câble neuf ne rectifie pas le fonctionnement des freins.
- Lorsque le fonctionnement des freins semble rude.

DURÉE

- Une demi-heure pour démonter, nettoyer et remonter chaque frein. Mais leur centrage peut prendre une éternité !

DIFFICULTÉ

- La pose du ressort peut être malaisée car il est assez puissant. Le centrage des patins de freins est réellement difficile.

AUCUN OUTIL SPÉCIAL NÉCESSAIRE

Freins double pivot

Lors de la pose de ce type de freins, vérifiez que les patins sont bien équidistants de la jante, puis serrez la fixation pour clé Allen. Ils devraient rester centrés étant donné que les mâchoires

pivotent sur une plaque d'appui autonome. Si vous trouvez qu'ils se décentrent, réglez soigneusement la vis cruciforme sur la mâchoire.

Freins à tirage latéral : câbles neufs

Si vous les installez avec soin et les lubrifiez régulièrement, les câbles de vos freins à tirage latéral dureront des années. Mais s'ils sont effilochés ou si les freins restent serrés, des câbles neufs s'imposent.

Contrairement aux câbles de dérailleurs, les câbles de frein sont tous plus ou moins de la même qualité. Ils sont vendus par les grands fabricants qui les proposent en jeux pré-conditionnés et par des fournisseurs indépendants répondant tous aux mêmes normes de qualité. Certains cyclistes préfèrent les câbles en acier inoxydable pour leur apparence et leur faible friction. Les câbles de frein étant plus épais que ceux de dérailleurs, il importe d'utiliser des coupe-câbles bien tranchants pour éviter de les effilocher en les écrasant. Une fois que vous avez coupé le câble à la longueur voulue, posez un capuchon d'embout pour l'empêcher de s'effilocher par la suite.

La gaine des câbles de frein est également plus épaisse que celle des dérailleurs indexés. Elle peut se couper à n'importe quelle longueur et est toujours la même quelle que soit l'utilisation qu'on lui destine : sous le ruban de guidon, par-dessus le levier de frein ou le long du cadre.

Le mélange de différentes marques de poignées et de freins ne posant pas problème, si vous souhaitez remplacer vos poignées pour de plus nouvelles où le câble passe sous le ruban de guidon, il suffit d'en acheter une nouvelle paire.

Les capuchons en caoutchouc recouvrant les poignées de freins contribuent beaucoup à améliorer le confort du cycliste. Si vous pensez à en installer un, profitez de la pose de câbles neufs pour le faire.

OUTILS SPÉCIAUX

◆ Un outil pour tirer les câbles ou un outil 3e main serait utile, mais pas indispensable.

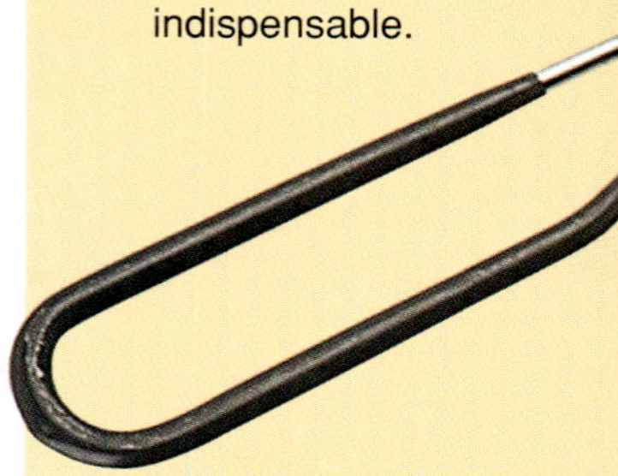

1 Comme les câbles effilochés se prennent dans le collier de serrage en les tirant, coupez-les à un endroit adapté pour extraire le reste avec une pince. Enlevez d'abord la gaine pour faciliter l'extraction du raccord de levier.

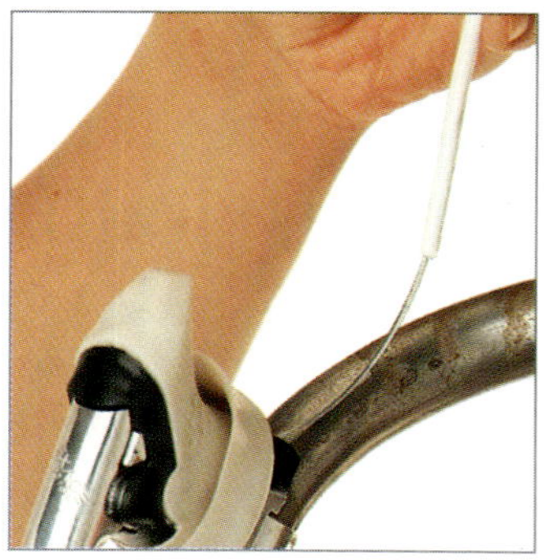

6 Injectez du lubrifiant dans la gaine jusqu'à ce qu'il y ait des bulles à l'autre bout, puis enfilez le câble dedans. Si elle sort par le haut du levier, la gaine est placée dans une douille séparée qui se loge dans le levier de frein.

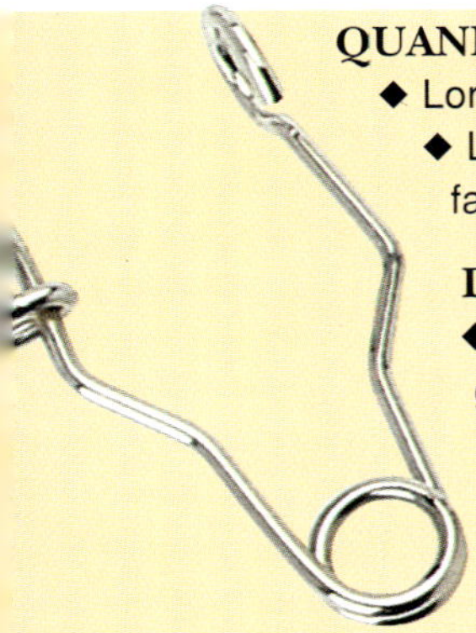

QUAND FAUT-IL FAIRE CE TRAVAIL ?

◆ Lorsque le câble de frein est effiloché.

◆ Lorsque la lubrification du câble ne facilite pas son dégagement.

DURÉE

◆ 20 minutes si le câble passe sous le guidon.

◆ 15 minutes s'il sort du haut du levier de frein.

DIFFICULTÉ

◆ La seule réelle difficulté consiste à tirer le câble suffisamment fort pour rapprocher les patins de la jante. Un outil pour tirer les câbles vous faciliterait la tâche.

DEUX RACCORDS, UN CÂBLE

Les câbles de frein sont parfois dotés de raccords différents à chaque bout. L'un est en forme de poire pour les poignées de freins à capuchon, habituellement sur guidons surbaissés. L'autre est en forme de cylindre et destiné à diverses poignées montées sur guidon plat, parmi lesquels les V.T.T. à freins Cantilever et les vélos de ville avec guidon de cyclotourisme plat et freins à tirage latéral.

Il faut couper l'un de ces raccords avant de pouvoir utiliser le câble, en s'assurant que le coupe-câble est tranchant pour éviter tout effilochage.

2 Dans certains cas, il faut replier le capuchon en caoutchouc et enlever une protection en plastique pour accéder au raccord. Si le câble passe sous le ruban de guidon, déroulez-le pour faciliter la repose du câble.

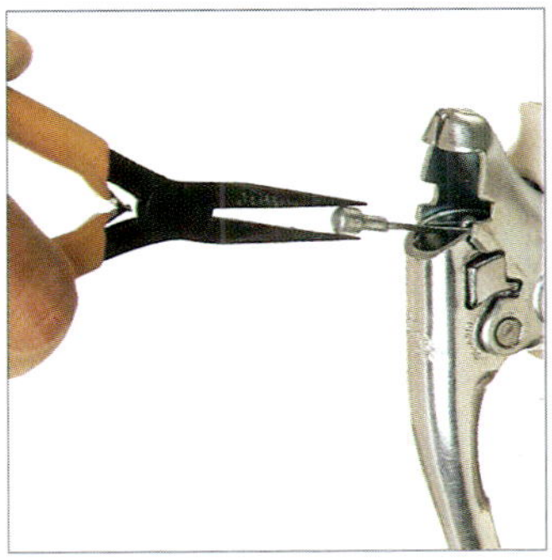

3 Depuis l'extrémité câble de frein de la gaine, essayez d'extraire le câble. Le raccord devrait sortir du levier de frein et vous permettre d'extraire le reste avec une pince. Si le raccord ne bouge pas, soulevez-le avec un tournevis.

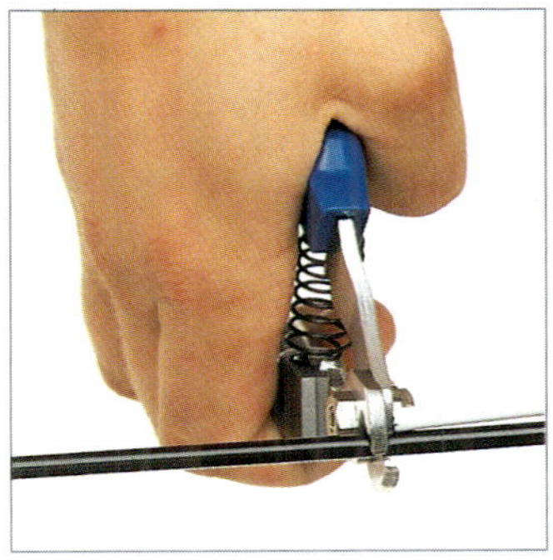

4 Si la gaine en plastique est coupée ou abîmée, ou si le câble est vrillé, coupez un bout neuf en lissant l'extrémité coupée si nécessaire. Utilisez l'ancienne gaine comme modèle pour établir la longueur de la neuve.

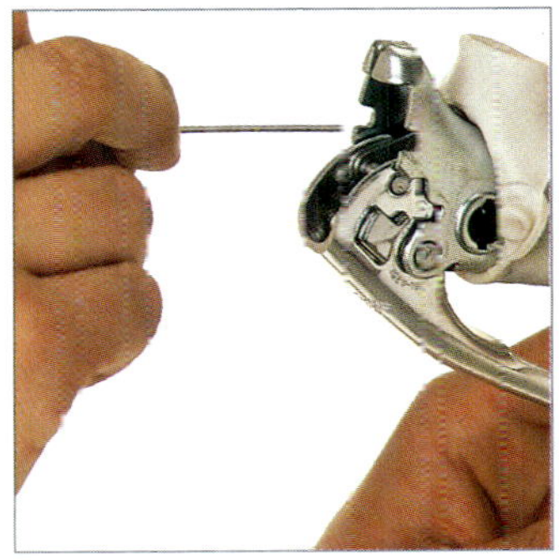

5 Sur les nouveaux types de poignées, le câble passe par un trou à l'arrière pour ressortir au niveau de la courbe interne du guidon. Sur les plus anciennes, le câble sort simplement du haut de la poignée.

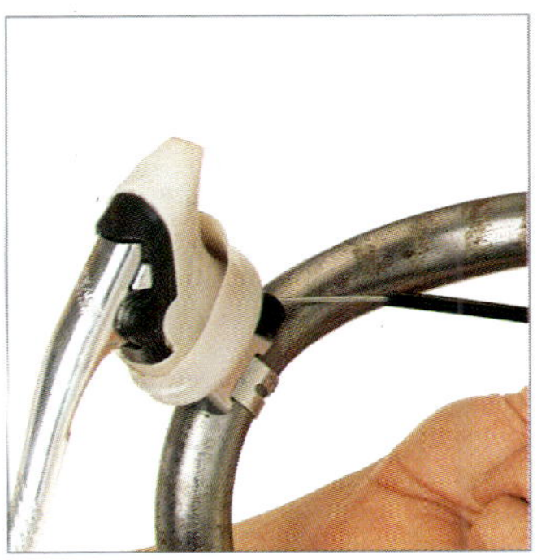

7 Enfilez le câble dans sa gaine et tournez le point d'ancrage du câble jusqu'à ce qu'il soit dans la bonne position afin de mettre le raccord en place. Placez le câble sur le côté du levier puis fixez-le avec du ruban.

8 Une fois le raccord en place, tendez le câble légèrement pour l'empêcher de glisser. Enfilez-le dans la vis de réglage et dans le pince-câble puis tirez dessus pour le tendre. Vérifiez que le raccord est toujours dans le point d'ancrage du câble.

9 Vérifiez que la vis de réglage est bien vissée à fond, puis posez le pince-câble à l'aide d'une clé à six pans. Tenez les patins de freins d'une main tout en tendant le câble de l'autre. Serrez le pince-câble et vérifiez le réglage.

10 Vous pouvez aussi serrer le pince-câble un peu et utilisez un outil pour tirer les câbles afin de tendre le câble et de rapprocher les patins de la jante. Serrez bien le pince-câble et ajustez l'écart à l'aide de la vis de réglage.

Pose de patins neufs

La sécurité doit figurer en tête de vos préoccupations lors du contrôle ou de la pose de patins de freins. Inspectez-les fréquemment, en veillant surtout à ce qu'ils ne touchent pas le pneu, sinon ils pourraient le pénétrer et provoquer un éclatement brusque.

Avant de changer les patins, vérifiez l'état des jantes, surtout pour l'usure. De fines rainures sur les jantes sont normales, mais si la surface métallique semble avoir été entamée par les patins, faites monter des jantes neuves sans attendre. Vérifiez aussi s'il y a des dépôts de matériau de patin et si les jantes semblent adhérantes ou glissantes. Si c'est le cas, nettoyez la surface de freinage d'abord au white spirit ou à l'alcool dénaturé si cela ne marche pas. Grattez ensuite les jantes légèrement à l'aide d'un tampon à récurer pour la vaisselle, afin que les patins aient prise sur une jante propre.

La majorité des patins sont moulés en une pièce incorporant le support, mais vérifiez toujours s'il est recommandé de les pincer. Certains patins sont vendus avec une rondelle spéciale destinée à faciliter leur mise au point. Le pincement des patins consiste à faire toucher l'avant du patin en premier sur la jante, afin d'éliminer l'effet de rebond naturel des mâchoires de freins et d'empêcher ainsi tout tressautement et grincement lors du serrage progressif des freins. Vérifiez également si les patins ont un sens de montage particulier. Celui-ci est généralement indiqué par une flèche, bien que dans certains cas les rainures du patin soient elles-mêmes en forme de flèches. Dans les deux cas, les patins sont à fixer avec la flèche pointant dans le sens de rotation de la roue.

Certains patins se coulissent dans des cartouches séparées et sont maintenus par une petite vis cruciforme. Pour remplacer de tels patins il faut d'abord dévisser cette vis avant de pouvoir enlever les anciens patins. Vérifiez toujours que le bout fermé de la cartouche est tourné vers l'avant. Lorsque les patins sont courbés, montez-les de telle sorte que leur courbe épouse exactement celle de la jante.

Les freins double pivot et la majorité des freins à tirage central sont dotés de patins identiques à ceux des freins à tirage latéral. Toutefois, les freins à tirage central de marque Mafae comportent une fixation à double réglage similaire à celle utilisée sur les Cantilever. A la pose d'un câble neuf sur un frein à tirage central, suivez la méthode décrite pour les Cantilever à crochet-support.

Cantilever

1 Desserrez la vis de réglage du câble près du levier et décrochez le fil de liaison ou le câble en V de la mâchoire. Dévissez l'écrou à l'arrière du collier de serrage du patin en plaçant une clé sur la vis pour empêcher celui-ci de bouger.

Tirage latéral

1 Vissez la vis de réglage du câble et libérez le dégagement rapide pour relâcher le câble. Dévissez la fixation du patin : parfois une vis, parfois une vis Allen. Enlevez le patin en l'extrayant d'entre la mâchoire et la jante.

VOTRE SÉCURITÉ
Si vos patins ne sont pas bien fixés, ils peuvent se desserrer et tomber dans les rayons. Bonjour les dégâts si cela vous arrive ! S'ils sont trop haut, ils frotteront contre le pneu et finiront par provoquer son éclatement. S'ils sont trop bas, ils perdront de leur adhésion. Bref, c'est une question de juste milieu !

Taille de patins usés

Lorsque les patins sont mal installés, ils s'usent parfois de façon très irrégulière, ce qui empêche leur alignement correct sur la jante. Il suffit alors de tailler la surface du patin avec un cutter pour la rendre homogène et de finir au papier abrasif si les irrégularités persistent. Ne comptez pas sur une puissance de freinage maximale avant que les patins aient eu quelques kilomètres pour frotter sur la jante.

2 Retirez le support du patin du collier et vérifiez l'état du patin. S'il est strié en haut ou en bas, évitez de mal aligner le nouveau patin de la même manière. Faites attention à la vis fixant le patin dans la cartouche.

3 Après avoir décidé s'il faut des patins neufs ou non, glissez le support dans le collier en prévoyant un écart de 1 mm en haut de la jante. Vérifiez également que le patin ne dépasse pas de la jante en bas.

4 Serrez bien la vis et revérifiez plus tard. N'oubliez pas qu'il faudra peut-être monter le patin en tournant la flèche sur le côté dans le sens de rotation de la roue et avec l'avant pincé sur 1 mm pour qu'il touche la jante en premier.

QUAND FAUT-IL FAIRE CE TRAVAIL ?
◆ Lorsque les patins sont usés au-delà de la limite d'usure ou lorsque les rainures ont disparu.

DURÉE
◆ 20 minutes, y compris pour aligner les patins et régler le câble.

DIFFICULTÉ
◆ Pas trop difficile, surtout sur les vélos de route.

AUCUN OUTIL SPÉCIAL NÉCESSAIRE

2 Vérifiez les consignes si le patin porte une flèche indiquant son sens de montage. Glissez le patin dans la fente et serrez légèrement. Refermez le dégagement rapide et serrez le levier de frein à plusieurs reprises pour tout normaliser.

3 Resserrez le levier en notant le point de contact du patin sur la jante. Ne tentez pas de les aligner dans la position de test. Prévoyez un écart en haut de la jante, sans faire dépasser le patin en bas. Serrez la vis de fixation et essayez le vélo.

GRINCEMENTS
Si les patins sont parallèles à la jante ou - pire - ouverts, il n'est pas rare que le serrage des freins s'accompagne de tressautements et autres grincements. Sur les freins à tirage latéral, cela peut se rectifier en enlevant les roues et en pliant les mâchoires de freins avec une paire de pinces de sorte à pincer les patins d'environ 1 mm. Ne tordez pas la mâchoire de frein d'un coup, allez-y doucement au début puis forcez plus progressivement jusqu'à ce qu'elle plie.

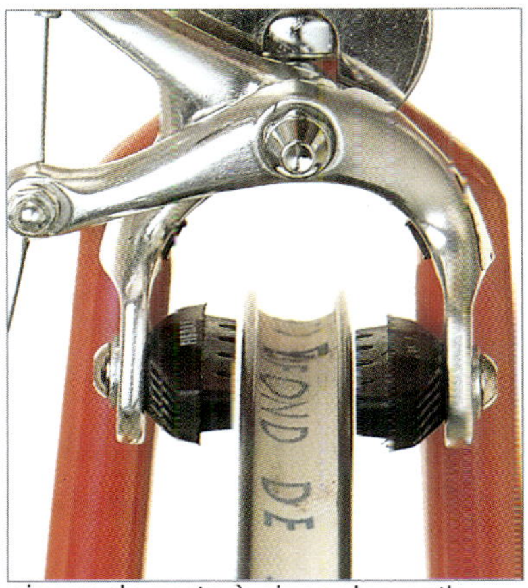

Poignées de freins

Si votre poignée est correctement positionnée, vous devriez pouvoir atteindre une puissance de freinage maximale sans avoir à bouger vos mains de leur position normale et en gardant le contrôle total de la direction.

Les poignées de freins de V.T.T. se ressemblent toutes. Elles se distinguent principalement par les réglages possibles de la distance guidon-selle et la qualité des matériaux. Ne sous-estimez pas le réglage de la distance guidon-selle car une position confortable sur la poignée vous évitera de bloquer les freins en cours de route. Cela est particulièrement intéressant pour les cyclistes de petite taille.

Les vélos de ville sont également dotés de poignées plates, que ce soit des freins à tirage latéral ou Cantilever. Celles-ci ne sont toutefois pas très adaptées aux freins à tirage latéral car elles ne possèdent pas assez de course. En conséquence, si votre vélo possède ce type de freins, veillez à les garder en état.

Sur les vélos de course, les leviers se ressemblent tous, sauf les STI et Ergopower. Sur ces leviers le changement de vitesses étant sous le capuchon de poignée, la fixation par vis Allen se trouve de l'autre côté, visible seulement en repliant le bord extérieur du capuchon en caoutchouc.

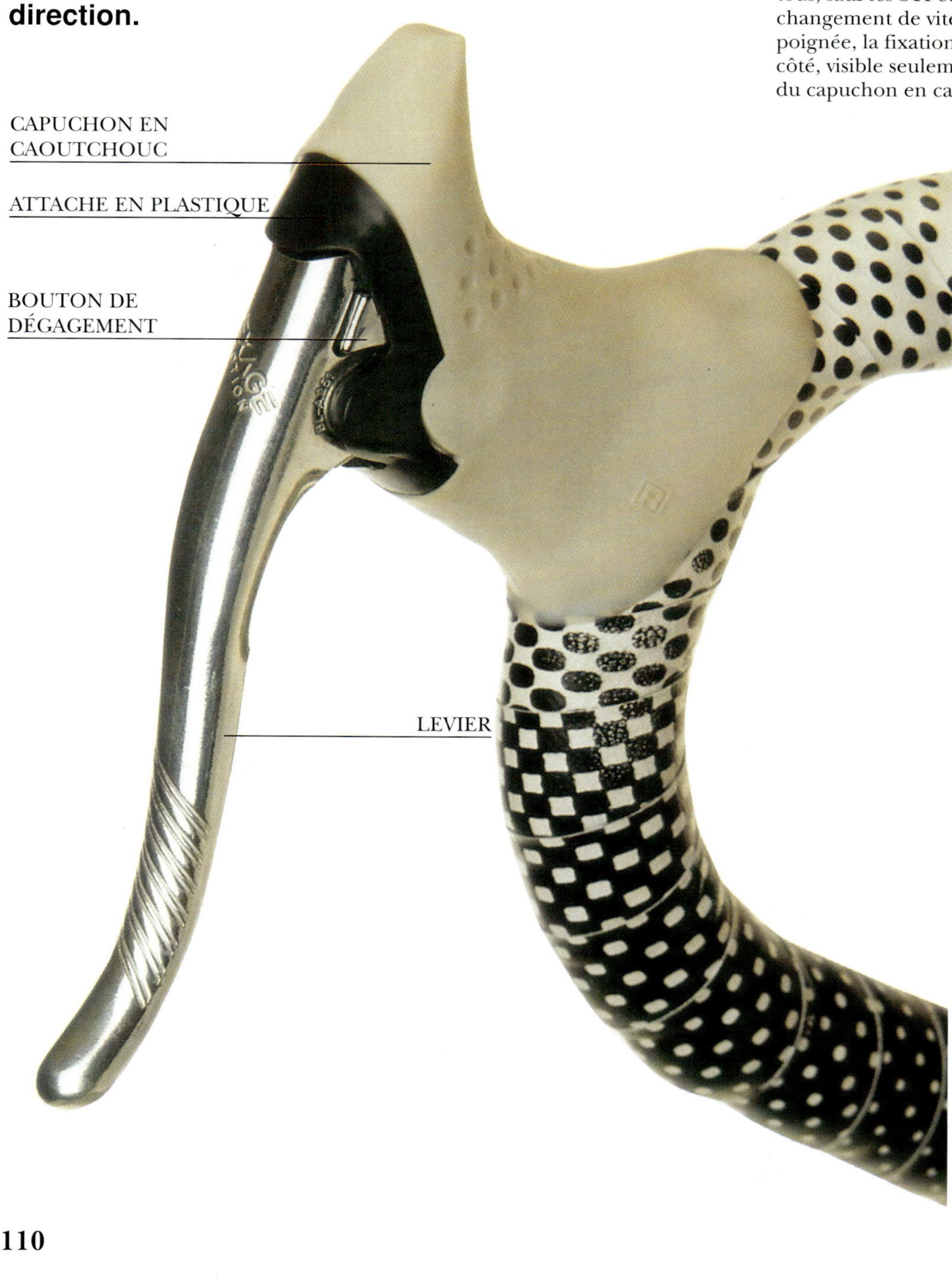

Vélos de route

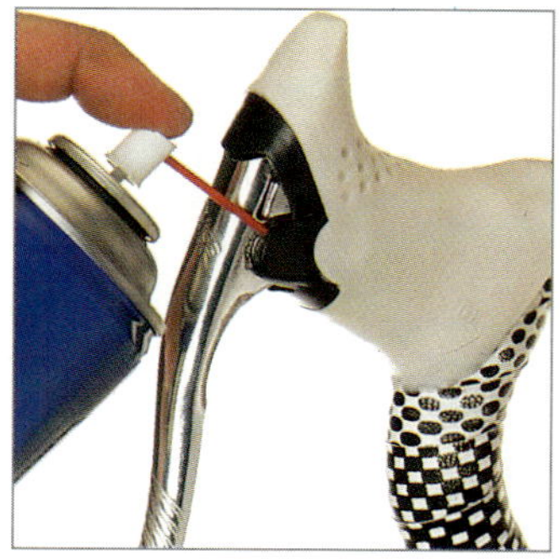

1 Afin de réduire l'effort de freinage, lubrifiez l'articulation du levier de frein au cas où elle serait couverte d'huile solidifiée. Tirez ensuite le levier vers vous afin de lubrifier le bout du câble, puis bougez-le pour bien répartir l'huile.

3 Pour retirer le levier sans enlever le ruban de guidon, desserrez et enlevez la vis de fixation. Sur les poignées STI avec manette de dérailleur incorporée, repliez le bord du capuchon pour dévisser la fixation avec une clé Allen.

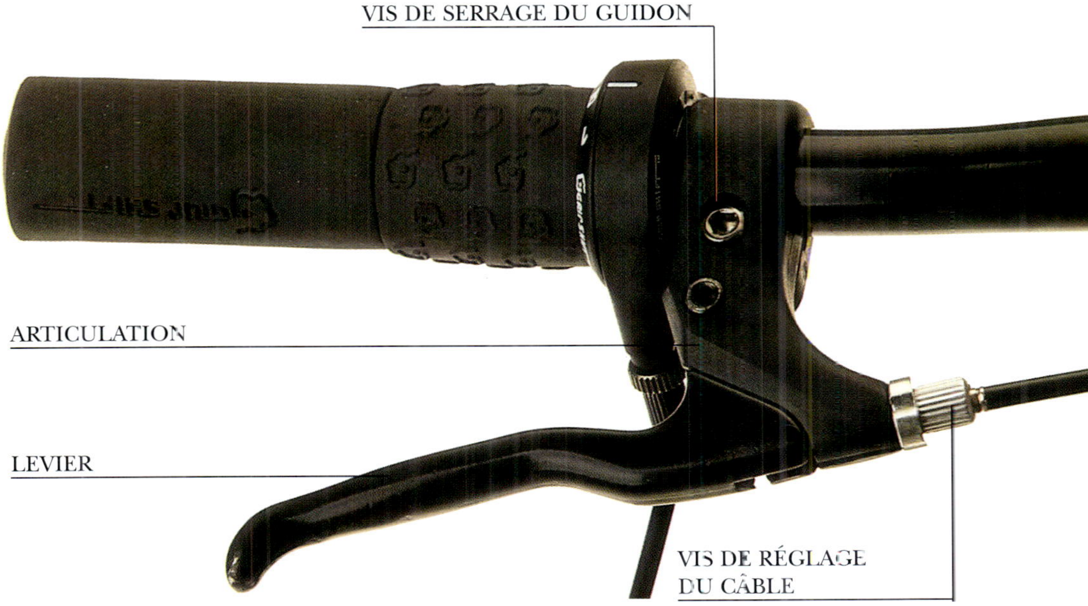

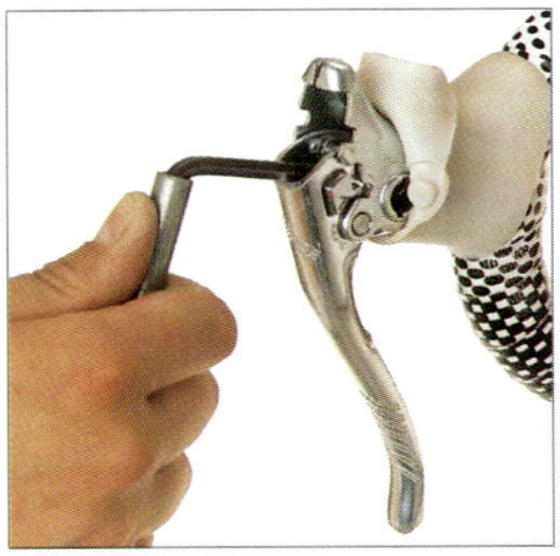

2 Si le levier est desserré ou si vous voulez régler sa position, retirez le câble pour découvrir la vis de fixation au dos du capuchon. Cela peut se faire avec un tournevis, mais si vous devez utiliser une clé Allen, rallongez-la pour faire levier.

COMMANDES DE DÉRAILLEURS INTÉGRÉES (V.T.T.)
Pour retirer la commande de dérailleur, enlevez les 2 vis de réglage et dévissez les petites vis cruciformes maintenant le cadran en place. Enlevez celui-ci puis dévissez la vis cruciforme maintenant la commande sur la poignée. A la repose, sélectionnez la vitesse inférieure sur la commande et alignez l'aiguille sur la ligne verticale, puis reposez la vis Allen.

Vélos tout-terrain

1 Les poignées des V.T.T. et des hybrides étant exposées à la pluie, lubrifiez les articulations fréquemment. Serrez le levier pour lubrifier le câble aussi. Lubrifiez légèrement la vis du câble pour l'empêcher de gripper ou de rouiller.

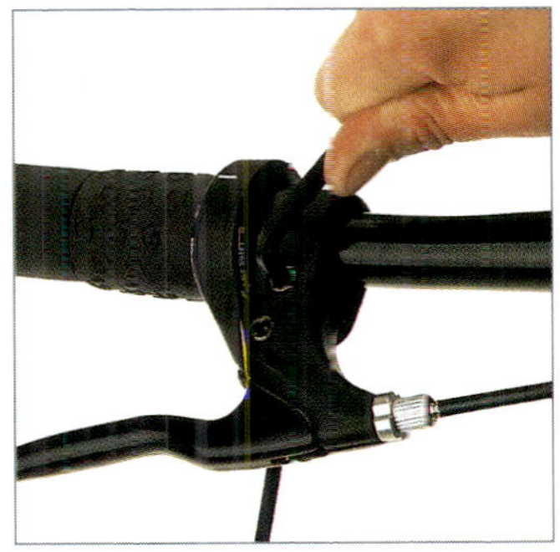

2 Pour régler ou enlever le levier, desserrez la vis de fixation. Lorsque la commande de dérailleur est dans la poignée, cette vis est souvent cachée sous la manette. Poussez celle-ci vers l'avant pour atteindre la vis.

QUAND FAUT-IL FAIRE CE TRAVAIL ?
◆ Lorsque les freins semblent lourds mais non graveleux, signe que les câbles sont à lubrifier.
◆ Lorsque la position de vos mains sur la poignée est inconfortable et que vous souhaitez la modifier ou régler la distance selle-guidon.
◆ Lors de la pose d'un guidon neuf.

DURÉE
◆ 2 minutes pour lubrifier les poignées et les câbles.
◆ 5 minutes pour resserrer des poignées de frein lâches.
◆ 15 minutes pour retirer les deux poignées.

DIFFICULTÉ ///
◆ Sur les vélos de course, il est parfois difficile d'atteindre la vis de fixation au dos de la poignée ou de remonter le levier sur le collier de fixation du guidon.

OUTILS SPÉCIAUX
◆ Longues clés Allen d'atelier, ou mieux, des clés Allen en forme de T, très utiles lors d'interventions sur les poignées de freins de vélos de route.

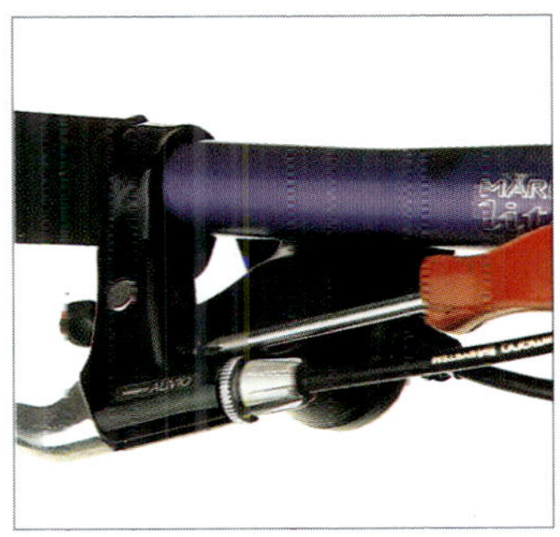

3 Sur les poignées de V.T.T de meilleure qualité, il y a une petite vis cruciforme derrière la vis du câble, pour pouvoir modifier la position du guidon. L'idée est de pouvoir freiner d'urgence avec les trois doigts du milieu uniquement.

CHAPITRE 7

LES ROUES ET LES PNEUS

En dépit de leur légèreté, les roues de vélos sortent souvent indemnes de mésaventures en tout genre. Elles constituent toutefois l'élément le plus important du vélo. N'hésitez donc pas à monter des roues et des pneus de qualité si vous le pouvez.

Roues : contrôle et entretien

Rares sont les cyclistes qui n'ont jamais fait l'expérience d'un pneu crevé ou d'une roue voilée. Si vous respectez les consignes d'entretien données ici, ces mésaventures ne devraient toutefois pas vous arriver trop souvent.

Que vous rouliez avec des pneus tout-terrain ou de course, les roues exigent plus ou moins toutes les mêmes opérations d'entretien. Même sur les vélos bon marché les roues doivent tourner correctement, et parfaitement sur les hauts de gamme. Si ce n'est pas le cas, démontez et nettoyez-les immédiatement avant d'endommager les roulements. Les moyeux étant désormais presque tous équipés d'un joint anti-pénétration d'eau, si vous en prenez soin ils devraient vous laisser tranquille pendant un moment.

En outre, quelques gouttes d'huile lourde suffisent à maintenir les moyeux en forme. Certains sont dotés d'un orifice de lubrification, mais la plupart n'en disposent pas. Même si le moyeu est scellé, vous pouvez toujours le lubrifier par les cônes, qui achemineront l'huile vers les joints puis le moyeu. Veillez à bien nettoyer le cône auparavant pour éviter qu'il ne salisse les roulements.

Les crevaisons représentent un problème de taille mais sont souvent dues à un mauvais gonflage, à une usure excessive ou à la pénétration d'objets tranchants dans la chambre à air. Elles sont donc loin d'être inévitables si vous « veillez au grain » !

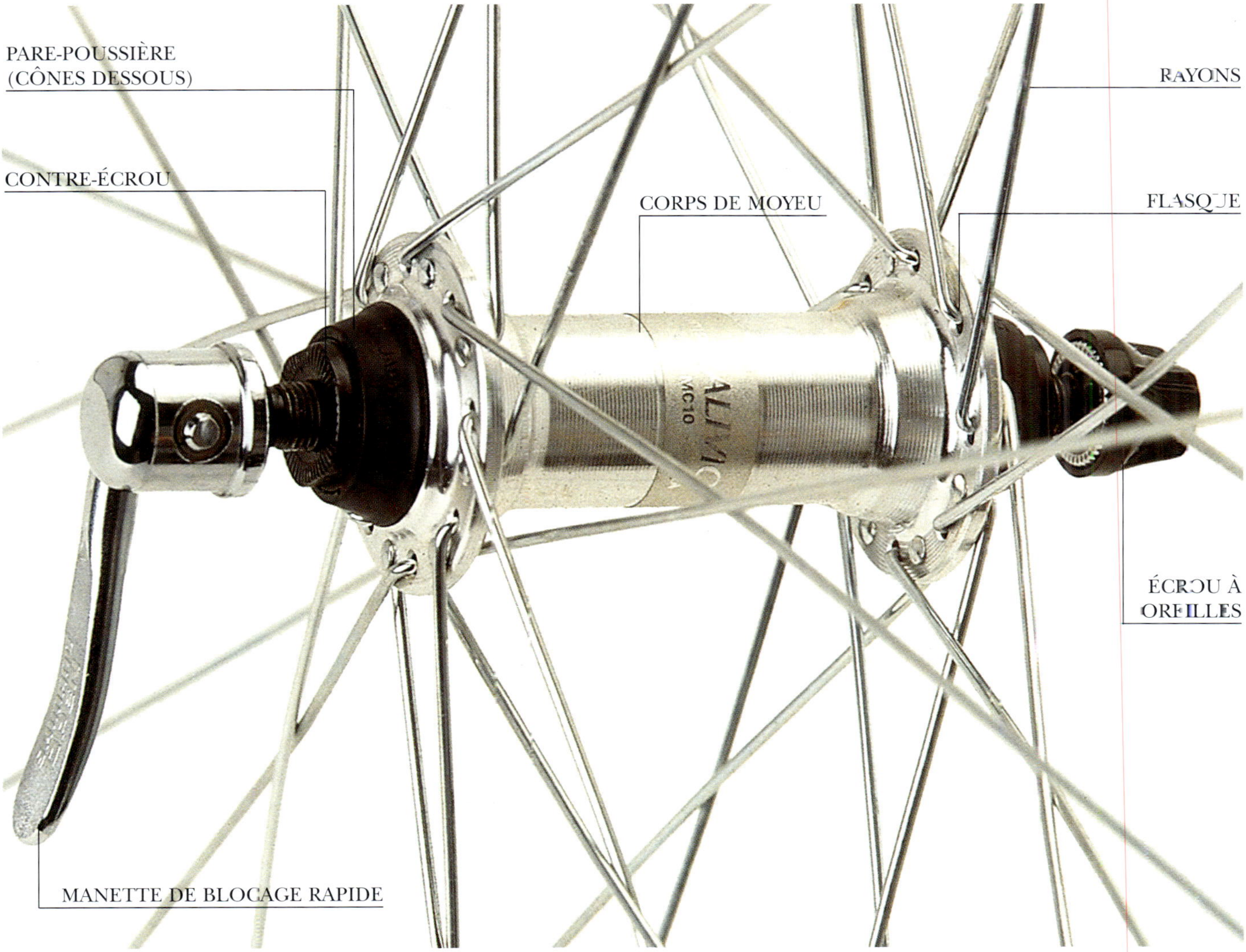

1 Soulevez la roue avant du sol et essayez de bouger la jante d'un côté à l'autre. Si elle bouge un tant soit peu, les roulements sont à régler. Faites ensuite tourner la roue lentement avec une main. Si vous sentez que le roulement est un peu graveleux, le roulement est à démonter et graisser.

2 Même si les roulements de moyeu semblent en bon état, huilez-les de quelques gouttes d'huile lourde de temps en temps. S'il n'y a pas d'huile dans l'orifice, nettoyez-le en injectant un côté de lubrifiant, puis posez-le à plat et faites pénétrer de l'huile autour du bord du cône de roulement.

3 Vérifiez que le pneu n'est pas coupé et ne cache pas de gravillons enfouis. Tournez ensuite la roue lentement pour voir si ses parois sont bosselées. Vérifiez aussi que la jante est droite et centrée. Remplacez les pneus abîmés et enlevez tout corps étranger à l'aide d'un tournevis.

QUAND FAUT-IL FAIRE CE TRAVAIL ?

◆ Après toutes les grandes sorties tout-terrain.

◆ Tous les 2 mois environ sur un vélo de route.

◆ Si vous roulez sur une route fraîchement goudronnée.

DURÉE

◆ 5 minutes, dans le cadre d'un contrôle général.

DIFFICULTÉ 🔧

Vigilance avec les pneus !

AUCUN OUTIL SPÉCIAL NÉCESSAIRE

Roues : dépose

Le démontage d'une roue requiert souvent plus de dextérité que l'on ne le croit.

A la dépose ou la repose des roues, la première chose à faire est d'ouvrir le dégagement rapide des freins (le cas échéant) pour laisser la place au pneu, particulièrement sur les vélos tout-terrain. Si vous disposez d'un support, vous pouvez laisser le vélo en position normale, sinon vous devrez le renverser.

Bien que les moyeux à blocage rapide soient faciles à travailler, veillez à bien les serrer pour éviter tout risque d'accidents. Vous développerez de toute façon un sixième sens sur la force à employer pour fermer la manette, l'idée étant que si elle laisse une marque dans la paume de votre main, elle est suffisamment serrée.

Mettez trois doigts sur la clé lorsque vous serrez les écrous de roue, en appliquant une force considérable mais pas exagérée. Le problème à la repose d'une roue dotée d'écrous d'axe consiste à la maintenir centrée entre les bases pendant le serrage des écrous. Essayez de stabiliser l'axe avec une main et maintenez la clé de l'autre, puis changez.

Vous ne pouvez monter une roue avant que dans une position. Les roues arrière peuvent être montées n'importe où dans les pattes, bien que les cadres de qualité disposent de guides incorporés.

QUAND FAUT-IL FAIRE CE TRAVAIL ?
- Lors d'une crevaison.
- Lorsque les roulements ont besoin d'une révision.
- Lorsque la roue arrière porte sur un côté.

DURÉE
- 10 secondes pour démonter et remonter la roue avant.
- 20 secondes pour démonter la roue arrière.
- 30 secondes pour remonter la roue arrière.

DIFFICULTÉ
- Il est assez malaisé de passer la chaîne sur les pignons et le long du dérailleur arrière.
- Il vous faudra également apprendre à serrer progressivement les écrous de la roue arrière tour à tour en maintenant la roue centrée en même temps.

AUCUN OUTIL SPÉCIAL NÉCESSAIRE

DISPOSITIF DE SÉCURITÉ

Faites attention au dispositif de sécurité sur certains vélos dotés d'écrous de roues.
Il s'agit d'une rondelle ovale qui se pose entre l'écrou de roue et la fourche. La languette de la rondelle doit être installée dans une fente sur le bout de la fourche avant de poser l'écrou de roue. Une fois la rondelle en place, l'écrou de roue se visse normalement et empêche la roue de se desserrer.

Roues à visser

1 Dévissez d'abord les 2 écrous de roues de 3 ou 4 tours. Les bons écrous ont une rondelle dentée destinée à « agripper » le cadre. Procurez-vous ce type d'écrous si votre vélo n'est doté que des classiques avec rondelle séparée.

2 Tirez le dérailleur arrière vers l'arrière pour faire pivoter la fourchette et l'écarter. Vous pourrez ainsi extraire la roue vers l'avant par la patte, même si cela risque d'être serré. Poussez-la un bon coup avec la main si elle résiste.

3 La roue entraînera la chaîne avec elle en sortant de la patte. Laissez alors le dérailleur arrière revenir en position d'origine et essayez d'enlever la roue en la soulevant. Si elle résiste, vous devrez dérailler la chaîne des pignons avec les doigts.

4 Avant de reposer la roue, repivotez le dérailleur arrière vers l'arrière et mettez le pignon supérieur en prise avec le haut de la chaîne. Soulevez la roue de sorte que les pignons passent par-dessus le dérailleur arrière en entraînant la chaîne avec eux.

5 Vérifiez rapidement que la jante est bien centrée et remettez l'axe dans le cadre. Replacez la roue au centre de la patte, loin du dérailleur arrière, puis serrez les écrous à la main. Vérifiez que la jante est bien centrée avant de serrer les écrous.

Roues à blocage rapide

1 Ce type de roue se démonte simplement en tirant sur la manette de blocage rapide avec l'index et le pouce. Après avoir dépassé le stade de la résistance initiale inhérente à ce type de dispositif, elle se déplacera assez aisément ensuite.

2 La roue doit tomber dès l'ouverture du blocage rapide. Mais si elle n'est pas parfaitement placée dans la fourche, vous devrez peut-être maintenir l'écrou à oreilles d'une main et tourner la manette d'un couple de tours de l'autre pour la dégager.

3 A la repose de la roue, vous devrez peut-être écarter les fourreaux de la fourche un peu pour y enfiler l'axe. Il vous faudra peut-être serrer l'écrou à oreilles de façon à ce que le dispositif de blocage rapide morde presque avant de refermer la manette.

4 Au début, il faut très peu de force pour bouger la manette. A la moitié de sa course toutefois, elle exige nettement plus de pression, le stade de fermeture final étant encore plus difficile. Si elle se referme facilement, c'est qu'elle n'est pas assez serrée.

Pneus et chambres à air

Que ce soit pour réparer une crevaison, changer un pneu ou remplacer un rayon brisé, la dépose de la chambre à air est toujours la première étape des opérations.

Les crevaisons ne sont pas toujours des afflictions envoyées sur terre pour punir les affreux cyclistes, même si elles sont parfois méritées ! Si vous vous retrouvez avec un pneu crevé et que ce n'est pas dû à une chaussée déformée ou un clou négligemment laissé sur votre route, vous êtes sans doute coupable de mauvais traitement envers vos pneus !

Peut-être rouliez-vous avec des pneus à moitié dégonflés. Dans ce cas, ils fléchissent beaucoup en roulant et mettent les flancs - la partie la plus vulnérable du pneu - particulièrement à l'épreuve. Un pneu mal gonflé est également la cible rêvée pour l'incrustation de gravillons ou d'un bout de verre qui ne feraient que rebondir sur un pneu bien gonflé. En outre, un pneu mal gonflé peut se trouver pincé par la jante en passant sur une bosse qu'un pneu bien gonflé n'aurait aucun mal à négocier. Morale : si vous regonflez vos pneus un peu toutes les deux ou trois semaines, vous vous épargnerez bien des crevaisons.

Ou peut-être rouliez-vous avec des pneus usés, une autre cause majeure de crevaisons. Les pneus se détériorent bien sûr à l'usage, mais la bande de roulement en caoutchouc se dégrade également avec le temps, particulièrement si le vélo a été laissé debout sur des pneus à plat. La pose de pneus neufs tous les deux ou trois ans vous épargnera aussi bien des « plats ».

Les pneus renforcés en Kevlar sont résistants aux crevaisons d'origine. Le Kevlar est une fibre composite résistante tissée en un ruban placé sous la bande de roulement. Il faut un gros clou ou une pierre tranchante pour y pénétrer. Ces pneus coûtent deux fois plus mais durent nettement plus longtemps.

Si vous avez une crevaison sur le côté intérieur de la chambre, le ruban de jante est probablement abîmé ou manquant, permettant ainsi à la tête des rayons d'endommager la chambre à air. Vérifiez donc le ruban de jante à chaque pose d'un pneu neuf et remplacez-le lorsqu'il commence à s'effilocher autour de l'orifice de valve. Les crevaisons mystérieuses sont parfois dues à une fuite au niveau de la valve. La majorité des vélos sont équipés de la valve Presta recouverte d'un manchon fileté. Passez-la sous l'eau pour voir s'il y a des bulles révélatrices d'une fuite.

Chambre à air : dépose

1 Une crevaison est normalement facile à localiser, mais si ce n'est pas le cas cherchez la fuite d'air - signalée par un sifflement - à l'oreille ou sous l'eau le cas échéant, après l'avoir gonflée un peu. Les bulles indiqueront l'emplacement de la crevaison.

2 Il est généralement facile de localiser l'objet tranchant responsable. Si vous venez de passer sur une grosse bosse et que le pneu s'est dégonflé rapidement, la chambre a peut-être été pincée par la jante sans l'endommager visiblement.

3 Si la valve est retenue sur la jante par un anneau de serrage, enlevez-le maintenant. Ouvrez ensuite la valve et faites rebondir la roue plusieurs fois pour chasser le reste d'air. Passez ensuite le long de la roue en écartant le pneu de la jante au cas où il serait coincé.

4 Faites un 2e tour en poussant cette fois les 2 flancs du pneu dans le centre de la jante. Il sera ainsi plus facile de glisser le 1er démonte-pneu sous la tringle du pneu et de le soulever vers le haut jusqu'à ce que le flanc du pneu recouvre la jante.

5 Accrochez le bout du premier démonte-pneu sur un rayon. Glissez le deuxième démonte-pneu sous la tringle 15 cm plus loin et renfoncez le pneu avec le pouce. Placez-le par-dessus la jante : il faudra forcer plus cette fois-ci.

6 Répétez l'opération avec le 3e démonte-pneu, ce qui fera tomber celui du milieu. Déplacez celui-ci sur 15 cm environ et remettez la tringle du pneu par-dessus la jante. Le reste de la tringle devrait passer sur la jante à la main.

7 Passez la main dans le pneu pour agripper la chambre à air et la retirer au niveau de la valve. Etant donné que le pneu devrait maintenant être lâche sur la jante, vous pouvez soulever la tringle et enlever la valve.

Valves Woods

Si vous travaillez sur un vieux vélo, vous trouverez peut-être la valve Woods, composée d'un manchon en caoutchouc serré autour d'une chambre percée d'un trou sur un côté. Lors du gonflage, la pression d'air fait ballonner le caoutchouc légèrement et permet ainsi à l'air de pénétrer dans la chambre. Si ce type de vélo présente tous les signes d'une crevaison-mystère, le manchon en caoutchouc est sans doute « hors service » et l'air s'échappe par la valve. Montez un morceau de caoutchouc neuf ou le type moderne plus fiable illustré ici.

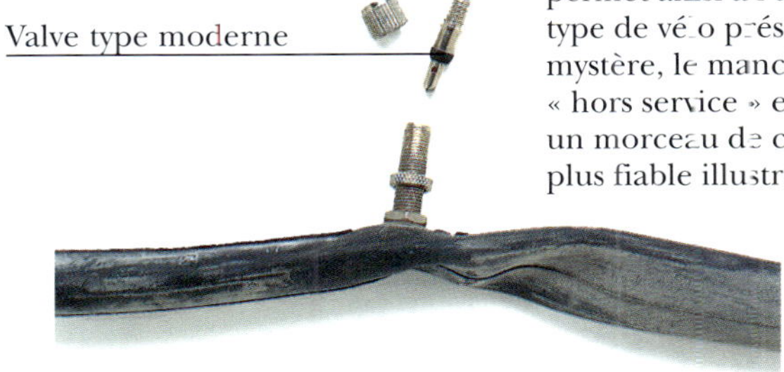

QUAND FAUT-IL FAIRE CE TRAVAIL ?

- Pour réparer une crevaison.
- Pour préparer la pose d'un pneu neuf.
- Lorsqu'un rayon est à remplacer.

DURÉE

- Prenez votre temps la première fois, environ 10 min. Possible en 3 min avec un peu de pratique.

DIFFICULTÉ

- Veillez à ne pas endommager la chambre à air avec les démonte-pneus. Point délicat : faire tomber la tringle du pneu dans la section de la jante.

OUTILS SPÉCIAUX

- Outil pour valve nécessaire pour enlever le noyau d'une valve Schrader. Un vieux capuchon de valve peut faire l'affaire, sans doute disponible auprès d'un accessoiriste automobile.

Réparation de crevaisons

Utilisez des rustines taillées en biseau dans la mesure du possible, surtout sur pneus fins. Elles sont plus fiables et se fondent dans le pneu sans le bomber.

Vérifiez toujours s'il y a des corps étrangers à l'intérieur du pneu lorsqu'il est déposé de la jante, au cas où l'une d'elles s'est incrustée dans la toile du pneu. Vérifiez ensuite le dessin et les flancs du pneu pour voir s'il est coupé et si la toile est visible depuis les couches extérieures du pneu.

Les trousses de réparation contiennent normalement un bout de toile pouvant être collée à l'intérieur du pneu pour réparer les petits dégâts. Si le trou est trop gros pour cela, vous pourrez peut-être le réparer temporairement en « cannibalisant » un vieux pneu. Coupez un bout de la bande de roulement et posez-le dans le pneu abîmé. Lorsque vous

Crevaisons : réparation

1 Même si la crevaison est facile à localiser, il est parfois encore plus facile de perdre sa trace après dépose de la chambre à air. Marquez donc l'endroit avec le crayon jaune fourni dans la plupart des trousses, sans exagérer.

2 Passez ensuite le pourtour de la crevaison au papier de verre, également souvent fourni dans les trousses réparation. Inutile de gratter la surface, il suffit d'éliminer les impuretés ou la poussière de la surface.

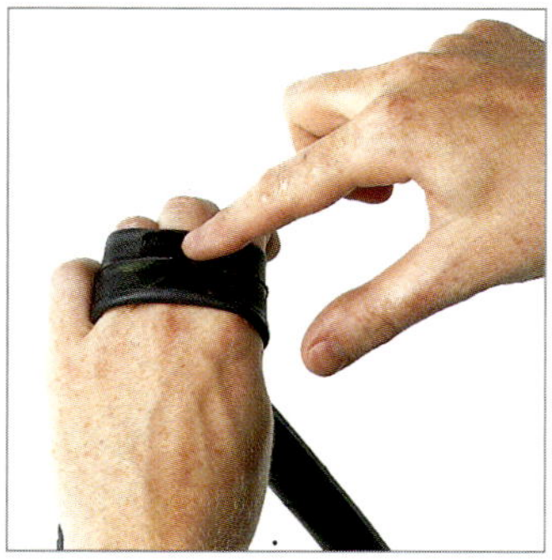

3 Une fois que la chambre vous semble propre et sèche, choisissez une rustine adaptée. Appliquez une mince couche de dissolution de caoutchouc autour de la crevaison, puis mettez la chambre à air à sécher à l'abri du vent.

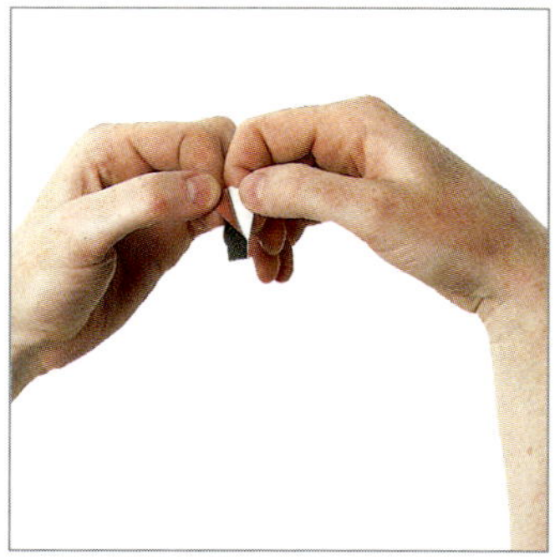

4 Si vous utilisez des rustines classiques en caoutchouc, attendez que la dissolution ait séché. Soulevez ensuite un coin du film protecteur blanc avec un ongle et dépliez le reste pour appuyer sur la rustine et la coller.

Pneu et chambre à air : repose

1 Positionnez l'orifice de valve de la jante en haut de la roue et soulevez le flanc du pneu pour pouvoir enfiler la valve dans la jante. Ne vissez pas l'anneau de serrage à ce stade, mais maintenez la valve droite.

2 Enfoncez la chambre dans la partie la plus profonde de la jante en passant le long du pneu. Evitez de la tordre ou de la froisser. Cela sera peut-être plus facile si vous gonflez la chambre un peu.

3 Vérifiez que la chambre est bien placée à l'intérieur de la jante et disposez bien le pneu le long tout autour. Depuis la valve, poussez le pneu par-dessus le bord de la jante avec les pouces.

le gonflerez, il y aura une bosse dans la bande de roulement, mais au moins vous pourrez rouler.

La majorité des cyclistes prenant part à de longues sorties sur route ou tout-terrain emportent une chambre à air de rechange. Vous pouvez parfois aussi emporter un pneu pliant. Ceux-ci ont généralement une bande de roulement en Kevlar et peuvent se ranger dans le porte-bidon ou sous la selle.

Les cyclistes ont parfois des difficultés à gonfler un pneu à l'aide d'un adaptateur-poussoir. L'idée est de desserrer l'écrou-raccord de la valve assez loin puis de stabiliser l'adaptateur en enroulant l'index autour de la valve.

QUAND FAUT-IL FAIRE CE TRAVAIL ?

- Pour réparer une crevaison.
- Lors de la pose d'un pneu neuf.
- Lorsque l'un des rayons est à remplacer.

DURÉE

- 5 minutes pour réparer une crevaison, une fois localisée.

DIFFICULTÉ ///

- Suivez bien les consignes. Ne laissez pas la poussière se déposer sur une dissolution de caoutchouc fraîchement appliquée.

OUTILS SPÉCIAUX

- Trousse de réparation, démonte-pneus

5 Positionnez le centre de la rustine juste au-dessus de la crevaison et aplanissez-la depuis le centre pour éviter de faire des bulles d'air. Utilisez ensuite le bout du démonte-pneu pour appuyer sur la rustine, surtout sur les bords.

6 Sur les rustines taillées en biseau, il faut aussi attendre que la dissolution de caoutchouc ait séché. Enlevez ensuite le film-support argenté, posez la rustine sur la crevaison et aplanissez-la depuis son centre avec un démonte-pneu.

7 Pliez la rustine en 2 au bout de 20 secondes. Le film protecteur devrait alors se fendre et se soulever depuis le milieu. Les rustines taillées en biseau se fondant dans la chambre à air, les bords ne devraient pas se retrousser du tout.

GARE AUX BOSSES !

Lorsqu'un pneu a pris un sérieux coup de vieux suite à maints passages sur des trous et des bosses, son enveloppe commence à se bosseler un peu partout, réduisant ainsi sa résistance aux crevaisons. Il arrive même qu'il éclate et demolisse la roue après s'être réceptionné plusieurs fois sur cette zone délicate. Un conseil : remplacez vos pneus aux premiers signes d'usure.

4 Continuez l'opération tout le long du pneu, en enfonçant le dos du pneu avec les doigts et le flanc par-dessus la jante avec les pouces. Evitez d'utiliser les démonte-pneus, dans la mesure du possible.

5 Si vous utilisez un démonte-pneu ne coincez pas la chambre contre la jante, sinon elle risque de crever. Gonflez-le un peu pour raidir la chambre, vérifiez que la valve est droite et vissez l'anneau.

Moyeux : démontage

Ce n'est pas parce que vos roulements de moyeux ne vous posent pas problèmes que tout va bien. Contrôlez-les de temps en temps et n'hésitez pas à les démonter et à les regraisser aux premiers signes de points durs.

Vous avez sans doute décidé de démonter les moyeux suite à la découverte de problèmes lors d'un contrôle occasionnel. Vous pouvez en rester là sur les vélos de route utilisés principalement par temps sec. Mais si avez roulé sous une grosse averse, surtout en tout-terrain, il vaut mieux contrôler les roulements de moyeu dans les jours qui suivent. Les vététistes réguliers devraient compter sur un démontage routinier tous les deux ou trois mois, mais les cyclistes sur route peuvent se permettre de ne le faire que tous les deux ou trois ans si les roues continuent à rouler sans problèmes.

La majorité des moyeux comportent un joint en caoutchouc destiné à empêcher la pénétration d'eau mais ils n'assurent l'étanchéité que jusqu'à un certain point. Par conséquent, ne dirigez jamais un jet d'eau vers les moyeux, encore moins sous pression, même si votre vélo est très sale.

Certains joints sont disposés à l'extérieur du moyeu, autour de l'axe, du contre-écrou et du cône et en appui contre le flasque du moyeu. Mais ils sont plus souvent placés dans le flasque même, en appui sur le bord extérieur du cône. Dans ce cas, il peut s'avérer nécessaire de dégager soigneusement le joint pour sortir les roulements à billes. Ce deuxième type de joint se trouve parfois complété par des joints supplémentaires proposés par divers fabricants d'accessoires. Ils sont conçus pour les V.T.T. mais peuvent très bien être montés sur d'autres types de vélos.

Le moyeu illustré ici est un moyeu avant, pour des raisons de clarté. Le démontage d'un moyeu arrière est de toute façon très similaire.

1 Retirez le blocage rapide en maintenant l'écrou à oreilles et en tordant la manette jusqu'à ce qu'elle arrive au bout de son filetage. Faites attention aux ressorts coniques qui se posent sur n'importe quel côté du moyeu.

5 Une fois que vous avez retiré le cône et le contre-écrou d'un côté de l'axe, vous pouvez retirer l'axe de l'autre. Faites attention car certains roulements à billes peuvent venir avec et tomber par terre.

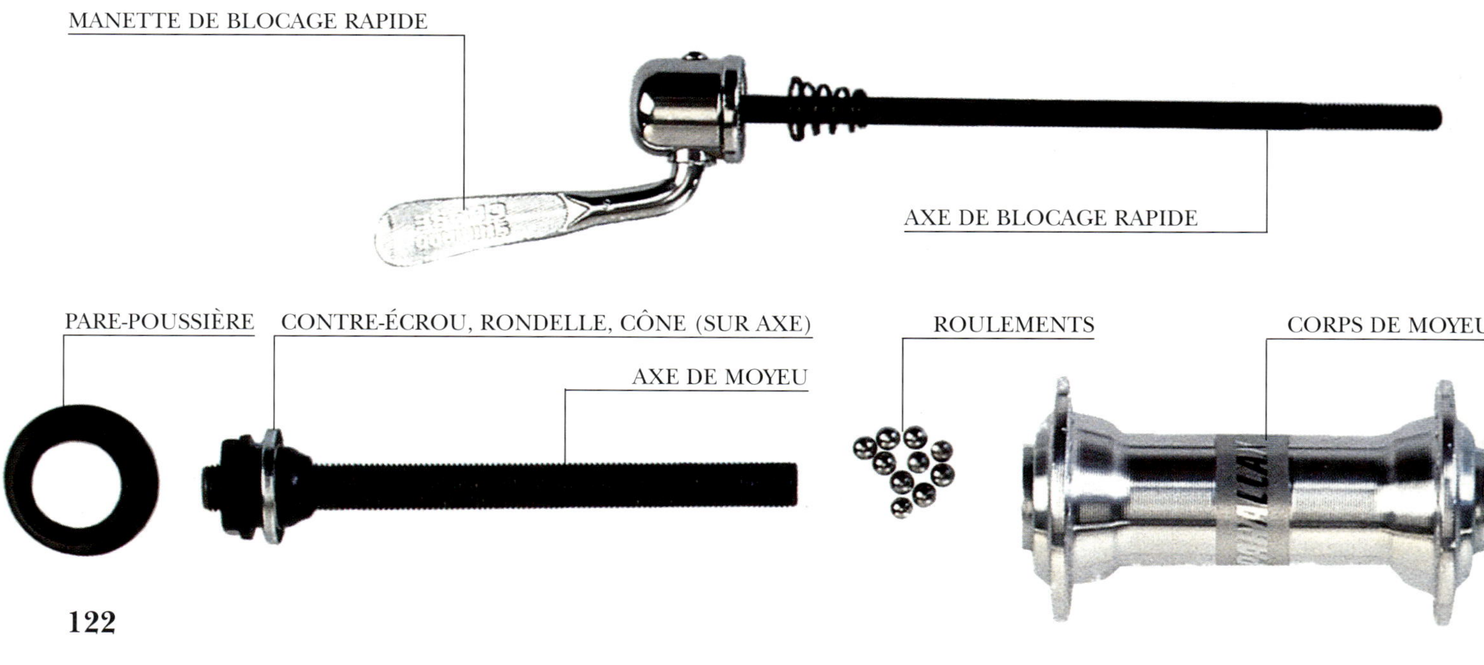

2 Sur les V.T.T., vous trouverez parfois un joint séparé en caoutchouc conçu pour empêcher l'eau de pénétrer dans les roulements de moyeu - ils s'enlèvent simplement en tirant. Les joints internes sont toutefois plus répandus.

3 Servez-vous d'une clé à cônes pour maintenir l'axe pendant le dévissage des contre-écrous. Il faudra forcer un peu au début. Si vous travaillez sur la roue arrière, il vaut mieux le faire du côté opposé à la chaîne.

4 Dévissez le contre-écrou et retirez la rondelle d'arrêt. Sur celles qui sont dotées d'une languette passant dans une rainure sur l'axe, il faut parfois utiliser un tournevis pour la dégager. Dévissez le cône en dernier.

6 Des roulements resteront presque certainement dans le moyeu, coincés dans la graisse. Enlevez-les avec un petit tournevis ou un bouchon de stylo et éliminez un maximum d'ancienne graisse.

QUAND FAUT-IL FAIRE CE TRAVAIL ?

◆ Lorsque les roulements de moyeu ne fonctionnent toujours pas correctement après avoir ajusté les cônes.

◆ Lors d'une grande révision.

DURÉE

◆ 5 minutes pour retirer l'axe.

DIFFICULTÉ 🔧🔧

◆ Facile si vous avez une clé fine adaptée.

OUTILS SPÉCIAUX

◆ Une clé à cônes au minimum.

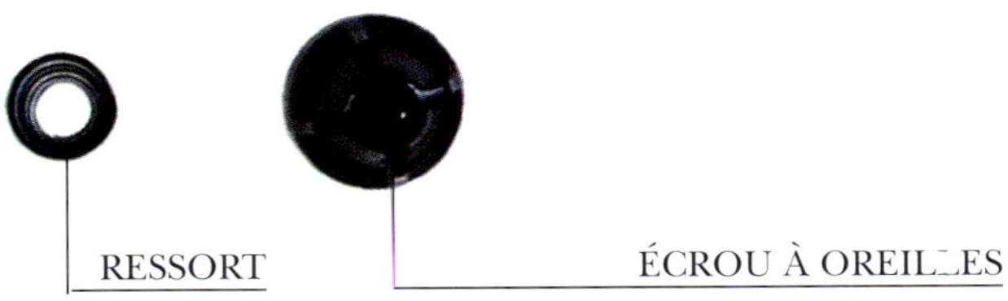

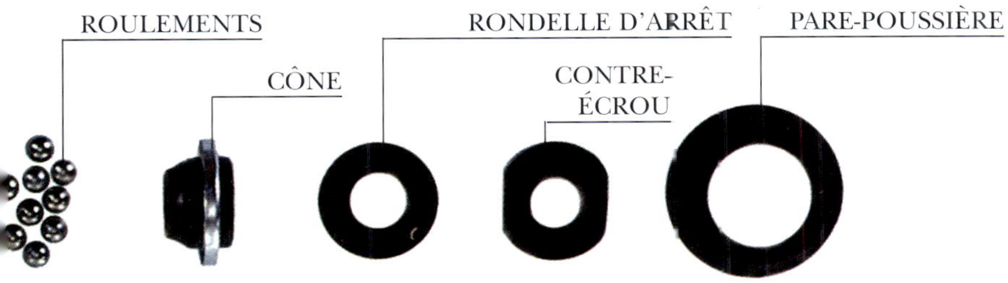

Moyeux : graissage et réglage

Si vous devez nettoyer et graisser vos moyeux, suivez toutes les consignes données ici. S'ils tournent correctement mais leurs roulements sont détachés, suivez uniquement les consignes de réglage.

La première chose à faire après le démontage des moyeux est de vérifier que les cônes ne sont pas abîmés. S'il y a un problème quelconque, il vaut mieux en monter des neufs. Vérifiez également que l'axe est droit. Si le bout d'axe semble se déplacer de haut en bas en le tournant, montez également un axe neuf. La plupart des cônes ont le même filetage et la même forme, auquel cas il n'est habituellement pas difficile de trouver des neufs, mais si les moyeux sont de bas de gamme, il est parfois plus simple d'acheter un axe neuf entier.

Le but principal de la démarche décrite ici est de régler les cônes pour qu'ils appliquent juste assez de pression sur les roulements, au point de ne pouvoir sentir aucun mouvement sur l'axe, sans aucune friction ni rugosité.

Trouver ce point exact n'est souvent possible qu'après bien des tentatives, même pour des professionnels. Ne vous inquiétez donc pas si vous devez régler les cônes plusieurs fois.

Le problème est que lorsque vous serrez le contre-écrou, cela augmente la pression sur les cônes et donc sur les roulements. Par conséquent, pour bien peaufiner le réglage des cônes, vous devez laisser juste assez de mou pour compenser le serrage du contre-écrou.

Lorsque vous pensez avoir trouvé juste le bon réglage et que l'axe tourne très bien, remettez la roue sur le vélo et essayez de détecter tout mouvement au niveau de la jante. La distance de la jante depuis le moyeu accroît le mouvement, par conséquent il est normal de détecter juste un tout petit peu de mouvement. Revérifiez le réglage après la prochaine sortie.

Examinez vos cônes !

Une fois les roulements de moyeux démontés, il convient d'examiner la surface interne des cônes pour voir s'ils sont abîmés ou usés. Le cône sur la gauche est tout neuf et de haute qualité, la pièce idéale. Celui du milieu est piqué de rouille et ne devrait pas être réutilisé à tout prix. Le cône sur la droite présente des signes d'usure qui s'accentueront sans doute.

1 Après avoir éliminé toutes les traces d'ancien lubrifiant, enduisez les deux chemins de roulement d'une fine couche de graisse étanche. Evitez de remplir le cylindre du moyeu de graisse, sinon il risque de tomber plus tard et de faire des dégâts.

4 Si vous réutilisez les anciens cônes, placez l'un d'eux sur l'axe et vissez-le jusqu'à ce qu'il reste juste un peu de jeu sur les roulements. Tournez maintenant la roue doucement, elle devrait déjà tourner nettement mieux qu'avant.

5 A la pose de cônes neufs, réglez leur position : l'axe doit être au centre du moyeu. Posez les rondelles d'arrêt et les contre-écrous en les vissant à la main contre les cônes. N'oubliez pas les rondelles, sinon le réglage sera difficile.

2 Remplissez maintenant les chemins de roulement de billes neuves. Enfoncez-les sur la graisse pour qu'elles adhèrent et pour bien poser le nombre correct de roulements. Un bouchon de stylo est idéal pour cela, mais rien ne vous empêche de le faire à la main.

3 Etalez maintenant un peu de graisse supplémentaire sur les roulements. Si les anciens cônes sont bons, inutile de remplacer ceux qui sont toujours en place sur l'axe. Mais il faut tout nettoyer soigneusement avant de l'insérer dans le moyeu.

6 Si vous réutilisez les anciens cônes, l'axe devrait déjà être centré et le contre-écrou bien serré sur un côté. Mais à la pose de cônes neufs, vérifiez la position de l'axe et serrez le contre-écrou contre le cône sur un côté.

7 Passez à l'autre cône, vissez-le ou dévissez-le jusqu'à ce qu'il y ait un tout petit peu de jeu, puis serrez le contre-écrou contre le cône. Ce dernier serrage suffira probablement à éliminer cette petite quantité de mouvement.

QUAND FAUT-IL FAIRE CE TRAVAIL ?

◆ Lorsqu'un contrôle a révélé que les roulements de moyeux ne tournaient pas très bien.

◆ Dans le cadre d'une grande révision.

DURÉE

◆ 40 minutes, y compris le démontage et le dégraissage.

DIFFICULTÉ 🔧🔧🔧🔧

◆ Si vous disposez des clés à cônes qui conviennent, le seul vrai problème concerne le serrage des cônes. N'oubliez pas que la graisse est assez épaisse au début, et que les roulements devraient donc se desserrer plus tard.

◆ OUTILS SPÉCIAUX

Il vous faudrait en fait deux clés à cônes, clés minces capables de se glisser entre les cônes et les contre-écrous. Ne les maltraitez pas, car leurs mâchoires se déformeront et vous causeront problème.

Centrage des roues et remplacement des rayons

N'hésitez pas à pincer un peu les rayons si vos roues sont voilées, mais n'oubliez pas qu'il est préférable de confier ce travail à un professionnel.

S'il le faut, votre magasin de vélos vous vendra une roue de rechange, où vous pourrez choisir entre une roue standard fabriquée en usine ou à la main. Si vous optez pour cette dernière, le poids et la résistance de la jante, la résistance et le nombre de rayons et la qualité des moyeux peuvent tous être adaptés à votre style de conduite.

Les rayons sont maintenus dans la roue par des écrous à côtés carrés qui se serrent et se desserrent avec une clé à rayons. Toutefois, le bout carré étant minuscule, il faut absolument utiliser une clé à rayons bien adaptée. Sinon, vous arrondirez tous les écrous et la roue sera à reconstruire.

Il arrive que les écrous se grippent sur les rayons et qu'il soit impossible de les bouger dans n'importe quelle direction. Si vous n'arrivez pas à les dégripper avec du lubrifiant, la roue sera également à reconstruire.

A chaque fois que vous serrez un écrou, le bout du rayon dépasse un peu et risque de crever la chambre à air. Il est recommandé de toujours démonter le pneu lors d'interventions sur la roue afin de limer le bout du rayon et de le mettre de niveau avec l'écrou.

Lors du remplacement des rayons, il importe beaucoup de respecter exactement l'agencement des rayons, de croiser le même nombre de rayons et d'alterner le côté où ils s'enfilent dans le moyeu. Pour centrer une roue, il faut accroître la tension des rayons d'un côté afin d'aligner la jante, tout en la réduisant de l'autre côté pour compenser. Traitez chaque voilage séparément et partez du bord vers le milieu, en augmentant la tension sur les bords d'un quart de tour à la fois et d'un demi-tour au milieu.

Pose d'un rayon neuf

1 Les rayons se brisent habituellement juste sous l'écrou ou près du moyeu. Il est normalement facile d'extraire le reste du rayon, mais s'il s'est brisé du côté chaîne sur la roue arrière, il faudra sans doute retirer le jeu de pignons.

2 Introduisez le rayon neuf dans le trou en le tortillant pour que la tête de rayon soit bien posée. Regardez les rayons voisins pour voir si le neuf doit passer par-dessus ou par-dessous le rayon qu'il croise et suivez le modèle.

Centrage d'une roue légèrement voilée

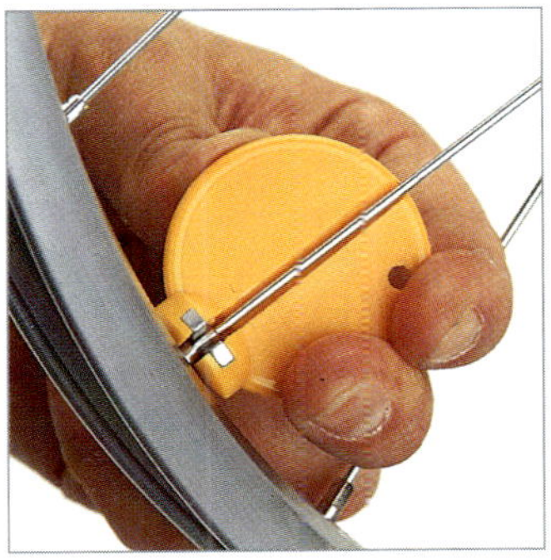

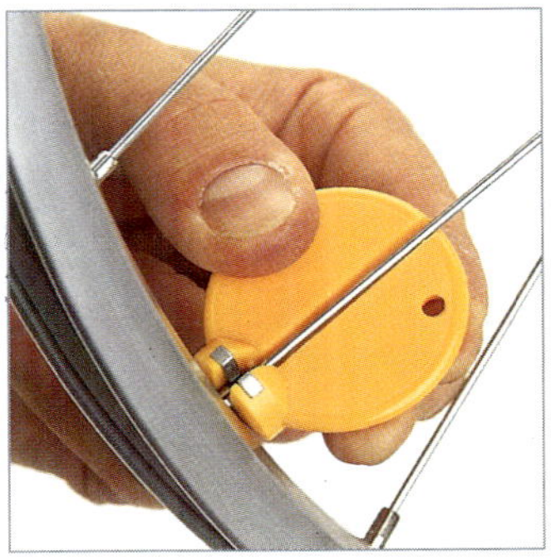

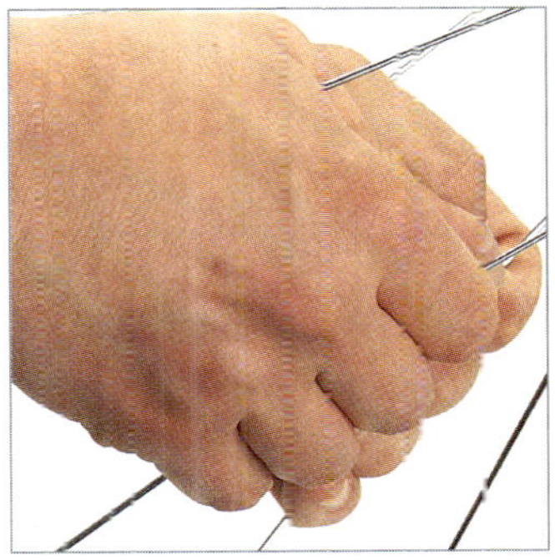

1 Sauf s'il s'agit d'un dépannage sur place, il vaut mieux démonter le pneu et la chambre. Placez la roue dans le cadre et faites-la tourner lentement, en notant l'endroit et le degré du voilage.

2 Si la jante est voilée à gauche, desserrez un peu les rayons gauches et serrez les rayons opposés. Partez depuis le bord vers le milieu. Rectifiez chaque déformation avant de continuer.

3 Travaillez progressivement, en tournant la roue fréquemment pour vérifier que vous le faites bien. Une fois la roue bien centrée, déchargez la tension des rayons pour finir la mise au point.

Centrage d'une roue

Vous pouvez resserrer un rayon ou recentrer une roue vous-même, mais tous les rayons d'une roue devant être maintenus à une tension à la fois élevée et homogène, après avoir desserré certains rayons et resserré d'autres, vous risquez d'avoir affaibli la roue considérablement. Il faut donc confier cette tâche à un réparateur dès que les roues ne tournent plus aussi rond. Les pros utilisent en effet un support spécial qui leur permet de corriger les voilages de côté à côté et de haut en bas. En outre, ils retendent aussi les rayons pour que la roue reste centrée plus longtemps.

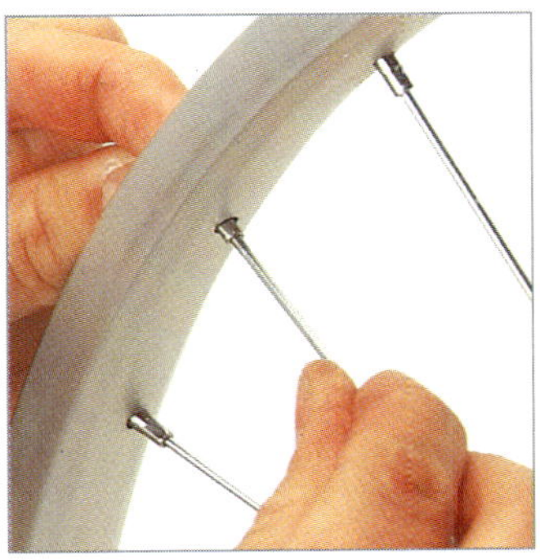

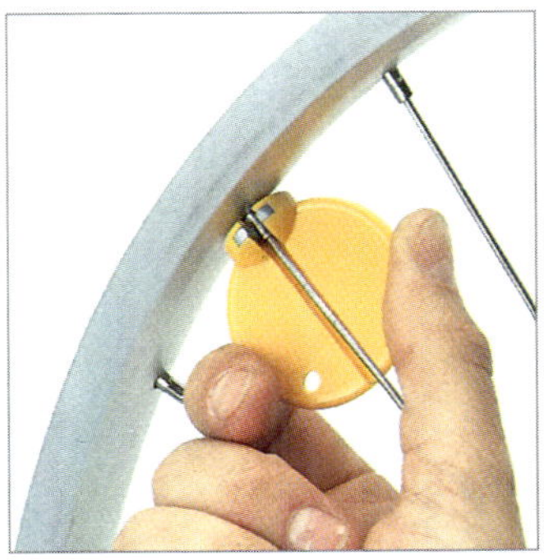

3 Retirez le ruban de jante et enlevez le reste de l'ancien rayon. Dévissez l'écrou du rayon neuf et courbez-le légèrement pour pouvoir le passer dans le trou. Vérifiez que la tête de rayon est toujours posée correctement.

4 Serrez l'écrou de rayon à la main et vérifiez que le rayon neuf suit exactement le même cheminement que les autres. Si la surface d'appui de la jante est à angle, faites bien attention de serrer l'écrou à fond.

5 Pincez les rayons avec les doigts pour déterminer s'ils sont très serrés. Serrez ensuite progressivement le rayon neuf jusqu'à ce qu'il soit à la même tension que les autres. Limez le bout du rayon si nécessaire et centrez la roue.

QUAND FAUT-IL FAIRE CE TRAVAIL ?

◆ Pour une réparation sur place.

◆ Si la roue est un peu voilée et que vous n'avez pas le temps de la faire réparer.

DURÉE

◆ 20 min pour centrer une roue légèrement voilée.

◆ 30 min pour démonter 1 pneu et changer un rayon.

DIFFICULTÉ

◆ Assez difficile car il faut équilibrer le resserrage et le desserrage des rayons. Allez-y doucement et vérifiez fréquemment que vous rectifiez bien la situation au lieu de l'empirer.

OUTILS SPÉCIAUX

◆ Clé à rayons. Les rayons font généralement 14, 15 et 16 g, mais vérifiez avant l'achat. N'achetez pas de clés mixtes car elles sont difficiles à utiliser et peuvent abîmer les écrous.

Chapitre 8

LA SELLE ET LE GUIDON

Sur un vélo, votre poids retombe principalement sur les mains et le postérieur, tandis que les pieds sont très peu sollicités. Pour un confort maximum, adaptez le guidon et la selle pour bien répartir la charge entre ces deux éléments.

VETTA ITALY LITEGEL
TREATED
hlite

Eléments constituants : entretien

Les fabricants de vélos font maintenant appel à de nombreux matériaux nouveaux et à des techniques de fabrication innovantes pour produire des vélos toujours plus légers, qui ne vieillissent toutefois pas toujours bien.

Les signes de corrosion et de rouille sont faciles à repérer sur le fer et l'acier. Mais cela devient rarement problématique car les cadres en acier et leurs éléments constituants sont très résistants. Même si c'est théoriquement possible, il arrive très rarement qu'un cadre se trouve complètement « anéanti » par la rouille.

L'alliage d'aluminium se corrode également, mais ses tâches d'oxydation blanches sont difficiles à repérer car elles se mélangent à la couleur argentée du métal. Dans des conditions normales, la corrosion se limite à la surface du métal. Toutefois, les potences et les tiges de selle étant très serrées dans le cadre, l'aluminium et l'acier sont en étroit contact. Si de l'eau pénètre dans cette zone, elle forme une connexion conductrice entre les deux métaux différents, et la corrosion prend alors le dessus.

Vous pouvez endiguer cet effet en utilisant du dégrippant là où les métaux différents sont en contact. Cela ne doit toutefois pas vous empêcher de vérifier les éléments en alliage très sollicités tels que la tige de selle et la potence. Si vous découvrez de sérieuses piqûres de rouille à la surface de l'aluminium, pensez à remplacer la pièce parce que l'alliage n'a pas la même résistance de réserve que l'acier.

Les pièces soudées peuvent également vous laisser tomber, notamment sur les potences où de petites zones soudées sont très sollicitées. S'il a été surchauffé, le métal entourant la soudure peut alors se fêler. D'autre part, si des impuretés s'y sont introduites, des trous d'épingle se formeront dans la soudure même. Jetez les éléments touchés par ces anomalies.

1 Les potences soudées ont gagné des adeptes depuis quelques années. Elles peuvent toutefois développer des anomalies en vieillissant. Vérifiez que le cordon soudé et le métal autour ne sont pas troués ni craquelés.

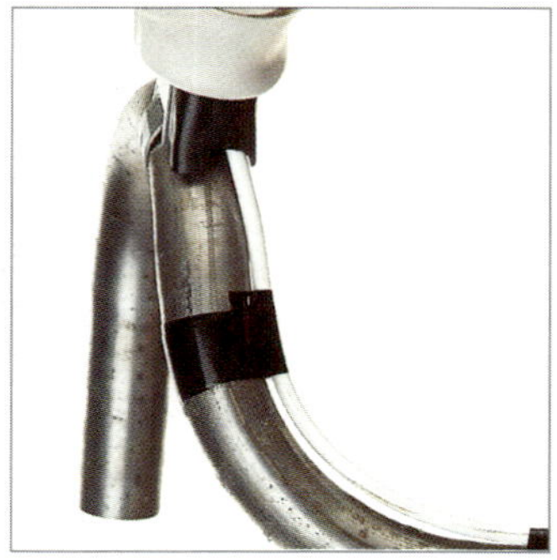

2 Le guidon est constitué de tubes très fins. Si le collier du levier de frein commence à couper dans le métal, des fissures peuvent se répandre en éventail depuis ce point. Vérifiez à chaque dépose du ruban de guidon, au cas où.

3 Le guidon peut aussi se fêler si le métal a été mis à l'épreuve par trop « d'atterrissages » marqués. Cela se produit le plus souvent sur des composants ultra-légers, le point le plus vulnérable étant l'endroit où le guidon est bombé.

AUTRES RÉGLAGES

La mise au point de votre vélo ne s'arrête pas au simple réglage de la hauteur de la selle et du guidon. Vous pouvez régler la portée de vos mains en choisissant une potence plus ou moins longue et en modifiant la position de la selle. Vous pouvez également installer un guidon d'une largeur différente. En outre, la forme et la hauteur des poignées surbaissées peuvent aussi être adaptées au cycliste.

4 La tige de selle risque d'être affectée par trois problèmes : la corrosion blanche friable, l'attache de selle coupant la tige et le collier de tige trop serré. La seule solution est de remplacer la tige si un de ces problèmes se produit.

5 Les potences et les tiges de selle portent normalement une limite maximale de dépassement du cadre. S'il n'y en a pas, partez du principe qu'au moins un tiers de la tige doit toujours rester dans le tube de selle.

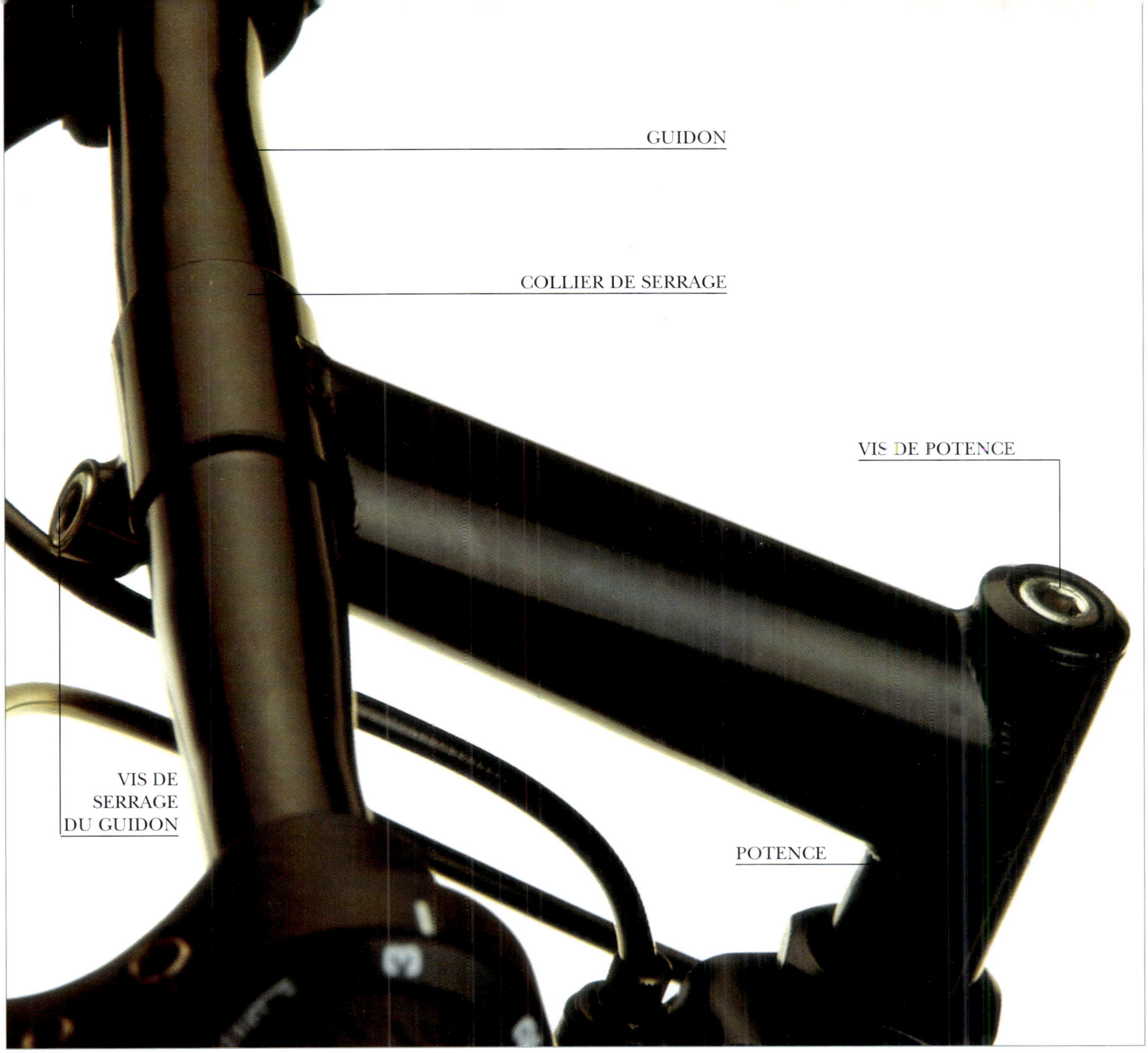

6 Les potences Aheadset et Tioga se reconnaissent par leur nom peint sur la pièce. La potence étant intégrée au jeu de direction, elle ne se règle donc pas normalement. Voir chapitre 9 pour les détails de ce système équipant de nombreux V.T.T..

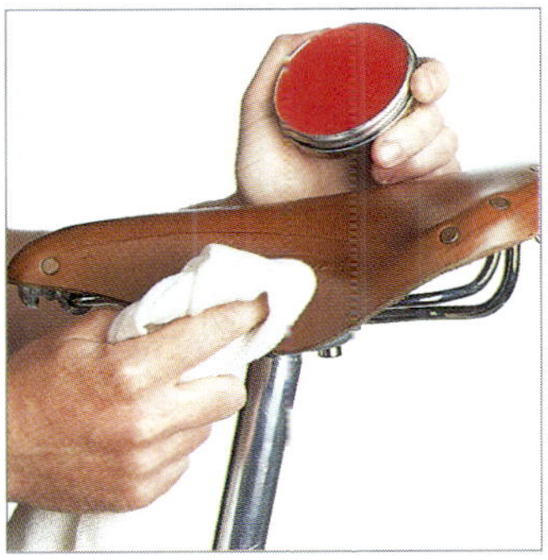

7 Les selles en cuir véritable doivent sécher naturellement. Si la pluie a pénétré à l'intérieur de la selle, enduisez-la d'un produit pour nourrir le cuir et accroître sa résistance à l'eau. Serrez la vis du nez de selle si le cuir est détendu.

QUAND FAUT-IL FAIRE CE TRAVAIL ?

◆ Dans le cadre d'une révision générale.

◆ En cas de signes de corrosion blanche et friable, notamment sur le haut du jeu de direction.

◆ Lors d'une révision sur un vélo d'occasion, surtout s'il n'est plus tout jeune.

DURÉE

◆ 5 minutes pour tout contrôler, sauf le guidon, qui est souvent recouvert de ruban.

DIFFICULTÉ 🔧🔧

◆ Il est assez facile de repérer des fêlures ou des signes de corrosion. En outre, ne sous-estimez pas les risques de défaillance d'une pièce au bout de plusieurs années.

AUCUN OUTIL SPÉCIAL NÉCESSAIRE

Guidons et potences

Malgré une grande diversité de styles et de tailles, pratiquement tous les guidons et potences sont interchangeables et sont agencés de la même façon.

Que ce soit sur un vélo de course de qualité ou un vélo de ville bas de gamme, le guidon est fixé dans une attache sur le devant de la potence tandis que la potence même est fixée dans le tube de direction par un expandeur à vis, à l'exception des jeux de direction Aheadset et Tioga. Sur ces derniers le guidon est fixé de la même façon, mais les opérations de pose et de réglage de la potence diffèrent. Reportez-vous à la section correspondante au chapitre 10.

La vis d'expandeur fonctionne de deux manières. Elle est parfois vissée sur un cône qui se trouve tiré vers le haut à l'intérieur de la potence et provoque ainsi son expansion et son blocage dans le tube de direction. Le modèle le plus répandu est toutefois vissé dans une cale qui bloque également la potence.

Vous aurez rarement besoin de poser un guidon neuf ou une potence neuve. Vous pouvez modifier l'angle du guidon en desserrant juste la vis de serrage et en la resserrant après le changement. Pour régler la hauteur du guidon, dévissez l'expandeur à vis en délogeant la cale avec un marteau, puis levez ou abaissez le guidon avant de resserrer sa vis. Si le guidon refuse de bouger après avoir délogé la cale, calez la roue avant entre vos jambes et secouez le guidon d'un côté à l'autre tout en le soulevant. Quant à la portée des bras, elle ne se règle qu'en posant une potence différente.

Sur les guidons surbaissés, les poignées courbées sont souvent très serrées dans le cintre et donc difficiles à enlever. Il est parfois possible d'ouvrir le collier du guidon en renversant la vis de serrage, mais il faut souvent glisser un ciseau à froid ou un gros tournevis dans la fente. Faites attention car le collier risque de se fêler.

Si vous avez un guidon plat et que vous voulez le raccourcir, vous pouvez le faire avec une scie à métaux, ou, mieux, avec un coupe-tube de plombier, en vente dans les magasins de bricolage.

Guidon et potence - dépose

1 Dévissez la vis de l'expandeur sur 5 ou 6 tours par le haut de la potence. Certaines potences ont une tête de vis classique, mais les récentes sont souvent dotées d'une fixation pour clé Allen. La tête de vis est parfois cachée par un bouchon en caoutchouc à dégager.

2 La potence ne bougera pas tout de suite car la cale reste en place après desserrage de la vis. Il faut la déloger avec un coup de marteau sec, ce qui devrait suffire. Si ce n'est pas le cas, protégez la tête de vis avec une cale en bois avant de frapper un autre coup.

Guidon - réglage et remplacement

1 Pour changer le guidon, commencez par enlever la poignée de frein, les commandes de dérailleurs, les fixations de lampes, etc. Inutile de le faire si vous souhaitez juste modifier l'angle du guidon ou l'enlever temporairement avec la potence.

2 Défaites maintenant le collier de guidon. Desserrez-le juste de quelques tours pour ajuster la position du guidon. Enlevez la vis entièrement pour séparer le guidon de la potence. Le collier de serrage est parfois doté de 2 vis plus petites.

ET LA COMPATIBILITÉ ?

Toutes les marques de guidons sont théoriquement compatibles avec les marques de potences. Malheureusement, bien que les guidons soient en principe identiques, les dimensions peuvent varier. Vous devrez peut-être forcer beaucoup pour ouvrir le collier de serrage du guidon ou vous résoudre à érafler sérieusement ces deux éléments pour les séparer.

3 La potence étant toujours serrée dans le tube de direction, placez la roue avant entre vos jambes et secouez le guidon d'un côté à l'autre tout en le tirant vers le haut. A la repose, enduisez la partie inférieure de la potence et l'expandeur de dégrippant.

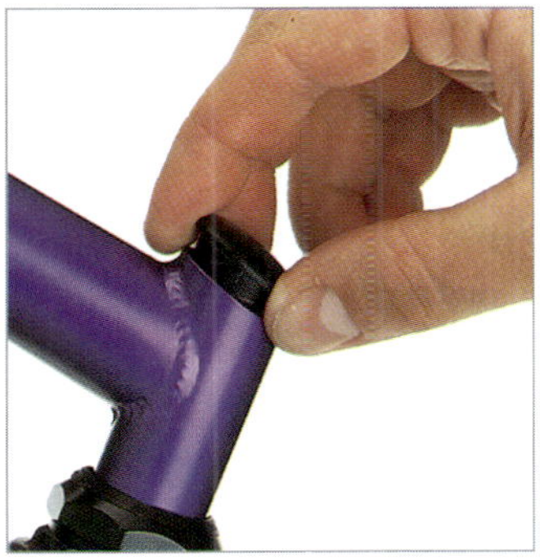

4 Certaines potences comportent un gros bouchon en caoutchouc. En l'enlevant, vous devriez apercevoir la tête de vis Allen un peu en dessous. (Ne confondez pas ce type de potence avec le type Aheadset doté d'une petite vis Allen sur le haut de la potence.)

5 La tête de vis Allen est enfouie si profondément dans ce type de potence que vous ne pourrez l'atteindre qu'avec le bout long de la clé Allen. Vous aurez plus prise si vous rallongez le bout court d'un petit tube pour dévisser la vis de l'expandeur.

QUAND FAUT-IL FAIRE CE TRAVAIL ?

- Après avoir posé une selle neuve ou changé sa position.
- Si vous n'êtes pas confortable.

DURÉE

- 30 minutes pour poser un guidon neuf.
- 5 minutes pour repositionner la potence ou le guidon.

DIFFICULTÉ

- Il peut s'avérer difficile de déposer le guidon sans l'érafler.

3 Essayez maintenant d'extraire le guidon du collier de serrage. Attention car il y a parfois un manchon en métal autour du guidon, à l'intérieur du collier de serrage. Prenez votre temps, sinon vous risquez d'érafler le guidon.

4 Si vous n'arrivez pas à sortir le guidon de la potence, reposez la vis de serrage dans l'autre sens en insérant une pièce de monnaie dans la fente. Le collier s'ouvrira lorsque vous serrerez la vis, à condition toutefois que le trou de vis soit fileté.

Poignées et ruban

Rien ne vieillit plus un vélo que des poignées fatiguées ou un ruban de guidon déchiré ou souillé. Heureusement, le remplacement de ces éléments ne coûte pas cher.

Presque tous les V.T.T. neufs sont vendus avec un guidon plat, souvent assez large pour convenir à un maximum de gens. Cela ne pose pas problème pour les petits trajets, mais pour les distances plus longues la position avec les bras allongés peut s'avérer fatiguante. Si vous devez poser des poignées neuves, demandez-vous également si vous ne seriez pas plus confortable avec un guidon plus étroit ou avec des poignées supplémentaires changeant radicalement la position de vos mains.

La façon la moins chère de raccourcir le guidon est de scier les bouts. Avant d'employer les grands moyens, vérifiez toutefois que vous aurez assez de place pour les poignées de freins et les commandes de dérailleurs. Pour couper quelques centimètres, vous pouvez vous servir d'une scie à métaux et limer les embouts après ou mieux, d'un coupe-tube de plombier doté d'un disque renforcé qui entame le guidon pour le découper.

Il existe de nombreux styles de poignées complémentaires, les moins chères - qui conviennent à la majorité des cyclistes - étant en aluminium. Si vous installez ce type de poignées complémentaires sur un guidon en alliage, ne serrez pas trop la vis de fixation, sinon le tube en aluminium risque de ne pas supporter la pression.

Vous n'êtes pas obligé(e) d'utiliser des poignées en caoutchouc sur un V.T.T., vous pouvez utiliser du ruban comme sur la plupart des vélos de route. Le ruban existe en de nombreux matériaux et styles différents. Le ruban de guidon le plus vendu est sous forme de plastique légèrement rembourré, mais vous pouvez aussi choisir du liège, qui réduit la transpiration, ou du tissu. Ce dernier vieillit rapidement, mais est toujours agréable au toucher. Lorsque vous atteindrez les poignées de freins avec le ruban, moulez-le soigneusement autour de l'attache et du capuchon de levier.

Les guidons de vélos de course haut de gamme comportent une rainure pour les câbles de freins. Fixez le câble dans la rainure avec un morceau de ruban adhésif avant de recouvrir le guidon totalement.

QUAND FAUT-IL FAIRE CE TRAVAIL ?
- Lorsque les poignées et le ruban sont en piteux état.
- Lorsque les poignées semblent trop larges.
- Lors de l'installation de poignées complémentaires.

DURÉE
- 15 mins pour installer des poignées neuves.
- 20 mins pour couper le guidon avec un coupe-tube et bouger les leviers de freins - 5 minutes de plus avec une scie à métaux.
- 15 mins pour retirer l'ancien ruban et le remplacer.

DIFFICULTÉ
- Plutôt facile, même si vous devez réduire la largeur du guidon.

OUTILS SPÉCIAUX
- Coupe-tube de plombier.

Poignées complémentaires

1 Si vous voulez garder le même revêtement de poignée, tapotez le bout avec un marteau ou un maillet. La tête du marteau doit faire un diamètre plus grand que la poignée.

2 Lorsque vous tapoterez le bout de la poignée, celle-ci fera saillie et découpera le caoutchouc de la poignée. Il suffira alors de peaufiner ses contours au cutter.

Ruban sur guidon surbaissé

1 Enlevez d'abord le capuchon en bout de guidon. Il faut parfois desserrer leur vis centrale, mais la plupart s'enlèvent à la main ou avec un tournevis.

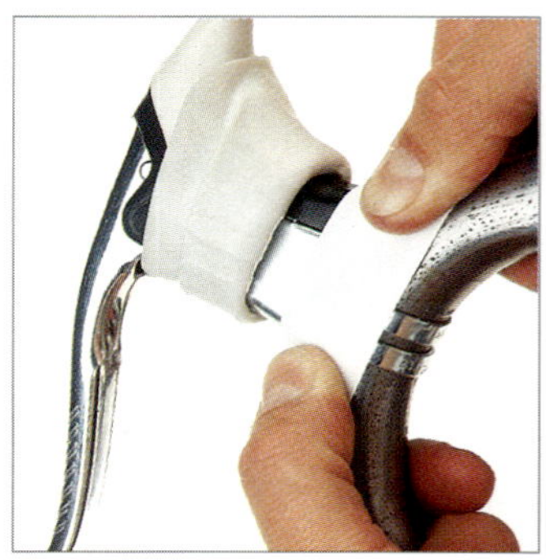

2 Enlevez complètement l'ancien ruban, au cutter si nécessaire. Repliez ensuite le capuchon en caoutchouc du levier de frein pour couvrir son bord de ruban.

Guidon plat - pose de poignées neuves

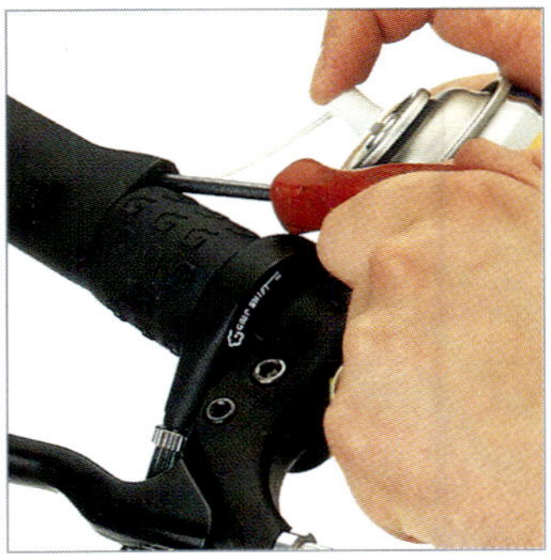

1 Si les poignées sont usées, enlevez-les en les coupant. Si vous souhaitez les réutiliser, décollez le caoutchouc avec un tournevis et en vaporisant du lubrifiant.

2 Il vous faudra sans doute « tortiller » le caoutchouc dans tous les sens pour l'enlever du cintre. Essuyez ce dernier avec un chiffon pour éliminer le lubrifiant.

3 Après avoir retiré les anciennes poignées, vaporisez le cintre de laque à cheveux. Glissez-y les poignées neuves sans attendre que la laque sèche.

4 Utilisez de la peinture en aérosol si vous n'avez pas de laque. Glissez la poignée sur le cintre en agissant vite pour qu'elle ne colle pas au mauvais endroit.

3 Une fois le bout de poignée enlevé, glissez le caoutchouc plus loin sur le guidon pour dénuder un petit bout de métal et y fixer la poignée complémentaire.

4 Posez maintenant la poignée complémentaire. Il vous faudra peut-être retirer la vis et ouvrir le trou de fixation avec un tournevis. Serrez ensuite la vis sans trop forcer.

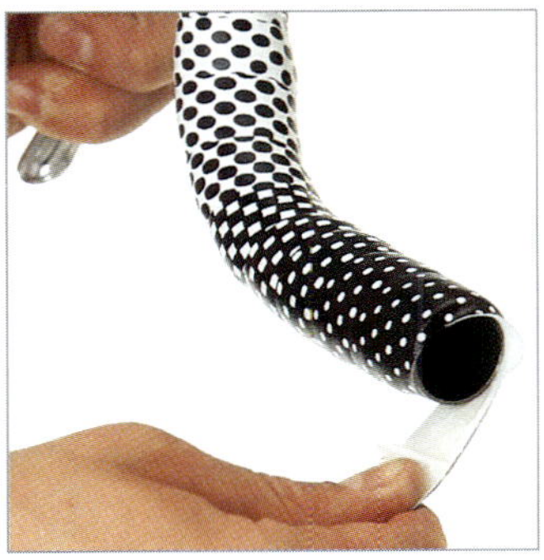

3 Enroulez le ruban depuis le centre du guidon, en le superposant avec soin et en le moulant autour du levier de freins. Repliez-le à l'intérieur de la poignée une fois au bout.

4 Posez des capuchons neufs au bout des poignées pour donner belle allure à votre guidon. Enfoncez-les éventuellement avec la paume de la main. Le tour est joué !

Selles à attache

Pourtant simples de construction, les attaches de selle sont très difficiles à remettre en place après avoir été déposées.

Il est rarement nécessaire de séparer l'attache de la selle même. Toutefois, si vous devez le faire pour une raison quelconque, remontez toutes les pièces dans le bon ordre sur la vis traversante. Maintenez-les ensuite en place en serrant les deux écrous dans une même proportion pour que la vis traversante reste centrée sur l'attache. Serrez les écrous à la main seulement.

Après avoir vérifié que les fixations de l'armature de selle sont tournées vers l'extérieur, glissez-les sur l'armature par l'arrière. S'il le faut, desserrez un peu les écrous pour pouvoir tourner les rondelles extérieures jusqu'à ce qu'elles tiennent également sur l'armature. Resserrez les écrous dès que possible par la suite.

L'attache étant simplement posée sur la selle sans être très serrée, vous pouvez maintenant l'installer sur la partie plus fine de la tige de selle. Afin de trouver la position la plus confortable, vous pourrez la glisser d'avant en arrière sur l'armature et changer l'angle de selle. Pour cela, le meilleur moyen consiste à desserrer les deux écrous légèrement et progressivement, jusqu'à ce qu'ils soient suffisamment desserrés pour que les nervures de l'attache de selle dentée et les fixations de l'armature se mettent en prise. Resserrez les écrous dès que vous avez terminé le réglage.

Ne posez pas la partie circulaire de l'attache de selle juste à la base de la tige de selle car elle pourrait finir par scier la tige : bonjour les dégâts !

Reportez-vous aux pages 138 et 139 pour plus d'informations sur les tiges de selle.

Réglages de selle

1 Il faut bien ajuster l'angle de selle, sinon presque tout votre poids risque de porter sur la « partie la plus sensible de votre anatomie » ! Dévissez d'abord l'écrou sur un côté de l'attache de selle.

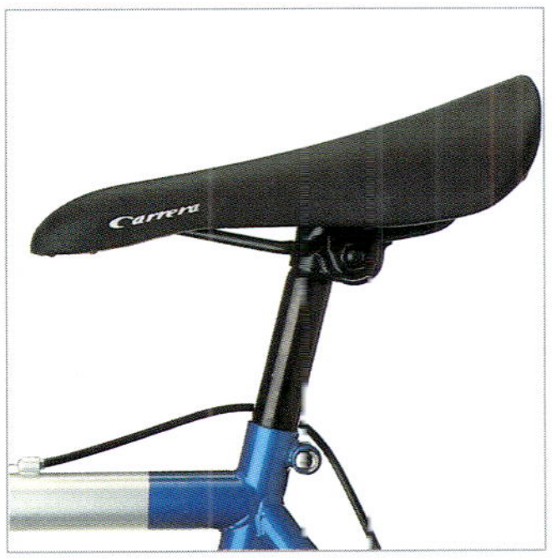

2 Ne dévissez pas trop les écrous, sinon il sera impossible de finir le réglage de l'angle. Pour incliner le nez de selle vers le bas, appuyez sur l'avant de la selle et soulevez l'arrière avec la main.

3 Pour incliner le nez de selle vers le haut, soulevez l'avant en appuyant sur l'arrière. A noter que la selle doit toujours être à l'horizontale ou légèrement inclinée vers le haut, jamais vers le bas.

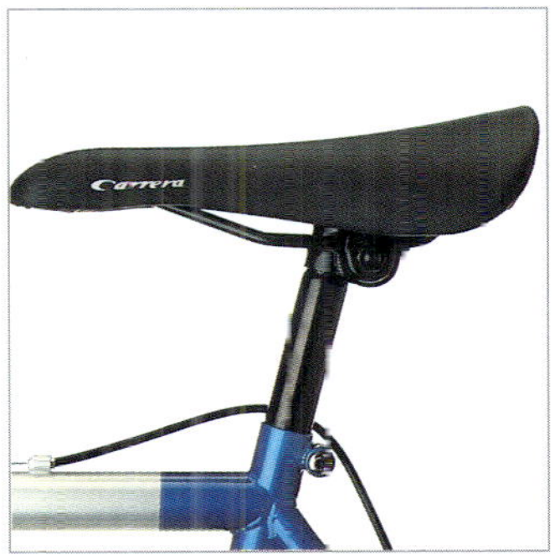

4 L'attache de selle permet également de régler la selle vers l'avant et l'arrière. Desserrez l'écrou légèrement d'un côté et poussez la selle vers l'avant ou l'arrière selon l'effet désiré.

5 Une fois que vous pensez avoir trouvé la bonne position, serrez l'écrou très fort et faites un tour à vélo. Vous vous rendrez vite compte si vous avez vu juste ou non.

QUAND FAUT-IL FAIRE CE TRAVAIL ?

◆ Pour poser une selle sur une goupille de selle classique, souvent sur un vélo plus ancien.

◆ Pour poser la selle d'un vélo neuf sur un vélo ancien.

◆ Pour régler la position de conduite.

DURÉE

◆ La pose d'une attache de selle peut prendre 5 minutes si tout va bien ou 15 minutes si rien ne va plus !

◆ La hauteur de selle est facile à régler, à moins que la tige ne soit coincée dans le tube.

DIFFICULTÉ

◆ Vous aurez l'impression d'avoir besoin de trois mains, une pour tenir l'attache, une pour maintenir la selle et une autre pour tenir la clé ! Si vous n'arrivez pas à bouger la selle en hauteur, essayez de vaporiser du lubrifiant. Vous vous faciliterez peut-être la vie si vous montez l'attache ailleurs que sur la selle et la remontez en une pièce. Si cela ne marche pas, adressez-vous à un réparateur de vélos.

AUCUN OUTIL SPÉCIAL NÉCESSAIRE

Réglage de hauteur et dépose

HAUTEUR DE TIGE DE SELLE

La majorité des tiges de selle portent une limite de hauteur maximale, qui ne doit donc jamais être visible hors du tube de selle. En règle générale, il est conseillé de garder un tiers de la tige de selle à l'intérieur du tube.

1 La hauteur se règle en dévissant le collier de serrage. La tige de selle étant toutefois très serrée dans le tube, le collier ne bougera pas facilement. Il faudra le bouger de côté en côté pour pouvoir le déplacer.

2 Pour l'abaisser, tournez la selle de 5 à 7 cm dans les deux sens en appuyant dessus. Pour la remonter, bougez-la dans les deux sens tout en la soulevant. Serrez bien le collier de selle une fois terminé.

3 A chaque fois que vous déposez la tige de selle, essuyez-la avec un chiffon et vérifiez que l'intérieur du tube de selle n'est pas corrodé. Si vous la remplacez, enduisez la neuve d'un peu d'antirouille.

Selles micro-réglables

Ces tiges de selle à attache incorporée sont nettes et légères, mais certaines permettent plus de réglages d'avant en arrière que d'autres.

Pratiquement tous les V.T.T. et les vélos de course récents sont dotés d'une tige de selle avec attache incorporée. Même si la majorité de ces selles permettent de nombreux réglages, le nombre de réglages possibles varie selon le type et la marque de la selle. Vous devrez donc peut-être changer de marque pour trouver la position de conduite idéale.

Le concept du micro-réglage se décline en de nombreuses versions différentes, certaines d'entre elles n'étant plus à proprement parler micro-réglables. Certaines selles sont dotées d'une vis double qui nécessite le desserrage d'une vis et le serrage de l'autre pour régler l'angle de selle. Il s'agit d'un concept amélioré par rapport à celui de base.

Deux dimensions importantes à retenir pour les tiges de selle : le diamètre et la longueur. Le diamètre importe le plus parce qu'il existe au moins quatre tailles différentes et aucun moyen réel de déterminer laquelle est la bonne, sauf la bonne vieille méthode consistant à la comparer à l'ancienne. Si vous vous trompez de taille, soit la tige se coincera, au risque d'abîmer le cadre irrémédiablement, soit elle sera trop lâche et un jour votre selle vous faussera compagnie ! En cas de doute, ne vous contentez pas de mesurer vous-même l'ancienne tige de selle avec une règle, adressez-vous à un professionnel en lui demandant d'utiliser un calibre à coulisse ou un micromètre.

Les tiges de selle des vélos de route font toutes 180 mm de longueur. Les V.T.T. sont généralement dotés d'une tige de selle plus longue, jusqu'à 300 mm, pour compenser les tailles de cadre plus petites.

GRINCEMENTS DIVERS

Il est normal que les selles grincent, surtout en côte ou à grande vitesse. Si cela vous dérange, appliquez une fine couche de dégrippant sur la vis du collier de serrage et sur le chariot et le collier. Ne serrez pas la vis de serrage exagérément car elle pourrait se briser.

QUAND FAUT-IL FAIRE CE TRAVAIL ?

◆ Lors de la pose d'une selle ou d'une tige neuve.

◆ Pour régler la position de conduite.

DURÉE

◆ 10 minutes pour poser une selle ou une goupille de selle neuve.

◆ 2 minutes pour modifier la position de la selle.

DIFFICULTÉ 🔧🔧

◆ Vous devriez trouver cette opération nettement plus aisée que sur les selles à attache, que ce soit pour poser une tige de selle neuve ou pour régler la position de la selle.

AUCUN OUTIL SPÉCIAL NÉCESSAIRE

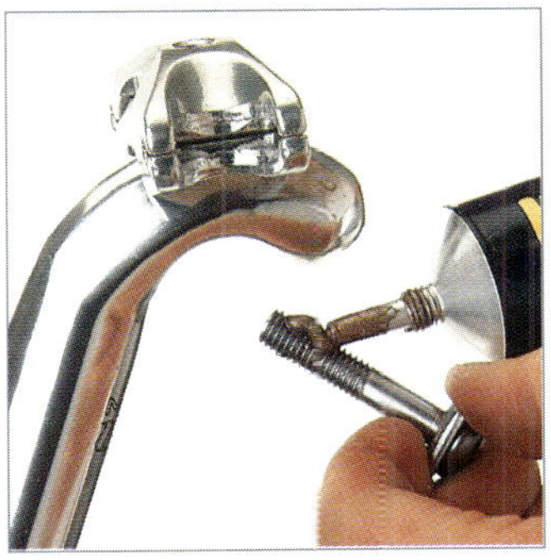

1 Sur les tiges de selle classiques à vis unique, le collier de selle est maintenu en place par une vis traversant le chariot. Sur le type illustré ici, ce dernier est intégré à la tige de selle, mais il est normalement séparé. Enduisez toujours la vis de serrage de dégrippant.

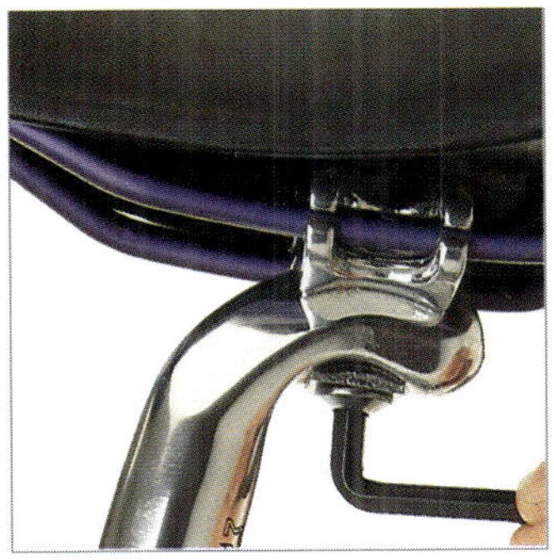

2 Pour déposer la selle, dévissez la vis de serrage jusqu'à ce que le collier de selle soit très lâche. La vis de serrage étant habituellement en aluminium tendre, et parfois même en titane, veillez donc à utiliser une clé Allen bien adaptée.

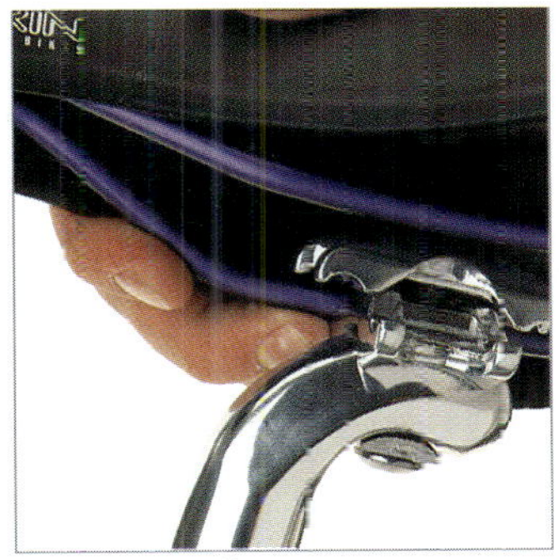

3 Si vous tournez le collier de selle sur lui-même, vous pourrez soulever la selle pour l'enlever du chariot. A la repose de la selle, vous devrez sans doute vous y reprendre plusieurs fois pour bien positionner le collier sur l'armature de selle.

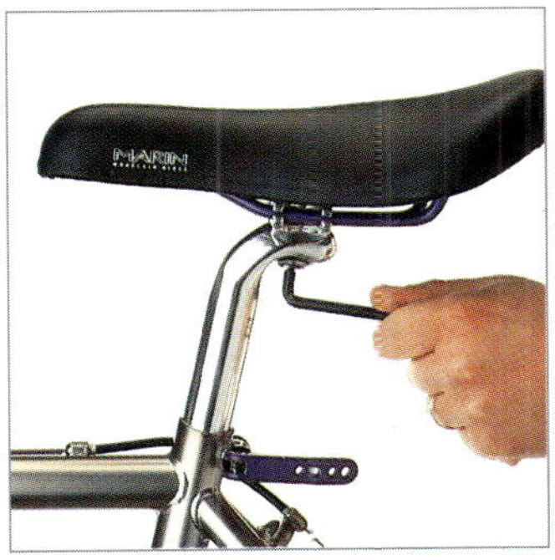

4 Pour ajuster la selle d'avant en arrière il suffit de desserrer la vis un peu et de pousser la selle dans le sens désiré. Etant donné le grand nombre de positions possibles, gardez à l'esprit les consignes de base sur la position de conduite.

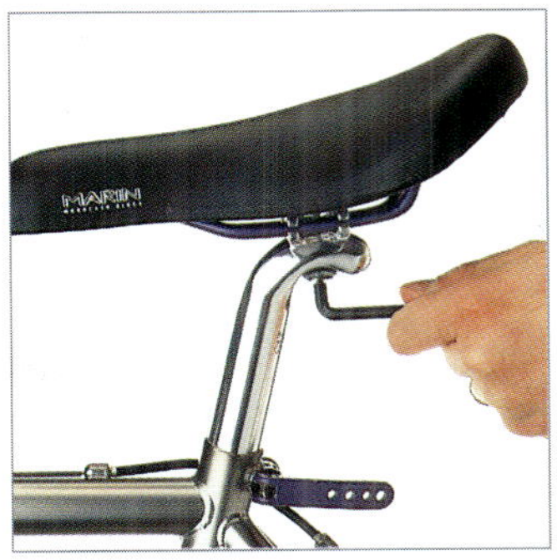

5 Le réglage d'angle est plus difficile. Desserrez d'abord la vis de serrage un peu plus puis inclinez le tout (selle, chariot et collier) vers le haut ou le bas. Essayez de retenir le collier avec les doigts pour garder sa position de base.

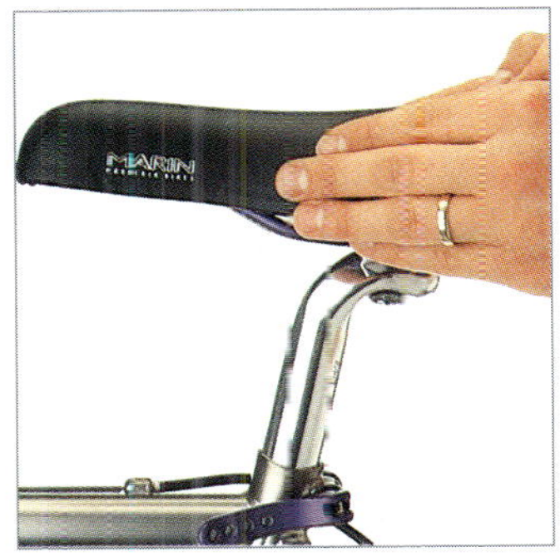

6 Une fois satisfait(e) de la nouvelle position, vérifiez que la selle est bien alignée sur le tube horizontal du cadre. Rectifiez la ligne en desserrant le collier de la tige si nécessaire. Essayez le vélo pour vérifier qu'il est confortable.

BLOCAGE RAPIDE

De nombreux V.T.T. sont dotés d'un blocage rapide sur la tige au lieu d'une vis. Comme sur les moyeux, il faut normalement forcer un peu pour le bloquer. Si ce n'est pas le cas, serrez l'écrou du côté opposé à la manette. Une fois habitué(e) à serrer et desserrer la tige à l'aide de la manette, vous apprécierez le côté sécurisant de ce système. Il facilite également le transport du vélo en voiture.

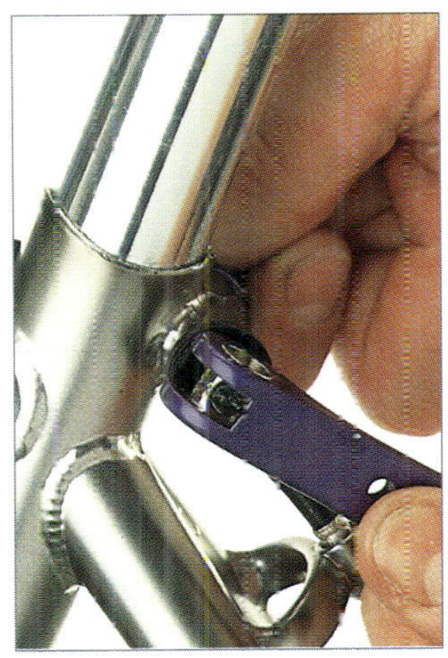

17
CHROME VANADIUM STEEL
17

Chapitre 9

LA GÉOMÉTRIE DU CADRE

Que ce soit pour traverser des champs arables ou monter des cols alpins, la grande majorité des vélos sont dotés d'un cadre classique en losange constitué de deux triangles et d'une fourche. Malgré des variations de tailles et d'angles, tous ces cadres ont la même descendance.

Matériaux et styles de cadres

Les vélos déjà assemblés sont tellement bon marché que cela ne vaut pas la peine d'acheter le cadre séparément pour monter les pièces vous-même, sauf si vous souhaitez du haut de gamme.

Les cadres haut de gamme sont fabriqués en matériaux exotiques comme la fibre de carbone et le titane. Toutefois, si votre budget est assez serré, rien de tel que l'acier, que ce soit pour un V.T.T., vélo de ville ou vélo de course.

Reynolds, fabricant le plus connu dans ce domaine, attribue des numéros à ses groupes de tubes : la gamme commence avec le groupe 501 bon marché jusqu'au haut de gamme 853, bien que le 531 fasse toujours référence sur le marché, en alliant haute qualité et prix abordable.

Columbus, grand fournisseur italien de tubes, donne quant à lui des noms à ses groupes de tubes : « Gara » pour le bon marché, « Aelle » pour le milieu de gamme, SL et SLX pour le haut de gamme.

La société japonaise Tange fournit des tubes à de nombreux fabricants de vélos américains et taiwanais mais ne suit pas une gamme de produits clairement définie comme Reynolds et Columbus. Ces fabricants utilisent également des groupes de tubes « True Temper » provenant des Etats-Unis. Dans l'ensemble, la qualité correspond au prix chez les grands fabricants de V.T.T., la qualité du cadre allant pratiquement toujours de pair avec la qualité des composants du vélo.

Les cadres de vélos sont tous basés sur des triangles, ce qui permet de concentrer les contraintes au niveau des raccords entre tubes. C'est pourquoi les tubes de bonne qualité sont plus épais sur les bouts où les contraintes sont plus fortes et plus minces au milieu pour conserver une certaine légèreté. Sur certains tubes un seul bout est renforcé, tandis que d'autres ont deux bouts renforcés. Pratiquement tous les groupes de tubes de qualité sont renforcés aux deux bouts.

Par ailleurs, les méthodes de fabrication et d'assemblage des tubes jouent un rôle dans la qualité des cadres.

La technique traditionnelle d'assemblage des tubes se fait par raccords. Il s'agit de manchons métalliques d'un diamètre légèrement plus grand que celui des tubes, dans lesquels les tubes sont enfilés pour être ensuite réunis après écoulement de laiton fondu dans les interstices afin de tout maintenir en place. Le seul problème possible est la surchauffe du tube pendant son brasage, ce qui peut l'affaiblir ou l'effriter. Les raccords sont généralement plus fins sur les cadres de qualité. N'achetez pas un cadre constitué de tubes de qualité mais avec des raccords disgracieux.

Les cadres soudés sont généralement assemblés selon la technique TIG (pour « Tungsten Inert Gas »). Ce procédé étant automatisé, il permet aux grands fabricants de vélos de produire des cadres en séries à la fois légers et d'une qualité constante. Cette méthode, ainsi que d'autres méthodes similaires, consiste à entourer la tête de soudure de gaz inerte afin de refroidir la soudure et de protéger le métal fondu des attaques de l'oxygène dans l'atmosphère. La ligne de soudure doit être lisse et homogène avec des nervures superposées de façon régulière. N'achetez pas un cadre présentant une ligne de soudure inesthétique ou criblée de trous d'épingles.

Vélos de ville

Ces vélos sont constitués de tubes lourds en acier au carbone et leur cadre porte vers l'arrière pour une position droite et détendue. La fourche est très longue pour permettre une direction confortable et stable, quoique lente.

V.T.T. et « hybrides »

Tout hybride qui se respecte (comme celui illustré ici) et tout V.T.T. digne de ce nom est constitué de tubes légers en chrome-molybdène. Le tube horizontal est incliné vers le bas pour plus d'agilité et pour aider le vététiste à poser le pied.

1 Sur les cadres soudés, les lignes de soudure disgracieuses sont faciles à repérer dans les angles entre chaque tube. Les fabricants les plus soigneux veillent à ce que les tubes semblent se fondre naturellement les uns dans les autres.

2 Les cadres composites, habituellement en fibre de carbone, possèdent la même qualité. On peut voir qu'ils ne sont pas en acier car ils ne résonnent pas sous les coups d'ongles et les joints sont souvent renforcés par des nervures ou des goussets.

3 Les fourches à suspension sont désormais presque de série sur les V.T.T. destinés aux vététistes sérieux. Si vous achetez un vélo neuf et souhaitez monter une fourche à suspension plus tard, vérifiez que la géométrie du cadre s'y prêtera bien.

4 Si les biellettes sont intégrées au cadre, c'est que le cadre est de bonne qualité, sur un V.T.T. comme un vélo de route. S'il y a en plus un double porte-bidon et de bons oeillets pour câbles, c'est un bon numéro.

5 Les cadres classiques avec tubes Reynolds ou Columbus tiennent toujours le haut du pavé pour les vélos de route. Vérifiez que les raccords sont discrets et que les fixations sont assemblées par brasage.

6 Si un fabricant de cadres arrive à agencer les bases, les deux tubes principaux et le serrage de tige de selle dans un groupe à la fois net et robuste, c'est le signe d'un spécialiste qualifié.

Vélos de course

Les bons vélos de course sont dotés de tubes très légers en acier au manganèse. Les angles sont droits pour une position droite au-dessus du pédalier et un pédalage plus efficace. La fourche est assez courte pour une direction rapide.

Cadre : contrôle et réparation après accident

Les cadres de vélos ont beau être robustes, ils ne sortent pas toujours indemnes d'un accident. Même s'il n'est pas toujours aisé d'identifier les dégâts, cela vaut la peine d'essayer.

Heureusement, la majorité des cadres ont beaucoup de résistance en réserve, mais cela ne les empêche pas toujours de perdre leur alignement : les roues sont à des angles différents l'une par rapport à l'autre, empêchant ainsi le vélo de rouler droit. Cela se repère parfois à l'oeil nu, par exemple en inspectant le cadre sous différents angles et en comparant son apparence de l'arrière et de l'avant. Faites-le contrôler par un professionnel si vous pensez qu'il est gauchi.

Vérifiez également que les haubans, qui relient la roue arrière à la selle, ne sont pas endommagés. Ces tubes sont toujours les plus fins, et donc les plus faciles à déformer.

Nombre de cadres possèdent des fixations assemblées par brasage. Si vous avez des difficultés à introduire la vis de fixation du dérailleur arrière ou la vis de la manette de dérailleur dans leur filetage, faites-les nettoyer par un réparateur professionnel. Cela se produit le plus souvent au niveau de la biellette d'articulation du dérailleur arrière car elle possède un filetage très grossier.

QUAND FAUT-IL FAIRE CE TRAVAIL ?

- ◆ Lors de l'achat d'un vélo d'occasion.
- ◆ Après un accident.
- ◆ Si vous pensez que le vélo ne roule pas droit.

DURÉE

- ◆ 10 minutes suffisent à un contrôle complet sous différents angles. Essayez toujours d'inspecter le cadre en contre-jour.

DIFFICULTÉ 🔧🔧🔧

- ◆ Au début, vous penserez développer un strabisme, mais ce n'est qu'une question d'habitude !

AUCUN OUTIL SPÉCIAL NÉCESSAIRE

Vélo accidenté

1 Placez-vous devant le vélo et inspectez la ligne du vélo. Vous devriez être en mesure de remarquer si le petit tube de direction et le tube de selle sont alignés.

3 Inspectez maintenant la ligne du cadre depuis l'arrière. Le dérailleur arrière doit être droit et le tube de selle en ligne avec le tube de direction. Vérifiez aussi que les haubans sont droits et en bon état.

5 Passez les doigts sous tous les tubes, car lorsque vous regardez d'en haut, vous risquez de manquer des dégâts importants. Les tubes horizontal et diagonal sont toujours les 1ers touchés en cas d'accident.

Redressement d'une biellette d'articulation

Le 1er élément à toucher le sol dans un accident est souvent le dérailleur AR, ce qui déforme parfois la biellette en même temps. En cas de dégâts, vous pouvez faire installer une patte toute neuve par un professionnel, mais ce n'est pas donné. Essayez donc de la réparer vous-même. Vérifiez d'abord que la partie inférieure de la patte est bien alignée avec la partie supérieure. Placez ensuite une clé à molette sur la patte pour qu'elle relie les 2 parties et redressez la biellette. Agissez en un mouvement continu lent avec une pression constante.

- contrôles

2 Enfourchez le vélo en regardant vers le bas. Vous pourrez voir si le tube horizontal est bien aligné avec le diagonal. Vérifiez aussi que les fourreaux sont équidistants.

4 Passez les doigts sur l'arrière et l'avant de la fourche, en vérifiant que les fourreaux ne sont pas ondulés et que leurs courbes sont douces. Enlevez la roue avant pour voir si elle se remonte bien.

6 Si vous n'inspectez votre vélo qu'à l'oeil nu, vous risquez de manquer des dégâts, comme par exemple les fines ondulations sur les tubes illustrés à droite. Ce genre de dégâts se repère plus facilement au toucher ; veillez par conséquent à passer le bout des doigts sous tous les tubes. Ici, ni les tubes ni les soudures ne sont fêlés, ce qui illustre l'incroyable robustesse d'un cadre bien construit.

Jeu de direction classique

Même si le démontage et le graissage d'un jeu de direction ne posent pas problème, il vaut mieux confier l'installation d'un jeu neuf à un professionnel.

Lorsqu'un vélo a passé sa première jeunesse, la direction n'est plus toujours aussi aisée qu'avant : le jeu de direction est peut-être à réviser. Lors du passage sur des bosses, la course de roulement supérieure au niveau de la tête de fourche se soulève et écrase les roulements à billes dans la course de roulement inférieure. Les roulements de la course supérieure ne se trouvent pas aussi endommagés parce que la course s'écarte des roulements mêmes. Au bout d'un millier de fois, des cavités se forment dans les courses inférieures et les roulements doivent les monter et descendre à chaque fois que vous tournez le guidon. Ce problème rend la direction plus raide et plus brusque et ne peut se résoudre qu'avec la pose d'un jeu de direction neuf.

Si vous roulez sur un vélo dont le jeu de direction est lâche, cela accroît la force avec laquelle les roulements à billes s'écrasent dans les courses, accélérant ainsi l'usure. Par conséquent, lorsque les freins avant commencent à tressauter, vérifiez s'il y a du jeu au niveau du jeu de direction et réglez-le tout de suite dans l'affirmative.

QUAND FAUT-IL FAIRE CE TRAVAIL ?

◆ Lors d'une révision.

◆ Lorsque le vélo tressaute en virages prononcés ou lors de freinages marqués.

◆ Lorsque le guidon est difficile à tourner.

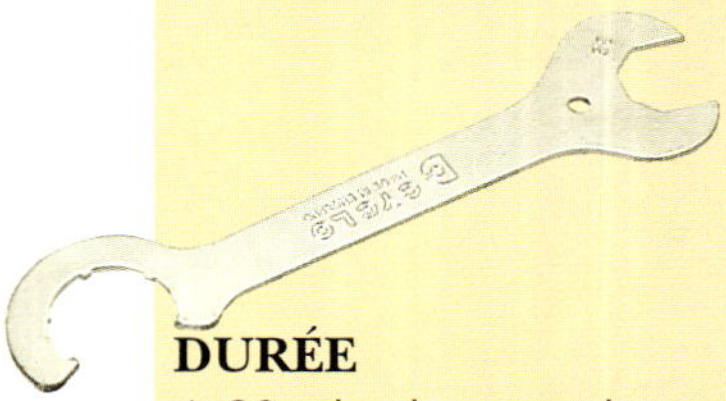

DURÉE

◆ 30 min si vous enlevez seulement le guidon.

◆ 40 min si vous retirez les poignées de freins et les commandes de dérailleurs.

DIFFICULTÉ 🔧🔧🔧

◆ Le démontage, graissage et réglage d'un jeu de direction n'est pas trop difficile avec les bonnes clés. N'essayez pas de monter un jeu de direction complètement neuf sans outils spéciaux.

OUTILS SPÉCIAUX

◆ Clés pour jeux de direction.

1 S'il s'agit juste de démonter et graisser le jeu de direction, vous pouvez vous contenter de soulever le guidon du cadre. Mais si vous voulez démonter la fourche, il est souvent plus facile d'enlever les leviers de freins et les commandes de dérailleurs.

2 Commencez par enlever le contre-écrou. Utilisez de préférence une clé bien adaptée, mais une clé à molette ou une Stillson fera l'affaire. Beaucoup de bons vélos étant dotés d'un jeu de direction en alliage tendre, utilisez une clé spéciale pour ne pas l'abîmer.

3 Une rondelle se trouve sous le contre-écrou. Dans certains cas, le tube pivot (en haut de la fourche) comporte un méplat sur un côté avec méplat correspondant sur la rondelle. Si le vélo est doté de freins à tirage central, le support du câble de frein se trouve là aussi.

5 Rassemblez les billes, certaines seront coincées dans la cuvette supérieure et d'autres sur la fourche. Nettoyez tout au solvant et examinez les 4 chemins pour détecter tout signe d'usure, surtout la cuvette inférieure et la course de fourche.

6 Placez des billes neuves dans les cuvettes supérieure et inférieure avec de la graisse étanche. N'utilisez pas de roulements en cage. Remettez la fourche dans le cadre en vissant la course supérieure pour la maintenir, puis ajustez-la pour éliminer tout jeu éventuel.

7 Placez la rondelle d'arrêt et vissez le contre-écrou dessus. Serrez alors le frein avant pour voir si vous sentez un mouvement quelconque. Si vous ne pouvez le détecter de cette manière, passez un doigt entre la course inférieure et la couronne de fourche.

JOINTS TORIQUES

Faites attention aux joints toriques en caoutchouc très fins cachés dans les rainures autour des cuvettes de roulement. Ceux-ci empêchent très efficacement l'eau de pénétrer mais ne doivent pas être étirés ou brisés car ils seraient impossibles à remonter.

Il convient d'équiper les V.T.T. de joints supplémentaires, en vente dans les magasins de vélos.

4 Dévissez ensuite la course supérieure. Si le vélo est debout, le tube pivot ne bougera pas. Mais s'il est suspendu dans un support, la fourche tombera lorsque vous dévisserez la course supérieure. Attention : les billes risquent de tomber.

8 Vérifiez qu'il y a une friction minimale au niveau du guidon, et aucun mouvement dans le roulement. Une fois cela vérifié, maintenez la course supérieure d'une clé et serrez le contre-écrou de l'autre. Essayez le vélo et peaufinez le réglage si nécessaire.

Jeux de direction Aheadset &Tioga

De nombreux V.T.T. récents sont dotés d'une potence, d'un jeu de direction et d'une fourche incorporés en un groupe unique et nettement allégé.

Dans ce type de jeu de direction, toutes les pièces sont maintenues par la potence, elle-même serrée sur le tube pivot sur la fourche. Le jeu dans la direction se règle en augmentant ou en diminuant la pression de la potence sur la course de roulement supérieure. Si la potence ne se déplace pas librement le long du tube pivot, vous ne pourrez pas régler les roulements du jeu de direction correctement.

Pour régler les roulements, dévissez la vis de serrage et serrez ou desserrez la vis Allen jusqu'à ce qu'il n'y ait plus de jeu dans la direction et qu'elle tourne avec un minimum d'efforts. Resserrez la vis de serrage et vérifiez le réglage en serrant le frein avant pour voir s'il y a un mouvement au niveau du guidon. Réajustez la vis Allen si nécessaire.

1 Le capuchon est maintenu par une vis Allen se vissant aussi dans un écrou spécial dans le tube pivot. Les capuchons standard étant conçus pour se briser en cas de serrage excessif, ne montez pas de capuchon hors norme.

2 Soulevez ensuite le capuchon de la potence. Vérifiez qu'il porte le même nom que la potence, pas un nom de fabricant d'accessoires. Regardez à l'intérieur de la potence pour voir l'écrou spécial dans le tube pivot.

3 Dévissez la vis en maintenant la potence sur le tube pivot. Parfois il n'y a qu'une vis de serrage, parfois 2 au dos de la potence. Les modèles récents comportent une vis de serrage unique enfouie sur le devant de la potence.

4 Après avoir retiré la vis de serrage, vous pouvez soulever la potence du tube pivot. Si le vélo est maintenu dans un support, tenez toutefois la fourche dans vos mains après cela, parce qu'il n'y aura rien à la retenir.

6 Soulevez la course supérieure et mettez-la de côté. Soulevez ensuite l'avant du vélo pour faire tomber la fourche, en demandant à quelqu'un de la maintenir pendant le contrôle de la cuvette inférieure et de la course de fourche.

7 Nettoyez tous les composants et placez des billes neuves dans les cuvettes. Le remontage est l'inverse du démontage. Enduisez toutes les surfaces de dégrippant au remontage et vérifiez que la potence bouge bien de haut en bas, puis ajustez le jeu.

QUAND FAUT-IL FAIRE CE TRAVAIL ?

- ◆ Lors d'une grande révision.
- ◆ Lorsque la direction est raide ou brusque.
- ◆ Lorsque la fourche semble tressauter dans le cadre.

DURÉE

◆ 30 minutes. Ce type de jeu de direction étant plus simple, vous n'aurez sans doute pas besoin d'enlever les leviers de freins ni les commandes de dérailleurs.

DIFFICULTÉ

◆ Le plus difficile est de comprendre comment les pièces sont assemblées. Veillez toutefois à tout bien nettoyer car la potence doit glisser de haut en bas sans problèmes.

AUCUN OUTIL SPÉCIAL NÉCESSAIRE

5 Il y a parfois des rondelles d'espacement et un support de câble de frein sous la potence. Enlevez-les et cherchez la rondelle conique qui bloque la course de roulement supérieure sur le tube pivot afin de la retirer.

JEUX DE DIRECTION TIOGA

Ces jeux de direction suivent le même principe que les jeux de direction illustrés ici. Ils comportent néanmoins souvent un circlip, c'est-à-dire un ressort circulaire inséré dans une rainure pour maintenir la fourche en place. Avant de pouvoir retirer la course de roulement supérieure, il est souvent nécessaire de dégager ce circlip avec un tournevis ou avec une pince à circlips.

LITEGEL
Royal
Raleigh

Chapitre 10

Les accessoires

Votre vélo bénéficiera grandement de l'ajout de certains accessoires soigneusement choisis. Après, c'est à vous de faire attention de ne pas transformer votre poids plume en véritable poids lourd !

Eclairage

La grande majorité des vélos n'étant pas équipés de lumières en série, beaucoup de cyclistes essaient de rentrer avant la nuit. Avec un peu de préparation, vous pourrez toutefois éviter ce désagrément et rendre votre vélo opérationnel 24 heures sur 24.

Votre vélo doit être équipé d'une lumière blanche à l'avant et d'une rouge à l'arrière, toutes les deux conformes aux normes en vigueur. En outre, une nouvelle législation impose que votre vélo soit vendu équipé de réflectorisants (sur les pédales et les roues) et de lumières. Leur vente est réglementée, mais pas leur utilisation. Selon la législation en vigueur, vous n'avez pas le droit de fixer de lumières clignotantes sur votre vélo, même s'il possède déjà une lumière homologuée. Pourtant, ces lumières sont très puissantes, même dans une rue très bien éclairée.

Les lumières clignotantes se vendent avec des verres blancs ou rouges et ne comportent pas d'ampoule classique. Au lieu de cela, la lumière est générée électroniquement par une diode, nettement plus efficace que les ampoules à filament. Par conséquent, malgré leur petite taille ces piles durent longtemps.

Les lumières à piles constituent la manière la moins chère de respecter la législation et, associées à des ampoules halogènes puissantes, elles sont assez fortes jusqu'à ce que les piles se fatiguent, le problème étant qu'elles se fatiguent assez rapidement. C'est pourquoi les cyclistes roulant souvent de nuit utilisent fréquemment des piles rechargeables. Celles-ci dureront plus longtemps avec des ampoules classiques en tungstène. A noter que ces lumières à piles ne sont pas encore homologuées.

Les dynamos, qui existent sous diverses formes, fonctionnent grâce à l'énergie du cycliste. La dynamo la plus courante est située sur le côté du pneu, mais il arrive que le galet glisse. Pour empêcher ce problème, certaines dynamos sont installées sous le boîtier de pédalier, où il est possible d'en monter une nettement plus large et incapable de glisser. Toutefois, toutes les dynamos présentent un gros inconvénient : elles s'arrêtent lorsque le vélo s'arrête, à moins d'aimer la complication en installant des piles de réserve.

La solution la plus adaptée aux habitués des trajets de nuit en hiver est sans doute la pile rechargeable à installer dans le porte-bidon. Les lumières sont reliées à cette pile par un fil électrique. Il suffit de recharger la pile lorsqu'elle s'affaiblit ou dans le cadre d'un contrôle hebdomadaire, tout comme une batterie de voiture.

Boîtiers à piles - entretien

1 Les piles ne sont pas trop dans leur milieu sur un vélo, en raison des vibrations et de la pénétration d'eau : il convient donc de les contrôler régulièrement. La première chose à faire est de retirer le verre.

2 Les contacts sont parfois directement accessibles, mais parfois il faut enlever le couvercle des piles. Vérifiez s'il y a des signes d'humidité, de corrosion verdâtre sur le cuivre ou de rouille. Nettoyez avec un papier de verre fin et un chiffon.

QUAND FAUT-IL FAIRE CE TRAVAIL ?

◆ Lorsque vos piles produisent une lumière vacillante ou se sont arrêtées.

DURÉE

◆ 15 minutes pour démonter et nettoyer un boîtier à piles.

DIFFICULTÉ

◆ Il est parfois difficile d'accéder aux contacts en cuivre dans le boîtier pour les nettoyer.

AUCUN OUTIL SPÉCIAL NÉCESSAIRE

Pose d'une dynamo

1 Posez le support de dynamo autour du fourreau de sorte que le galet soit en ligne avec le flanc lisse du pneu. Desserrez ensuite la vis d'angle et réglez la position de la dynamo jusqu'à ce que le galet soit à angle droit avec les rayons.

2 Grattez la peinture sous la vis sans tête de la fixation, enduisez-la de graisse spéciale et remontez la dynamo. Mettez les lumières à la masse de la même manière, puis reliez les fils aux lumières AV et AR en les gardant aussi courts que possible.

3 Le couvercle porte souvent des ressorts servant de contacts électriques. Nettoyez-les au papier de verre et courbez-les pour accroître leur tension si nécessaire. Vérifiez à l'intérieur du boîtier s'il y a d'autres contacts à nettoyer.

4 Remontez le tout avec des piles neuves et allumez la lumière en la secouant pour voir si elle vacille. Si tout paraît normal, vaporisez un peu de lubrifiant sur tous les contacts électriques et les piles.

3 Pour empêcher les problèmes de câblage, fixez tous les fils au cadre avec des attaches rapides. Huilez les contacts et serrez un peu avec une clé si nécessaire. Essayez le vélo en descente pour vérifier que l'ampoule AR n'est pas grillée.

4 Il est plus sûr d'avoir une lumière AR à diode clignotante, particulièrement adaptée aux dynamos car les lumières AR s'éteignent quand le vélo est arrêté. Pour être conforme à la loi, cette lumière doit être fixée à vos vêtements.

FAITES-VOUS VOIR !

Par rapport aux autres sources de lumière sur la route, les lumières de vélo sont vraiment petites et faibles et se trouvent donc « avalées » par les phares de voitures, etc. Heureusement, il existe de nombreux matériaux réfléchissants très efficaces pour se faire repérer par les automobilistes. Les meilleurs sont les brassards et les jambières car ils sont toujours mobiles et permettent ainsi de rappeler aux plus étourdis des automobilistes que la route n'appartient pas qu'à eux !

Garde-boue et porte-bagages

Si vous n'aimez pas les vélos encombrés d'un garde-boue lorsqu'il fait beau, vous aimerez encore moins les vélos sans garde-boue par mauvais temps !

Les vélos se prêtent certes à beaucoup de choses, mais il faut avouer qu'il est parfois difficile de les équiper de bons garde-boue en raison de la taille des roues. Il faut souvent ruser pour installer des garde-boue qui ne ferraillent pas et ne frottent pas contre la roue.

Il est particulièrement difficile d'installer un garde-boue sur un V.T.T., surtout si vous comptez rouler dans la boue. Même s'ils se déclinent en de nombreuses versions différentes, les garde-boue sont presque toujours en plastique et n'arrêtent que le plus gros des projections d'eau et de boue.

Sur la plupart des vélos de route, les garde-boue sont dotés d'un crochet de fixation en alliage tendre, ce qui facilite certes leur installation autour du garde-boue avec les doigts, mais les rend aussi facilement déformables. Le garde-boue se visse au niveau du croisement des haubans, au même endroit que la fixation du frein arrière. S'il s'agit de freins à tirage latéral, vous devrez centrer le frein et le garde-boue et les maintenir en place tout en serrant la vis.

Sur les freins Cantilever, illustrés ci-contre, l'installation d'un garde-boue est plus simple car il ne se fixe pas au même endroit que le frein. Sinon, pensez à installer des freins Double Pivot plus faciles à centrer.

Le réglage d'un garde-boue exige pas mal de ruse, la chose à retenir étant qu'il est généralement préférable de régler le côté trop éloigné du pneu. S'il est très éloigné, desserrez l'oeillet du garde-boue et déplacez-le vers le haut ou le bas selon le cas. Par contre, s'il s'agit seulement d'un petit problème, essayez de courber légèrement le montant du garde-boue. Cela ne se verra pas et les montants sont faciles à redresser s'il le faut.

Pour des raisons d'esthétique et de solidité, utilisez des vis Allen pour fixer les montants du garde-boue et le porte-bagages sur le cadre, étant donné que le porte-bagages sera peut-être très sollicité. Utilisez des écrous indesserrables pour plus de sûreté. Si vous comptez installer un porte-bagages, choisissez de préférence un cadre doté de fixations séparées pour le garde-boue et le porte-bagages à l'arrière. Il est possible de monter un garde-boue à l'aide de fixations spéciales sur un vélo de route sans oeillets.

1 Décrochez le câble de frein AR, positionnez le garde-boue au niveau de la roue AR pour repérer son endroit de fixation et alignez son crochet sur le croisement des haubans.

2 Passez le garde-boue sous le croisement des haubans de sorte qu'il touche l'avant. Enfilez les montants dans les oeillets du garde-boue et fixez-les au cadre avec des vis.

4 Raccordez le câble de frein et vissez le crochet de fixation du garde-boue sur le croisement des haubans. Utilisez un écrou indesserrable pour plus de sûreté. Serrez les languettes du crochet de fixation avec une pince.

5 Positionnez les montants de manière à bien espacer le garde-boue de part et d'autre de la roue. Rectifiez les petits problèmes de centrage en courbant les montants et les gros en réglant le garde-boue.

QUAND FAUT-IL FAIRE CE TRAVAIL ?

◆ Lorsque l'hiver approche et que vous voulez continuer à rouler.

◆ Lorsque vous partez faire du cyclotourisme et que vous avez besoin de garde-boue en cas de pluie et d'un porte-bagages pour vos affaires.

DURÉE

◆ Au moins une heure pour installer un garde-boue très soigneusement. Prenez votre temps.

DIFFICULTÉ

◆ Peut s'avérer énervant !

AUCUN OUTIL SPÉCIAL NÉCESSAIRE

3 Centrez bien le garde-boue de part et d'autre de la roue. Pour vous faciliter la tâche, vous pouvez serrer une ou deux vis temporairement pendant le centrage.

6 Vissez les supports inférieurs du porte-bagages sur le cadre par le biais des oeillets du garde-boue ou à l'aide des fixations du porte-bagages s'il y en a. Fixez-le ensuite aux supports supérieurs ou aux haubans le cas échéant.

7 Pour porter vos bagages, vous pouvez soit les attacher avec un tendeur soit utiliser des sacoches, qui ont l'avantage d'être bien plus spacieuses. Choisissez de préférence des sacoches adaptées à votre porte-bagages et vérifiez qu'elles sont bien fixées. Vérifiez également qu'elles ne ballottent pas d'un côté à l'autre en descente à grande vitesse.

Accessoires sur cadre

Vous pouvez installer presque n'importe quoi sur un cadre de vélo, depuis l'appareil de contrôle du rythme cardiaque jusqu'au moteur électrique.

Les appareils de contrôle cardiaque se montent en réalité sur le guidon. Si votre but principal est d'améliorer votre condition physique, ces appareils peuvent vous aider à évaluer vos efforts. Attention : l'appareil ne ment pas et peut donc vous surprendre !

Le capteur de cet appareil se fixe sur la poitrine, tandis que les compteurs se composent d'un émetteur magnétique sur la roue avant, d'un capteur sur la fourche et d'un cadran sur le guidon. Les compteurs électroniques indiquent généralement l'heure, le temps écoulé depuis le départ et la distance parcourue.

Pour compléter le registre des porte-bagages et des sacoches déjà abordé, signalons les sacs pour guidon, avec ou sans support. Les modèles avec support sont préférables pour éviter tout contact avec la roue avant. Signalons aussi les sacs pour dessous de selle, depuis la petite trousse à outils jusqu'au sac plus grand. Il existe également des sacs très malins qui se fixent dans l'angle reliant le tube horizontal et le tube de selle et qui peuvent également servir de rembourrage pour porter le vélo.

Les bossages pour bidon ne servent pas qu'à installer des bidons : ils peuvent aussi servir à porter des mini-pompes ou des trousses de réparation d'urgence. Ce domaine étant en évolution rapide, si vous achetez un vélo neuf, achetez-en un avec double groupes de bossages, un pour les accessoires et l'autre pour votre bidon.

Quant au moteur électrique, il se fixe sur la roue arrière et sert à éliminer le « plaisir » de monter les côtes à la force des mollets !

1 Les porte-bidons sont tous conçus pour se fixer sur des bossages standard. Dévissez simplement la vis du bossage, souvent à tête Allen, puis placez le porte-bidon avant de remettre la vis en place.

Les pompes sont fixées sur le cadre, mais certains les portent sous la selle. Les grandes se fixent généralement sous le tube horizontal, un bout fixé par une cheville et l'autre en appui côté selle. Les mini-pompes se montent parfois sur des attaches fournies avec la pompe ou sur les bossages du porte-bidon.

2 Ce type récent de porte-bidon est léger et plein de style et sa construction en fibre de carbone le rend nettement plus robuste qu'il ne paraît. Certains cyclistes préfèrent les porte-bidons avec boutons en caoutchouc pour un meilleur maintien.

Repose-chaîne

1 Sur les vélos régulièrement utilisés, la base droite du cadre se trouve souvent éraflée par la chaîne. Pour éviter cela, vous pouvez entourer la base d'un revêtement auto-adhésif, en vérifiant d'abord qu'il épouse bien les courbes de la base et en le courbant si nécessaire.

2 Dégraissez ensuite la base avec un solvant ou un diluant cellulosique et retirez la feuille protectrice recouvrant l'adhésif. Mettez soigneusement le repose-chaîne en place, puis frottez fermement avec votre pouce pour bien le coller.

QUESTION DE GOÛT !
Les bidons en aluminium sont certes coûteux, mais ils risquent bien moins de laisser un arrière-goût à votre boisson que ceux en plastique ! En hiver, les petits malins bien équipés utilisent des thermos conçues pour passer dans le porte-bidon standard.

Bien que lourd et inesthétique, l'antivol en U monté sur cadre est très dissuasif. L'attache est recouverte de plastique pour éviter d'abîmer le cadre et n'exige que deux vis de maintien. Certains cyclistes économisent du poids en enroulant une chaîne et un cadenas autour de la tige de selle.

Certains vélos sont dotés d'une tige de selle à blocage rapide pouvant être montée sur divers matériaux, depuis l'aluminium jusqu'au titane. Une fois le principe assimilé, vous pouvez enlever la selle pour dissuader les voleurs éventuels ou pour transporter votre vélo en voiture ou en car.

Sièges enfants et sécurité

Il arrive que des concepts destinés à l'automobile soient adaptés au cyclisme, comme c'est le cas pour le siège plastique pour enfants, le meilleur exemple à ce jour.

Pratiquement tous les sièges enfants sont en plastique moulé. D'une ressemblance frappante avec les sièges enfants pour voitures, ils permettent de transporter des enfants pesant jusqu'à 18 kg.

Il existe bien sûr de nombreux modèles différents. Le siège illustré ici se monte sans avoir à modifier le porte-bagages s'il est déjà en place et, une fois ses fixations de base en place, il s'enlève et se remet en quelques secondes. Outre son rembourrage et ses bretelles très efficaces, ce modèle possède également des repose-pieds pour empêcher votre bambin de se prendre les pieds dans les rayons. Il s'agit d'un modèle très polyvalent adaptable à presque n'importe quel vélo.

D'autres modèles se montent sur le porte-bagages à l'aide d'un support à coulisser, ce qui empêche malheureusement le transport de bagages à l'arrière. Ce n'est toutefois pas un gros problème car le transport d'un enfant est souvent bien suffisant ! En revanche, si vous avez plusieurs vélos dans la famille, vous pouvez changer le siège d'un vélo à l'autre, simplement en les équipant tous du porte-bagages qui convient. Les sièges plus onéreux sont dotés d'une barre amovible permettant de le soulever du porte-bagages pour le transformer en chaise de pique-nique.

1 Ouvrez le collier de serrage et glissez-le sur le tube diagonal. Pour trouver la bonne position, mettez le siège en place pour voir s'il faut monter ou baisser le collier. Serrez les vis, mais il faudra sans doute revoir la position du siège plus tard.

2 Vérifiez la hauteur du montant en vous aidant du siège temporairement, puis serrez les fixations. Vérifiez ensuite que le siège est bien fixé et que son montant est bien installé dans le collier de fixation.

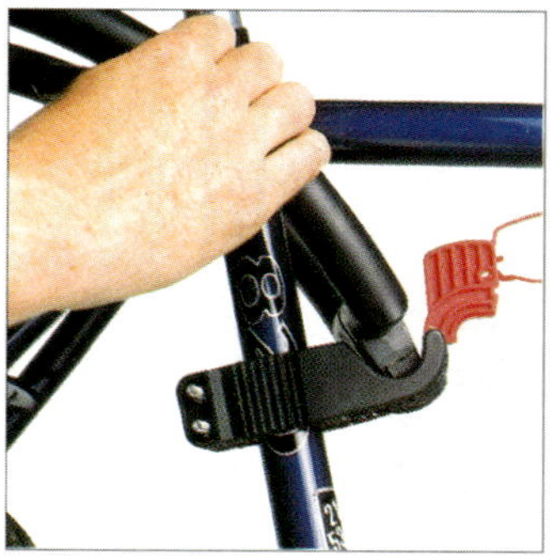

3 Réglez la position des colliers et des supports si nécessaire pour s'assurer que le siège est bien fixé. Placez ensuite le devant du montant dans le collier du cadre et enfoncez la languette rouge en plastique pour le fixer en place.

4 Le siège devrait bouger aisément et vous permettre de placer les repose-pieds plastique sur les boutons ronds du montant. Prenez ensuite les pièces de blocage bleues de chaque côté et poussez-les vers l'avant tout en les tournant en même temps.

5 Tournez les pièces de blocage sur 90° pour les bloquer. Le siège devrait être placé bien au-dessus de la roue arrière et du porte-bagages et devrait être ferme et stable. Il devrait également être aussi près de la selle que possible.

6 Le porte-bagages est maintenant prêt à recevoir l'enfant. Vérifiez que ses pieds sont dans les repose-pieds et réglez la longueur des bretelles. Pour enlever le siège, soulevez simplement la languette d'arrêt rouge et tournez les pièces de blocage bleues avant de pousser le siège et de l'enlever.

Transport de vélos en voiture

Rien de tel que la campagne pour profiter à fond des joies du vélo. Laissez donc les villes surpeuplées loin derrière vous en y transportant votre vélo.

Les galeries de toit constituent sans doute le meilleur moyen de transporter un vélo en voiture. Elles ont l'avantage de procurer suffisamment de place pour transporter jusqu'à 4 vélos et permettent d'éviter la poussière ou la boue tout en laissant l'accès libre au coffre. Par contre, les vélos ne sont pas faciles à monter sur la galerie, sans compter le problème du bruit et du manque d'aérodynamisme inhérent à ce système. Pratiquement toutes les galeries de toit peuvent être équipées de porte-vélos sur glissières permettant de les transporter « debout » sur le toit. Le vélo est généralement soutenu par un bras et peut parfois être bloqué sur place pour éviter tout risque de vol. L'autre façon de monter un vélo sur une galerie de toit consiste en un système de blocage rapide classique à l'avant de la galerie destiné à recevoir la fourche du vélo, la roue avant étant donc déposée. Cela permet de réduire le problème d'aérodynamisme et améliore le comportement de la voiture en vent contraire.

Les porte-vélos qui se montent sur le coffre, le hayon ou les attelages de remorque créent moins de bruit et réduisent le problème de l'aérodynamisme, mais une fois chargés ils obstruent souvent les feux arrière et la plaque d'immatriculation, ce qui est bien sûr illégal. Il convient alors de raccorder une plaque d'éclairage complémentaire au dispositif électrique de la voiture et de l'attacher sur le vélo à chaque fois.

Les porte-vélos d'attelage sont plus stables que ceux qui s'attachent sur l'arrière. Il existe deux modèles : l'un comporte une paire de bras horizontaux sur lesquels il suffit de poser les vélos, l'autre comporte des supports de roues tubulaires et permet une fixation plus sûre. Il est même possible d'obtenir des porte-vélos spécialement conçus pour les 4x4 qui possèdent une roue de secours à l'arrière.

Sur toit ou attache-remorque

1 Porte-vélo de toit standard vissé sur les gouttières et équipé de glissières. Si votre voiture est dotée d'une galerie permanente, vous pourrez sans doute l'équiper de traverses spéciales en vente chez votre concessionnaire ou chez les accessoiristes.

2 Porte-vélo d'attelage. Chaque modèle comporte une plaque de fixation spéciale vissée derrière la prise d'attelage, plus ou moins en permanence. Pour transporter votre vélo, vous n'avez qu'à monter le porte-vélo sur la plaque de fixation. Ce système permet généralement de tirer une remorque en même temps.

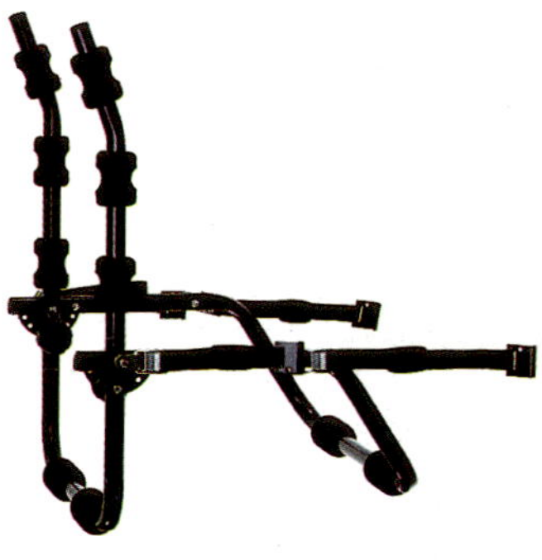

GAINAGE DES TUBES

La majorité des galeries de toit et des porte-vélos sont constitués de tubes métalliques qui risquent d'érafler sérieusement la peinture de votre voiture ou de votre vélo s'ils ne sont pas bien amortis. Lorsque la gaine d'origine est usée, remplacez-la par de l'isolant tubulaire utilisé pour les canalisations de chauffage central. Celui-ci existe en deux tailles principales, 15 mm et 22 mm, celui de 22 mm étant souvent mieux adapté dans ce cas. Il existe aussi en 28 mm. Si la protection plastique des pieds de la galerie est usée ou déchirée, protégez votre peinture en gainant le métal dénudé de ruban isolant (chatterton). Evitez si possible de découper l'ancienne protection.

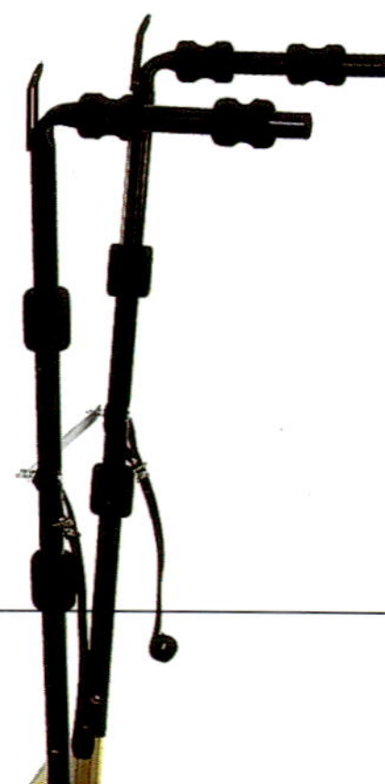

Porte-vélo avec sangles

1 Placez le porte-vélo de façon à ce que les bras soient en haut, tirez sur les sangles supérieures et montez les agrafes sur le rebord du hayon ou du couvercle du coffre. Réglez ensuite le porte-vélo en hauteur si besoin est tout en le stabilisant avec les sangles.

2 Fixez ensuite la sangle inférieure. Trouvez l'endroit qui convient, de préférence un oeillet de remorquage, ou bien sur le pare-chocs arrière ou sous la voiture pour y enfiler la sangle. Passez le bout de celle-ci dans l'agrafe du porte-vélo et tirez dessus pour la tendre.

3 Testez le porte-vélo pour vérifier que les sangles sont bien stables. Vérifiez aussi que le manchon en caoutchouc est en bon état. Soulevez ensuite le vélo pour le placer sur les bras en veillant à ce que ses roues et pédales soient bien éloignées de la carrosserie.

4 Attachez le vélo au porte-vélo avec les sangles sans oublier d'y mettre un antivol pour éviter qu'il ne disparaisse aux premiers feux ! En dernier lieu, fixez une plaque d'éclairage sur le vélo et vérifiez que tous les feux marchent bien avant de prendre la route.

5 Même si ce type de porte-vélo peut théoriquement porter jusqu'à trois vélos, une telle charge n'est jamais complètement stable. En outre, les clignotants et les autres feux se trouvant ainsi dissimulés, il vous faudra penser à raccorder la plaque d'éclairage au reste de l'équipement électrique de votre voiture. Un dernier mot : n'oubliez pas que vous avez un ou des vélos à l'arrière du véhicule lorsque vous voulez faire marche arrière ou effectuer un créneau serré !

MAIS QU'EST-CE QUE ÇA VEUT DIRE ?

Ce glossaire a pour but d'expliquer le sens de termes couramment utilisés par les « fous du vélo», y compris d'expressions nous venant des Etats-Unis où le V.T.T. vit le jour.

A

AHEADSET : *marque commerciale américano-japonaise désignant un type de jeu de direction ne pouvant être utilisé que sur des fourches et potences spéciales. Le jeu Tioga est semblable.*

ALLIAGE : *souvent abrégé pour « alliage d'aluminium ». Mélange généralement de meilleure qualité qu'un métal pur.*

ANGLES DE CADRE : *l'angle entre le tube horizontal et le tube de selle et entre le tube horizontal et le tube de direction. Influencent grandement le comportement du vélo sur la route.*

AXE : *partie centrale d'un roulement.*

B

BASES : *tubes reliant le boîtier de pédalier aux pattes de la roue arrière. Souvent ovales au niveau du boîtier de pédalier.*

BASES « WISHBONE » : *type de bases se rejoignant au-dessus de la roue arrière et reliées à la selle par un tube unique plus grand.*

BIELLETTE D'ARTICULATION : *pièce de métal rattachant le dérailleur arrière au cadre. Elle peut être autonome ou faire partie du cadre.*

BLOC DE SELLE : *zone de rencontre entre les haubans, le tube diagonal et le tube horizontal.*

BLOCAGE RAPIDE : *désigne habituellement le mécanisme permettant de démonter une roue de vélo rapidement, d'un tour de manette. Désigne aussi d'autres pièces à blocage rapide telles que les tiges de selle et les sacoches.*

BOÎTIER DE PÉDALIER : *les roulements et l'axe portant le pédalier.*

BOÎTIER DE PÉDALIER À CARTOUCHE : *boîtier dans lequel l'axe tourne sur des roulements à billes classiques scellés à l'intérieur d'un manchon métallique. Exigeant peu d'entretien, ce boîtier gagne de plus en plus d'adeptes.*

BOSSAGE DE PORTE-BIDON : *fixation filetée sur le cadre permettant d'y attacher un porte-bidon ou autre accessoire.*

BUTÉE DE CÂBLE : *douille creuse brasée sur le cadre. La gaine passe par le bout ouvert, tandis que le câble même ressort par l'autre bout. Souvent fendue pour permettre de retirer la gaine sans désaccoupler le câble, ce qui simplifie sa lubrification.*

C

CÂBLE EN V : *câble court reliant deux mâchoires de freins autonomes. Monté sur certains freins Cantilever et tous les freins à tirage central.*

CADRE EN LOSANGE : *cadre standard. Sur les V.T.T. ce cadre est généralement modifié.*

CAPUCHON DE CÂBLE : *capuchon en métal doux pouvant être serti au bout d'un câble pour l'empêcher de s'effilocher.*

CENTRAGE : *désigne habituellement le réglage des freins de façon à ce que les patins soient équidistants de la jante. Désigne aussi le centrage de la roue arrière entre les bases.*

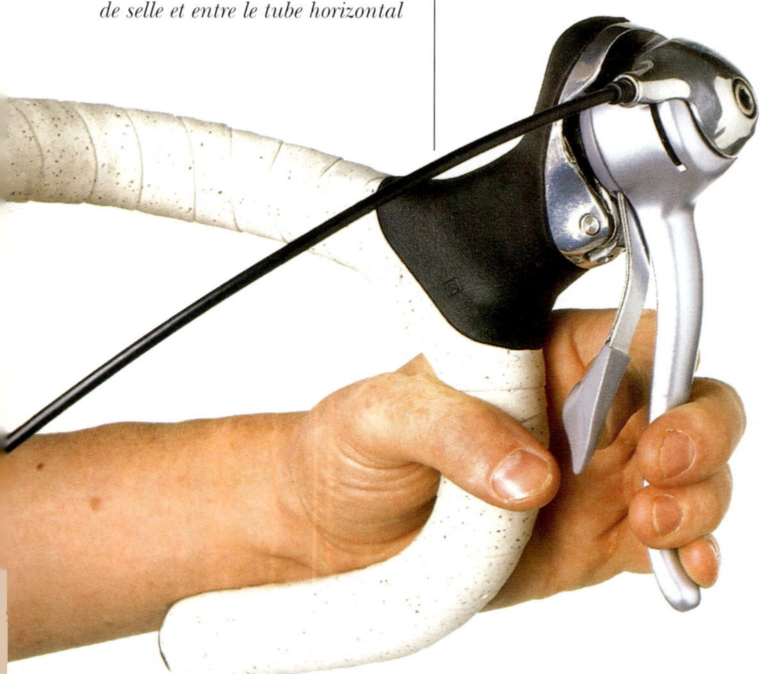

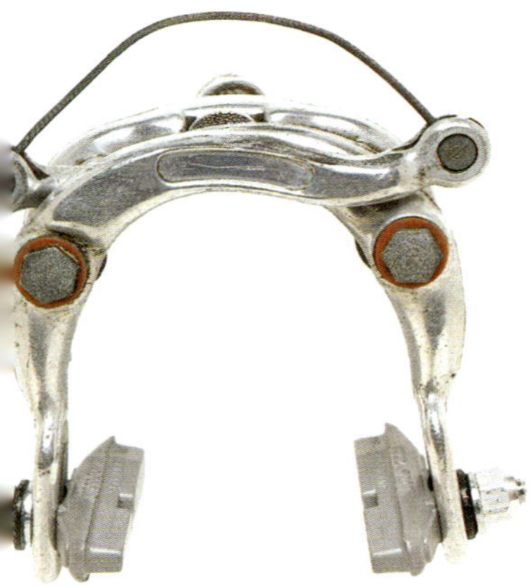

CENTRE À CENTRE : *manière habituelle de mesurer la taille du cadre. Distance entre le centre de l'axe de boîtier de pédalier et le centre du tube horizontal. La taille peut être indifféremment indiquée en centimètres ou en pouces.*

CHROME-MOLYBDÈNE : *alliage d'acier souvent utilisé pour les cadres de vélos. Bien que pas d'une très grande qualité, ce matériau est idéal pour les vélos à bas prix.*

CLAVETTES : *goupilles coniques en acier constituées d'un côté plat maintenant les manivelles sur l'axe du boîtier de pédalier. Les vélos récents en sont rarement équipés.*

CLÉ ALLEN : *barre métallique hexagonale en forme de L s'emboîtant dans la douille des vis Allen. Vendue séparément, en trousses, en jeux pliants ou sur un porte-clés.*

COLUMBUS : *fabricant italien de tubes pour cadre haute qualité.*

COURONNE DE FOURCHE : *partie supérieure de la fourche. Parfois séparée, parfois incorporée dans le fourreau de fourche.*

COURSE : *partie d'un roulement en contact avec les roulements à billes.*

D

DÉGRAISSANT : *produit solvant qui dissout la graisse, comme la paraffine ou le gazole. Vendu sous diverses marques de produits spécialement formulés et écologiquement acceptables.*

DÉRAILLEUR : *dispositif de changement de vitesses fonctionnant sur le principe du déraillement de la chaîne d'un pignon à l'autre. Aisément le dispositif le plus répandu.*

DÉRAILLEUR ARRIÈRE : dispositif de changement de vitesses permettant de déplacer la chaîne d'un pignon à l'autre sur le moyeu arrière, pouvant compter jusqu'à huit pignons.

DÉRAILLEUR AVANT : dispositif de changement de vitesses qui déplace la chaîne d'un plateau à l'autre. Un double plateau multiplie le nombre de vitesses par deux et un triple plateau par trois.

DÉGRIPPANT : *graisse fine contenant des particules de métal en poudre, généralement du cuivre. La graisse s'évapore en déposant le cuivre qui agit comme un lubrifiant.*

DOUBLE BUTTED : *anglicisme désignant un tube de cadre affiné au milieu pour plus de légèreté et renforcé aux deux bouts où une résistance maximale est nécessaire.*

E

ÉCROU DE RAYON : *écrou métallique traversant la jante et vissé sur le rayon. Les rayons se tendent en resserrant cet écrou.*

ENVELOPPE DE BOÎTIER DE PÉDALIER : *jonction entre le bas du tube de selle et du tube diagonal où est logé le boîtier de pédalier.*

EXPANDEUR À VIS : *longue vis placée dans le tube vertical de la potence et vissée dans le cône ou la cale bloquant la potence dans le cadre.*

F

FIBRE DE CARBONE : *matériau très résistant et très onéreux utilisé pour la fabrication de cadres, tiges de selles et autres pièces. Les fibres sont généralement tissées ou enrubannées et liées par de la résine. Pas prévu pour une utilisation quotidienne en raison de son coût.*

FIXATIONS BRASÉES : *éléments tels que les bossages de porte-bidon et de levier qui sont fixés au cadre en permanence.*

FLANC : *zone du pneu entre la bande de roulement et la jante. Souvent de couleur jaune pour trancher sur le noir de la roue.*

FOURCHE : *les deux tubes dirigeables (appelés fourreaux) qui maintiennent la roue avant.*

FOURCHE À SUSPENSION : *fourche qui permet à la roue avant de bouger de haut en bas pour amortir les chocs. Le mouvement est généralement commandé par un ressort quelconque ou un amortisseur à base de gaz ou de liquide.*

FOURCHETTE DE VITESSES : *écart entre la plus petite vitesse et la plus grande.*

FREINS À TIRAGE CENTRAL : *freins constitués de deux mâchoires montées séparément sur une plaque d'appui. Puissants et fiables, ces freins ne sont toutefois plus en fabrication.*

FREINS À TIRAGE LATÉRAL : *type de freins montés sur les vélos de route. Les deux mâchoires sont reliées au câble de frein d'un seul côté.*

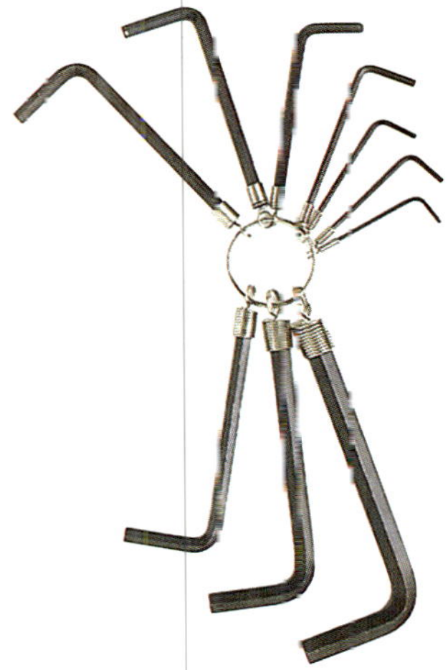

FREINS CANTILEVER : *freins fixés au cadre par le biais d'articulations sur les fourreaux de fourche et les haubans. Puissants, ces freins équipent la majorité des V.T.T. car la boue ne peut pas s'accumuler autour d'eux. Egalement utilisés sur les hybrides et les vélos de cyclotourisme.*

FREINS DOUBLE PIVOT : *croisement entre les freins à tirage latéral et à tirage central. Plus compacts que les freins à tirage central et plus puissants que ceux à tirage latéral.*

G

GALETS DE TENSION : *petites roues servant à guider la chaîne autour des pignons et vers le plateau.*

GARDE-CHAÎNE : *protection généralement en acier léger enveloppant la chaîne pour protéger le cycliste. Fixé au cadre par des attaches.*

GRAND BRAQUET : *association grand plateau/petit pignon permettant de parcourir une longue distance à chaque tour de manivelle, pour rouler en descente à grande vitesse.*

H

HAUBAN : *tube de petit diamètre reliant la selle aux pattes arrière.*

I

INDEXATION : *commande de dérailleur au guidon comportant un petit cadran gradué dont chaque position correspond à une vitesse*

J

JANTE : *partie de la roue sur laquelle le pneu est monté. Désigne également la surface de freinage des patins. En acier ou alliage.*

JANTE EN ALLIAGE : *tous les vélos de qualité ont des jantes en alliage d'aluminium. Les autres ont des jantes en acier, qui rend toutefois la surface de freinage trop lisse pour pouvoir freiner rapidement, même avec des patins spécialement conçus.*

JEU : *mouvement indésirable dans un roulement. Peut être dû à l'usure ou à un réglage incorrect.*

JEU DE DIRECTION : *roulements inférieur et supérieur supportant la fourche et lui permettant de tourner et de la diriger. Le roulement inférieur est très sollicité et doit être remplacé lorsque le chemin de roulement commence à être entamé.*

JEU DE PÉDALIER : *les plateaux, les manivelles et leur croisillon-support.*

JEU DE PIGNONS : *nom collectif désignant tous les pignons d'un système de dérailleur.*

K

KEVLAR : *fibre artificielle très résistante utilisée pour renforcer les pneus et d'autres pièces.*

L

LUBRIFIANT EN AÉROSOL : *désigne diverses marques de lubrifiants à base de silicone en aérosol. Désigne également le lubrifiant spécial vélos qui contient un lubrifiant solide restant après évaporation de la partie liquide.*

M

MANIVELLES : *pièces métalliques portant les pédales et transmettant l'énergie du cycliste dans le plateau.*

MANIVELLES NON CLAVETÉES : *manivelles qui se vissent sur le bout carré de l'axe du boîtier de pédalier.*

MARTEAU : *à utiliser avec précaution sur un vélo !*

MOYEU ROUE LIBRE : *modèle de moyeu arrière récent avec jeu de pignons incorporé. Convient aux vélos à 7 et 8 vitesses. Le roulement droit du moyeu roue libre est logé à l'intérieur du jeu de pignon.*

P

PATTE : *partie du cadre portant la roue avant ou arrière.*

PATTE DE FOURCHE : *partie de la fourche qui porte la roue avant.*

PÉDALIER : *ensemble constitué par les pédales, les manivelles, l'axe et les plateaux du vélo.*

PETIT BRAQUET : *association petit plateau/grand pignon pour pédalage en côte et sur tout-terrain à petite vitesse, permettant de parcourir une courte distance à chaque tour de manivelle.*

PIGNONS : *couronnes dentées fixées à la roue arrière et transmettant le mouvement de la chaîne vers le moyeu.*

PINCEMENT : *désigne la pose de patins de freins de façon à ce qu'ils soient plus près de la jante à l'avant qu'à l'arrière. Se mesure en millimètres.*

PLATEAU : *roue dentée du pédalier entraînant la chaîne.*

PNEU -700c : *type de pneu généralement monté sur des vélos de route de bonne qualité dotés de roues 27 pouces. A la fois fin, léger et robuste.*

PNEU TUBULAIRE : *pneu dont la chambre à air est cousue à l'intérieur de la bande de roulement. Souvent utilisé sur les pneus montés sur jante.*

POIGNÉES COMPLÉMENTAIRES : *poignées à visser à chaque bout d'un guidon plat et destinées à procurer un appui-main supplémentaire. Particulièrement utiles pour les côtes et la circulation urbaine.*

POTENCE : *logée dans le tube pivot, la potence soutient le guidon.*

R

RACCORD : *manchon en acier complexe utilisé pour joindre les tubes principaux d'un cadre.*

RAPPORT DE MULTIPLICATION : *désigne la distance parcourue par le vélo à chaque tour de manivelle. En petit développement cela correspond à environ 1 m par tour et environ 2,70 m en grand développement.*

RAYON : *tube en fer fin reliant le moyeu à la jante.*

REYNOLDS : *fabricant britannique de tubes pour cadres haute qualité.*

ROADSTER : *anglicisme désignant un vélo de route à l'ancienne dont la position de conduite est très verticale.*

ROUE FIXE : *pignon unique vissé sur le moyeu arrière sans roue libre. Le cycliste doit pédaler tant que le vélo est en mouvement.*

ROUE LIBRE : *monté sur presque tous les vélos, ce mécanisme permet au cycliste de rouler « en roue libre », c'est-à-dire sans pédaler.*

ROULEMENT : *pièce conçue pour minimiser l'usure d'un ensemble qui tourne ou glisse. Les roulements d'un vélo se situent au niveau du jeu de direction, du boîtier de pédalier et du moyeu.*

ROULEMENT À BILLES : *désigne généralement une bille parfaitement ronde en acier à chromage dur venant s'interposer entre la cuvette et le cône des roulements d'un vélo. Désigne également l'ensemble du chemin interne et externe avec les roulements à billes, comme sur les boîtiers de pédalier à cartouche.*

ROULEMENT À CÔNES ET CUVETTES : *roulements de vélo classiques constitués de billes coincées entre une cuvette semi-circulaire et un cône effilé. Ils se règlent en vissant ou dévissant la pièce vissée jusqu'à ce qu'elle tourne aisément, sans aucun jeu.*

S

SINGLE BUTTED : *anglicisme désignant le bout d'un tube renforcé.*

STI : *système de changement de vitesses fabriqué par Shimano dans lequel les commandes sont incorporées au levier de freins.*

T

TIGE DE SELLE : *tube emboîté dans le tube de selle et soutenant la selle.*

TOURNEVIS À EMPREINTE CRUCIFORME : *tournevis doté d'une pointe en forme de croix. Les tournevis de tailles 1 et 2 sont tous les deux utilisés mais ne sont pas interchangeables.*

TRANSMISSION : *englobe toutes les pièces contribuant à transmettre l'énergie du cycliste à la roue arrière, c'est-à-dire le jeu de pédalier, la chaîne et les pignons, ainsi que les dérailleurs avant et arrière.*

TRINGLE DE PNEU : *le bord rigide d'un pneu. Généralement constitué d'un fil en acier, mais parfois en Kevlar.*

TUBE DE DIRECTION : *tube le plus court du cadre reliant le tube horizontal au tube diagonal. Parfois tellement court qu'il est à peine visible sur de très petits cadres.*

TUBE DE SELLE : *tube de grand diamètre soutenant la selle.*

TUBE DIAGONAL : *souvent le tube faisant le plus grand diamètre, il relie le jeu de direction au boîtier de pédalier.*

TUBE HORIZONTAL (OU SUPÉRIEUR) : *tube reliant le tube de selle au tube de direction. Bien que généralement horizontal, comme son nom l'indique, ce tube est maintenant de plus en plus souvent incliné.*

TUBE PIVOT : *tube logé dans la couronne de fourche et soutenu par le jeu de direction. Il tourne en même temps que la fourche.*

V

VALVE : *petit dispositif retenant la pression d'air dans un pneu. Sur un vélo, la valve fait partie de la chambre à air.*

VALVE PRESTA : *équipe principalement les vélos de course. Dotée d'un embout moleté pour la maintenir fermée.*

VALVE SCHRADER : *valve type auto-moto comportant un insert séparé. D'un diamètre plus large que la valve Presta.*

VÉLO HYBRIDE : *né d'un croisement entre le V.T.T. et le vélo de route, l'hybride est équipé des vitesses et commandes du V.T.T. mais des grandes roues du vélo de route, le cadre étant plus ou moins standard.*

VITESSES DANS LE MOYEU : *l'autre type de changement de vitesses. Contrairement au dérailleur, il s'agit d'un moyeu arrière spécialement agrandi à démultiplication de 3, 5 et 7 vitesses. Ce système a toutefois l'inconvénient d'être lourd et d'absorber beaucoup d'énergie.*

DIAGNOSTIC

ANOMALIES GÉNÉRALES

Conduite inconfortable	◆ *Réglez la position/distance du guidon* ◆ *Réglez la position de selle (AV/AR et hauteur)*
Conduite cahoteuse	◆ *Pneus sous-gonflés* ◆ *Montez des pneus plus larges*
Selle inconfortable	◆ *Réglez la position/l'angle de selle* ◆ *Essayez des cuissards rembourrés courts/longs* ◆ *Montez une selle de meilleure qualité*
Guidon inconfortable	◆ *Réglez l'angle du guidon* ◆ *Essayez des poignées différentes/ruban rembourré* ◆ *Essayez des gants coupés* ◆ *Essayez un guidon différent*
Pieds douloureux	◆ *Essayez des chaussures plus fermes* ◆ *Vérifiez la taille des cale-pieds* ◆ *Vérifiez la position des pieds*
Vélo fatiguant à diriger	◆ *Pneus sous-gonflés* ◆ *Selle trop basse* ◆ *Freins frottent sur la roue* ◆ *Pneu frotte sur le cadre ou garde-boue* ◆ *Chaîne rouillée* ◆ *Mauvaise utilisation des vitesses* ◆ *Montez des pneus plus fins*
Vélo instable, surtout à grande vitesse	◆ *Bagages trop lourds, trop hauts ou trop sur l'arrière* ◆ *Porte-bagages pas assez rigide* ◆ *Pneus sous-gonflés* ◆ *Roulements de roue/jeu de direction desserrés* ◆ *Fourche ou cadre déformé* ◆ *Roues à recentrer*
Bruits de ferraille	◆ *Garde-boue, porte-bagages, garde-chaîne ou autres accessoires desserrés*
Grincements	◆ *Garde-boue frotte sur le pneu* ◆ *Bavette ou débris pris dans le garde-boue* ◆ *Chaîne frotte contre le garde-chaîne*
Petites vis desserrées	◆ *Enduisez-les de produit-frein à la repose*

VITESSES

DÉRAILLEUR ARRIÈRE **Indexation imprécise/lente**	◆ *Tension du câble à régler* ◆ *Câble à graisser ou changer* ◆ *Dérailleur ou biellette déformé/mal aligné* ◆ *Pièces incompatibles* ◆ *Câble, gaine ou capuchons d'embout incorrects*
La chaîne ne passe pas au plus grand pignon	◆ *Vis « petit braquet » du dérailleur AR à régler* ◆ *Tension du câble à régler*
La chaîne ou le dérailleur se prend dans la roue	◆ *Vis « petit braquet » du dérailleur AR à régler* ◆ *Dérailleur ou biellette déformé* ◆ *Inspectez les rayons et la roue*
La chaîne ne passe pas au plus petit pignon	◆ *Vis « grand braquet » du dérailleur AR à régler* ◆ *Tension du câble à régler*
La chaîne saute du plus petit pignon	◆ *Vis « grand braquet » du dérailleur AR à régler*
DÉRAILLEUR AVANT **La chaîne se coince pendant le passage des vitesses**	◆ *Dérailleur AV trop bas* ◆ *Chaîne trop courte*
La chaîne saute du petit plateau ou ne passe pas	◆ *Vis « petit braquet » du dérailleur AV à régler*
La chaîne saute du grand plateau ou ne passe pas	◆ *Vis « grand braquet » du dérailleur AV à régler*
La chaîne ne passe pas ou passe mal	◆ *Dérailleur AV trop haut* ◆ *Mauvais angle de fixation du dérailleur AV* ◆ *Lames de fourchette à plier légèrement vers l'intérieur*
DÉRAILLEUR AVANT ET ARRIÈRE **Les vitesses passent toutes seules ou passent mal**	◆ *Vis à friction de la manette à resserrer* ◆ *Quelqu'un a huilé la manette à friction !* ◆ *Vis du pince-câble desserrée* ◆ *Capuchons d'embout de câble manquants*
Le passage des vitesses est difficile	◆ *Câble mal acheminé* ◆ *Câble à graisser/changer*
VITESSES DANS LE MOYEU **Les vitesses sautent (tous modèles)**	◆ *Tension du câble à régler* ◆ *Pince-câbles/guide-câbles desserrés* ◆ *La roue glisse - écrous desserrés ?* ◆ *Pièces internes du moyeu usées* ◆ *Chaîne/pignons très usés*

CHAÎNE ET PÉDALIER

Chaîne brisée	◆ *Chaîne mal jointe* ◆ *Chaîne usée*
La chaîne saute en charge	◆ *Chaîne et/ou pignons de cassette usés* ◆ *Maillon grippé*
La chaîne est bruyante	◆ *Chaîne à huiler* ◆ *Chaîne usée*
Cliquetis ou tressautements réguliers	◆ *Maillon de chaîne grippé* ◆ *Clavette de manivelle desserrée ou usée* ◆ *Vis de manivelle desserrée* ◆ *Dent de pignon ou de plateau déformée*
Cliquetis ou grincements irréguliers au pédalage	◆ *Cage ou roulements de pédale en détérioration* ◆ *Roulements du boîtier de pédalier à réviser* ◆ *Rayons desserrés* ◆ *Vis de plateaux à graisser* ◆ *Manivelle desserrée sur l'axe* ◆ *En dernier recours, graissez le cône de l'axe*
Pédalage « bizarre »	◆ *Manivelles/pédales déformées ou desserrées*
Rétropédalage difficile	◆ *Chaîne du vélo à vitesses dans le moyeu ou monovitesse trop serrée* ◆ *Roulements du vélo à vitesses dans le moyeu trop serrés*
Cliquetis irréguliers	◆ *Roulements du boîtier de pédalier à réviser*
ROUES LIBRES **Cliquetis de la roue libre au pédalage**	◆ *Ses roulements sont en train de se desserrer !*

La roue libre tourne bruyamment	◆ *Ses roulements sont usés/à nettoyer/à lubrifier*
La roue libre saute/accroche	◆ *Mécanisme à réviser ou changer*
MOYEUX ROUE LIBRE **Le moyeu roue libre saute/accroche**	◆ *Shimano - corps du moyeu roue libre à changer* ◆ *La plupart des autres - à réviser*
Cliquetis de la cassette au pédalage	◆ *Anneau de serrage de cassette desserré*

FREINS

Freinage pas assez puissant et câble pas assez tendu	◆ *Câble à régler* ◆ *Dégagement rapide à remettre au point* ◆ *Patins usés* ◆ *Huile sur la jante* ◆ *Câble rouillé ou à lubrifier* ◆ *Collier de fixation du levier de frein desserré* ◆ *Mariage frein-levier incompatible*
Les freins perdent vite de leur puissance	◆ *Vis de pince-câble pas assez serrée* ◆ *Patins mal serrés* ◆ *Gaine de câble sans capuchons d'embout*
Les freins se relâchent mal	◆ *Vis-pivot(s) trop serrée(s)* ◆ *Câble rouillé ou à lubrifier* ◆ *Position des patins incorrecte* ◆ *Tension du ressort de frein incorrecte*
Les freins sont bruyants/grinçants	◆ *Patins usagés et durs - à changer* ◆ *Patins à pincer* ◆ *Jante à nettoyer*
Les freins tressautent	◆ *Patins à pincer* ◆ *Jante déformée ou ébréchée* ◆ *Articulations de freins trop lâches* ◆ *Roulements du jeu de direction desserrés*
Les freins sont difficiles à serrer	◆ *Câble rouillé ou non lubrifié* ◆ *Câble trop court ou trop long* ◆ *Câble des freins Cantilever mal tendu*
Les leviers de freins grincent à l'usage	◆ *Injectez ses fixations et articulations de lubrifiant fin*
Mauvais freinage par temps de pluie	◆ *Montez de meilleurs patins ou des jantes en alliage*

PNEUS ET ROUES

Le pneu se dégonfle lentement	◆ *Crevaison progressive* ◆ *Valve desserrée ou fuyante*
Le pneu se dégonfle rapidement	◆ *Crevaison ou éclatement !*
Crevaisons en série	◆ *Cause de la crevaison restée dans le pneu* ◆ *Ruban de jante manquant* ◆ *Rayon en saillie* ◆ *Pneu usé* ◆ *Pneus sous-gonflés* ◆ *Le pneu a été monté avec des démonte-pneus*
Pneu mal monté	◆ *Remontez le pneu correctement*
Roue voilée	◆ *Rayon brisé* ◆ *Rayons à régler*
Cliquetis provenant du moyeu	◆ *Roulements à réviser*
Jeu latéral dans les roues	◆ *Roulements de roues desserrés* ◆ *Ecrous de roues desserrés* ◆ *Axe de roue brisé*

SELLE ET GUIDON

Le guidon semble mal mis au point	◆ *Vérifiez l'alignement* ◆ *Vérifiez que le guidon n'est pas déformé*
Le guidon grince	◆ *Ensemble guidon-potence à graisser* ◆ *Ensemble potence-fourche à graisser* ◆ *Le guidon est en train de se fissurer !*
Le guidon tourne dans la potence	◆ *Vis de potence mal serrée* ◆ *Mauvais mariage guidon-potence*
La potence bouge dans la fourche	◆ *Expandeur du guidon mal serré*
La potence est coincée dans la fourche	◆ *Potence non graissée. Essayez de la tremper de lubrifiant en aérosol*
La selle s'incline ou bouge	◆ *Vis du chariot de tige mal serrée* ◆ *Vis de serrage de la selle mal serrée* ◆ *Collier de selle trop haut sur la tige*
La selle est bruyante ou grince	◆ *Vaporisez le collier/ressorts, etc. de lubrifiant*
La tige de selle est coincée dans le tube	◆ *Tige non graissée. Essayez de la tremper de lubrifiant en aérosol* ◆ *Diamètre de tige trop grand*
La tige de selle bouge dans le tube	◆ *Vis de serrage de selle pas assez serrée* ◆ *Diamètre de tige trop petit*

CADRE ET FOURCHE

La fourche tressaute	◆ *Roulements du jeu de direction desserrés* ◆ *Les freins accrochent la jante*
Le vélo tire d'un côté	◆ *Roue (spécialement l'avant) mal centrée* ◆ *Fourche ou cadre déformé*
Direction/maniement du vélo malaisé	◆ *Pneus sous-gonflés* ◆ *Jeu de direction trop serré/lâche* ◆ *Jeu de direction usé* ◆ *Fourche ou cadre déformé*
Le jeu de direction se desserre sans arrêt	◆ *Contre-écrou pas assez serré* ◆ *Jeu de direction usé* ◆ *Fourche ou cadre déformé* ◆ *Trop de roulements à billes !*

ACCESSOIRES

Les lumières à piles ne marchent pas	◆ *Piles usées ! - à changer* ◆ *Piles insérées dans le mauvais sens* ◆ *Ampoules grillées - à changer* ◆ *Contacts électriques à nettoyer*
Les dynamos ne marchent pas	◆ *Ampoules grillées - à changer* ◆ *Câblage défectueux* ◆ *Faux contact des lumières et/ou de la dynamo sur le cadre* ◆ *Contacts électriques à nettoyer* ◆ *Le galet de dynamo glisse*
La dynamo est bruyante	◆ *Galet de dynamo mal aligné* ◆ *Flanc de pneu inadapté* ◆ *Dynamo bon marché*
Le compteur est défectueux	◆ *Interface capteur/aimant trop grande* ◆ *Câble de capteur accroché ou cassé* ◆ *Compteur mal logé dans son support* ◆ *Contacts compteur-support à nettoyer*

INDEX

Les numéros de pages en italique se rapportent à des entrées du glossaire.

Accessoires 150-61, 167
Accidents 25, 30, 92, 144-5
Aheadset 131, 132, 148-9, *162*
Antivols 157

Base 8, 157, *163*
Blocages rapides 9, 97, 117, 157, *164*
Boîtiers de pédalier 8, 66, 84, 86, 88, 162
à axe et cuvettes 90-2
à cartouche 30, 88-9, *162*
contrôle 38, 69
moyeux 115, 122-3, 124-5
pédales 43, 80
Bossage de porte-bidon 156, *162*

Câbles *165*
butées 8, *162*
capuchon d'embout *162*
contrôle 28, 38-9
de dérailleurs 58-9
douilles 29
entretien 28-9
freins à tirage latéral 106-7
freins Cantilever 99, 102-3
lubrification 27, 29, 35, 49
Cadres 140-9, 167
accessoires 156-7
angles *163*
en losange 141, *163*
tailles 10, 12-13, 16
Cale-pieds 12, 67, 78, 82-3
Casques 18-19
Chaîne 8, 64-73
contrôle 68-9
dépistage d'anomalies 42-3, 166
dépose et remplacement 72-3
ligne de chaîne 69
nettoyage et lubrification 34-5, 70-1
ouverture 52, 72-3
Changement de vitesses dans le moyeu 8, 47, 60-3, *164*, 167
Changement de vitesses Sachs 62-3
Changement de vitesses STI *165*
Changement de vitesses Sturmey Archer 60-1
Changement de vitesses Torpedo 62-3
Clés 22, 24-7, 92, 123, 127, 146
Allen 23, 24, 31, *162*
Crevaisons 114, 118, 120-1

Dégraissant 22, *163*
Dégrippant 22, 26, 42 *162*
Dépistage des anomalies 42-3, 166-7
Dérailleurs 8, 46-59, 69, *163*, 166
arrière 8, 39, 43, 46, 48-53
avant 8, 34, 39, 47, 54-5, *163*
Direction 38-9, 146-7
Dynamo 152-3, 167

Eclairage 152-3, 167
Ecrous
détériorés 26, 31
indesserrables 24, 26
Enfants - sièges 158-9
Entretien 32-43
contrôle de 10 minutes 38-9
lubrification 34-35
nettoyage 36-7
outils 20-7
préventif 26-7
techniques 24-31
Expandeur à vis 132-33, *163*

Fixation brasée 144, *162*
Fourche 9, 30, 143-9, *163*, 167
Fourchette de chaîne 34, 39, 54
Freins 8-9, 94-111
câbles 28-9, 99, 102-03, 106-07
Cantilever 96, 99-103, 108-9, *162*
contrôle 38-9, 98-9
dépistage d'anomalies 43, 167
double pivot 97, 105, *163*
leviers 9, 35, 99, 110-11
patins 43, 98, 108-9
tirage central 97, *162*
tirage latéral 97, 104-9, *165*

Galets de tension 34, 39, 48, 52-3, *164*
Garde-boue 154-5
Garde-chaîne *163*
Grincements 42, 69
Guidon 9, 39, 130-5, 167

Indexation 28, 43, *164*
câbles 28
commandes 56-7
dérailleur arrière 48-51
dérailleur avant 54

Jante 9, *162, 164*
Jeu de pédalier claveté 67, 84-5, *163*
Jeu de pignons 8, 74, 76-7, *163, 165*
Jeu de direction 9, 17, 38, 43, 131, 146-9
Tioga 132, 148-9
Jeu de pédalier 16, 38, 66-7, 84-5, *163*

Kevlar 121, *164*

Lubrifiants 22-3, *164, 165*
Lubrification courante 34-35

Manettes à friction 48-51, 54-5, 56-7
Manivelles 8, 84-93, *163*, 166
contrôle 38, 39
dépose 30, 86-7
desserrées 68
en une pièce 93
non clavetées 84, 86-7, *163*
types 66
Marteaux 23, 27, *163*
Moyeux 9, 122-5
roue libre 75, 76-7, *163*, 167

Nettoyage courant 36-7

Outils 20-7, 31

Pédales 8, 67
cale-pieds 12, 67, 78, 82-3
contrôle 39
démontage et regraissage 80-1
dépistage d'anomalies 43, 166
dépose et repose 30-1, 78-9
Pédaliers 66-9
Pièces - identification 8-9
Pinces 22, 27, 29
Plateaux 8, 39, 54, 68, 84-5, *163*
Pneus 9, *165*, 167
chambres à air 118-21
contrôle 115
crevaisons 114, 118, 120-1
dépose 118-19
entretien 40-1, 42
gonflage 41
repose 120-1
valves 9, 41, 118-19, *164-5*
Poignées 9, 134-5
complémentaires 134-5, *162*
surbaissées 134-5
Pompes 156
Porte-bagages 154-5, 156
Porte-vélos 160-1
Position de conduite 12-13, 16-17, 42, 130, 166
Potence 9, 39, 130, 132-3, *165*
Problèmes et solutions 30-1, 42-3, 166-7
Produit-frein 24, 26

Rangement 27
Rayons 9, 126-7, *165*
Réflecteurs 153
Roues 9, 112-29, 167 (voir aussi moyeux)
centrage 126-7
contrôle 114-15
dépose 116-17
écrous de roues 8, 31, 117
entretien 40-1
jante 9, *165*
libres 8, 27, 74-5, *163*, 167
remplacement des rayons 126-7
Roulements 37, 42, 146, *162*
Ruban 134-5

Sacoches 155
Sécurité 16, 17, 18-19, 109, 116, 158
Selle 8, 130, 131, 136-9, 167
blocage rapide 157
contrôle 38-9
position 12-13, 42, 137

Tige de selle 8, 30, 130, 137, 139, *164*
blocage rapide 157
Tournevis 22, 24-5, *164*
Tringle 121, *162*
Tubes 8-9, 11, 17, 142-5, *163, 165*
de direction 9, *163*
de selle 8, *164*
diagonal 8, *163*
horizontal 8, 11, 17, *165*
pivot *165*

Valves 9, 41, 118-19, *164-5*
Vélo à roulettes 15
Vélos adultes 10-13
Vélos BMX 14-15
Vélos de course 11, 13, 46, 47, 110
Vélos enfants 14-17, 74, 93
Vélos hybrides 10-11, *164*
Vélos tout-terrain 10-11
enfants 14-15
freins 96, 111
nettoyage 36-7
position de conduite 13
vitesses 46, 47
Vélos utilitaires 11, 12, 60-1, 110
Vitesses 8, 44-63, *164*
biellette d'articulation 144, *163*
câbles 8, 28-9, 38, 49, 58-9
commandes 34, 56-7, 111, *165*
dépistage d'anomalies 42-3, 166-7
fourchette/rapport 163
lubrification 34, 49
moyeu 8, 47, 60-3, *164*, 167
Sachs 62-3
Sturmey Archer 60-1
Torpedo 62-3

REMERCIEMENTS DE L'AUTEUR

J'aimerais remercier les personnes suivantes de leur aide :

◆ Stuart de Lightweight Cycles, pour ses bons conseils (1, Ascot Parade, Clapham Park Road, Londres SW4, G.B., (19 44) 171 622 4818) ;
◆ Stratton Cycles pour le prêt de pièces et beaucoup d'infos (101, East Hill, Wandsworth, Londres SW18, G.B., (19 44) 181 874 1381) ;
◆ Gordon Blair pour le prêt d'un vélo ;
◆ Sachs UK pour le prêt de dérailleurs ;
◆ Fishers of Finchley pour le prêt de groupes tout-terrain Sachs, de changements de vitesses dans le moyeu et beaucoup d'aide ; et enfin
◆ Michael Elson, pour le prêt de guidons, potences et selles (PO Box 5, Melton Mowbray, Leicestershire LE14 4SH, G.B.).

REMERCIEMENTS DE L'ÉDITEUR

L'éditeur souhaite remercier les fabricants et fournisseurs suivants pour les accessoires de photo :
◆ Fishers of Finchley : accessoires de vélos
◆ Halfords : vélos Apollo et Carrera, casques, accessoires, sièges enfants et porte-vélos
◆ Madison Cycles : pièces Shimano
◆ Krafft s.a. : lubrifiants et graisses
◆ Trek UK : vélos Trek, casques, accessoires et vêtements
◆ Sachs UK : changements de vitesses

Et aussi :
Margaret Barnard, Rose et Helena Beer, Jill Behr, Finny Fox-Davies, Tom Fox-Davies, Nick Fish, Nick Goodall, Dave Hermelin, Dave Notley, Lucy Pope, Laura Potts, Ben Searle, Sophie Yar, l'école Hazlegrove et le Centre de cyclisme de Yeovil.

Photographie
Légende : nº de page suivi de h pour haut, b pour bas, g pour gauche, d pour droit, m pour milieu
Nick Pope : 36bg, bm, bd, 37
Stockfile : 4bg, bd, 5, 17
Couverture : photo principale d'Image Bank (Kenneth Redding) ; autres photos de T. Ridley, S. Behr et Stockfile (S. Behr, B. Smith, M. Gallup & S. Darlow).